Kooperative Abenteuerspiele II

Rüdiger Gilsdorf
Günter Kistner

Kooperative Abenteuerspiele II

Praxishilfe für Schule, Jugendarbeit und Erwachsenenbildung

Mit Illustrationen von Katharina Becker

Kallmeyer

Dieses Buch widmen wir unseren Müttern,
Ingeborg Gilsdorf und Gertrud Kistner,
die mutig genug waren, uns eigene Wege gehen zu lassen,
und diese Wege doch immer liebevoll aus der Ferne
begleitet haben.

Die Deutsche Bibliothek – CIP-Einheitsaufnahme
Ein Titelsatz für diese Publikation ist bei der Deutschen Bibliothek erhältlich

Impressum
Rüdiger Gilsdorf. Günter Kistner. Kooperative Abenteuerspiele II.
Eine Praxishilfe für Schule und Jugendarbeit

2. Auflage 2002

Titel: Dirk Jäger
Druck: Hahn Druckerei
ISBN: 3-7800-5822-7

Inhalt

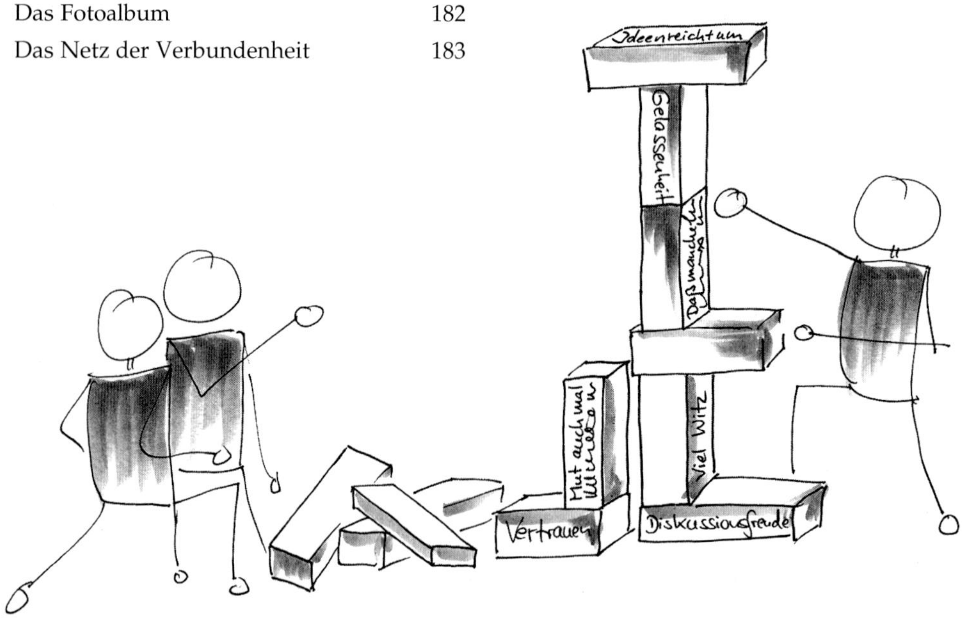
Ideenreichtum
Gelassenheit
Viel Witz
Vertrauen
Diskussionsfreude

Einleitung

Seit der Veröffentlichung des ersten Bandes der „Kooperativen Abenteuerspiele" im Jahr 1995 hat sich in diesem Arbeitsfeld viel getan. Zum einen ist die Abenteuer- und Erlebnispädagogik bzw. das Outdoor-Training seitdem immer populärer geworden. In der Jugendarbeit und Jugendhilfe wie auch in der betrieblichen Weiterbildung, insbesondere im Bereich des Teamtrainings, haben sie sich inzwischen als methodische Bausteine fest etabliert. In vielen anderen Feldern, wie Schule, Familienbildung, Behindertenarbeit, Bewährungshilfe, Beratung und Therapie, sind inzwischen Berichte über Projekte, die neue, erfahrungsorientierte Wege gehen, veröffentlicht worden. Zum anderen hat sich die Arbeit mit spielerischen Aufgaben und Übungen zu einer eigenständigen Methode entwickelt, die in erlebnispädagogischen Settings sowohl Outdoor-Aktivitäten ergänzen, als auch völlig unabhängig von diesen zum Einsatz kommen. Schließlich findet neben den Begriffen „Initiativübungen" und „Problemlösungsaufgaben" auch der Terminus „Kooperative Abenteuerspiele" und die damit verbundene Idee der Spielsequenzen mehr und mehr Verbreitung.

Gründe genug, unserer ersten Spielesammlung nun eine weitere folgen zu lassen. Wie bereits im ersten Band, sind viele der darin enthaltenen Spiele neu und alt zugleich. Neu sind sie insofern, als sie im erlebnispädagogischen Feld in den letzten Jahren „aufgetaucht" sind. Viele Spiele sind auch so neu, dass sie in anderen Spielesammlungen noch nicht zu finden sind. Bei einigen schließlich handelt es sich gar um „Erfindungen", die wir selbst gemacht haben oder an denen wir mitgewirkt haben. Andererseits lässt sich mit gutem Grund auch von alten Spielen reden. Jede Spielregel ist letztlich eine unter vielen möglichen Festschreibungen, die Menschen ermuntern soll, etwas zu tun, was sie ohnehin seit tausenden von Jahren immer wieder spontan machen, nämlich zu spielen. So sind die meisten Spiele sicher schon oft in der einen oder anderen Form gespielt worden, bevor sich jemand die Mühe gemacht hat, ihre Regeln schriftlich festzuhalten. Die Geschichte erlebnispädagogischer Spiele, Übungen und Aufgaben lässt sich in diesem Sinne nicht mehr genau auf ihren Ursprung zurückverfolgen.

Jenseits einer solchen Vorgeschichte verdankt auch dieser zweite Band seine Entstehung sehr greifbaren Einflüssen. Karl Rohnke, der wohl unstrittig aktivste und kreativste Autor erlebnispädagogischer Spielesammlungen, hat seit der Veröffentlichung unseres ersten Bandes wieder eine Reihe von Büchern geschrieben, durch die wir uns ausgiebig haben inspirieren lassen. Ohne die Arbeit von Karl Rohnke wäre es wohl weder zu unserem ersten, noch zu dem vorliegenden Band der „Kooperativen Abenteuerspiele" gekommen. Daneben haben in den letzten Jahren eine Reihe anderer Autoren und Autorinnen die Bühne erlebnispädagogischer Spielepublikationen betreten, insbesondere in den USA Jim Cain und Barry Jolliff, Steve Butler, Chris Cavert und Sam Sikes, Wendy Ellmo und Jill Graser sowie in Großbritannien Roger Greenaway, der sich sehr intensiv mit dem Bereich der Reflexionsmethoden auseinander gesetzt hat. Auf die schriftlichen und z. T. persönlichen Anregungen dieser Autoren und Autorinnen gehen einige Spiele dieser Sammlung zurück.

In den letzten Jahren ist aber auch bei uns in Deutschland und darüber hinaus in Europa ein reger Austausch der Praktiker und Praktikerinnen im erlebnispädagogischen Feld in Gang gekommen. Ein besonders anregendes Forum, auch im Hinblick auf Inspirationen für dieses Buch, sind die jährlichen Konferenzen der europäischen Mitglieder der Association for Experiential Education (AEE) gewesen. Spielideen, praktische Anregungen und auch konzeptuelle Überlegungen verdanken wir in diesem Kontext insbesondere Bernd Rademächers, Chris Reed, Gabriel de Fonseca, Jac Rongen, Jennifer Nold, Johan Hovelynck, Luk Peeters, Markus Ingold, Maurice Zorge, Michael Rehm, Patti Amonini, Silke Körner und Sven-Gunnar Furmark.

Wenn eine Gruppe von Menschen zusammenkommt, um Ideen, die zunächst nur auf dem Papier oder im Kopf existieren, auszuprobieren und weiterzuentwickeln, entwickelt sich oft eine erstaunliche und produktive Dynamik. So waren für die Entstehung dieses Buches auch unsere ganz praktischen Erfahrungen in Workshops, Seminaren und Projekten wieder von zentraler Bedeutung.

Insbesondere in unserer seit 1992 im monatlichen Rhythmus stattfindenden „Erlebnispädagogik Praxis-AG" haben wir sehr viele der hier geschilderten Spiele erprobt, reflektiert und ihnen dabei immer wieder neue Variationen hinzugefügt. Die Teilnehmer und Teilnehmerinnen dieses offenen Forums haben nicht nur zahlreiche Ideen beigetragen, sondern uns auch anderweitig Rückhalt bei der Entstehung dieses Buches gegeben. Einzelne Spiele und Variationen verdanken wir insbesondere Dirk Bechthold, Georg Rothenberg, Hans Lingen, Hans-Martin Schmitz, Kerstin Keber, Matthias Hünemann, Stefan Oberst, Steffi Otto, Stephanie Loser, Ulrike Roth und Veronika Biggi.

Neue Ideen beigetragen und vorhandene Ideen weiterentwickelt haben auch die Co-Teamer und Co-Teamerinnen sowie Teilnehmerinnen und Teilnehmer unserer Fortbildungsreihen „Abenteuer, Lernen, Kreativität" sowie anderer Seminare zum Thema „Kooperative Abenteuerspiele" und zu verwandten Themen. Hilfreiche Anregungen verdanken wir u. a. Gerhard Röthig, Kathi Volkert, Katja Wagner, Lothar Zischke, Martin Rink, Michael Becker, Michael Vyskocil, Rainer Loosen, Rainer Tempel, Ronny Hauser, Siegfrid Seeger, Steffen Schmidt und Wolfgang Fleißner.

Bei allen, die auf die eine oder andere Weise zu diesem Buch beigetragen haben, möchten wir uns an dieser Stelle ganz herzlich bedanken. Obwohl wir viele Spiele für uns persönlich mehr oder weniger intensiv mit bestimmten Menschen in Verbindung bringen, haben wir darauf verzichtet, das jeweils bei den Spielbeschreibungen anzumerken; zum einen, um die Leserinnen und Leser nicht mit für sie irrelevanten Informationen zu überschwemmen, zum anderen, weil die betreffenden Personen – wie auch wir selbst – in den allermeisten Fällen nicht die Urheber, sondern Stationen auf dem Weg des Spiels durch die Welt sein dürften.

Schließlich bedanken wir uns bei Katharina Becker, die einerseits die grafische Gestaltung vorgenommen hat und die uns zum anderen auf einigen der oben beschriebenen Wege, insbesondere bei der Erlebnispädagogik Praxis-AG und bei der Fortbildungsreihe „Abenteuer, Lernen, Kreativität" seit vielen Jahren begleitet und somit unzählige Spuren in den „Kooperativen Abenteuerspielen" hinterlassen hat.

Zwei Anmerkungen schließlich zum Stil und zur Sprachform, für die wir uns diesmal entschieden haben. In dem nun folgenden einführenden Teil des Buches werden wir uns mit einigen grundlegenden Gedanken beschäftigen, die für die Arbeit mit den Spielen, Aufgaben und Übungen von Bedeutung sind. Dabei knüpfen wir an unsere Überlegungen im ersten Band an und greifen davon nur die Punkte noch einmal in gleicher Weise auf, die uns zu einer sinnvollen Arbeit mit den Spielen unbedingt notwendig erscheinen. Auf einige andere Aspekte, die wir in der Einführung zum ersten Band nur kurz angerissen haben, gehen wir dafür diesmal ausführlicher ein. Zu vielen dieser Aspekte ist natürlich bereits einiges in der Literatur geschrieben worden. Um einer leichten Lesbarkeit willen verzichten wir aber auf unmittelbare Literaturangaben und versuchen vielmehr, aus unserer Sicht einen Überblick über relevante Überlegungen zu geben. Im kommentierten Literaturverzeichnis befindet sich in diesem Zusammenhang wieder ein Teil „Theorie und Praxis der Abenteuer- und Erlebnispädagogik", in den wir alle Bücher aufgenommen haben, die unseren Überlegungen zugrunde liegen.

Was die geschlechtsspezifische Differenzierung angeht, so werden wir im Folgenden nur die weibliche Sprachform benutzen. Das hat einerseits schreibtechnische Gründe, zum anderen erscheint uns dies eine ausgewogene Fortsetzung des ersten Bandes zu sein. Wenn also in diesem Band von Spielerinnen, Leiterinnen und anderen Menschen die Rede ist, so sind damit natürlich auch Spieler, Leiter und eben immer Frauen und Männer gemeint und angesprochen.

Abenteuer und Spiel – Gedanken zu einer etwas ungewöhnlichen „Kreuzung"

„Kooperation", „Abenteuer" und „Spiel" – das sind Begriffe, unter denen sich jede Leserin etwas vorstellen kann. Aber was ist ein kooperatives Abenteuerspiel?
Wir haben diesen Begriff geprägt, um eine bestimmte Art von Spielen, eine damit verbundene pädagogische Intention und ein grundsätzliches Verständnis von Pädagogik in einen Zusammenhang zu setzen. Der Begriff „Kooperative Abenteuerspiele" steht für ein Konzept, auf *spielerische* Art und Weise *Lernprozesse* zu fördern, bei denen zwei Ziele im Vordergrund stehen:

- das Erlebnis des gemeinsamen Handelns in einer Gruppe von Menschen, die sich gegenseitig unterstützen statt miteinander zu konkurrieren, kurz: *Kooperation*

und

- das Erlebnis von Spannung, Herausforderung und der Erweiterung der eigenen Handlungsmöglichkeiten, kurz: *Abenteuer.*

Die Kombination ist ebenso ungewöhnlich wie viele der Spiele, die wir unter diesem Titel hier vorstellen. Spielen und Lernen, das bringen die meisten Menschen bestenfalls dann in einen Zusammenhang, wenn sie an kleine Kinder denken. Noch fremder mag vielen die Verbindung von Lernen und Abenteuer erscheinen, weckt Letzteres heutzutage doch eher Assoziationen von der „Urlaubsflucht" in ferne Länder, weg aus dem Alltag. Auch die Strömungen innerhalb der Pädagogik, die sich intensiver mit den Möglichkeiten des Spiels, des Abenteuers und des Lernens in Gruppen auseinander gesetzt haben, standen und stehen bis heute relativ unverbunden nebeneinander. Aus ihnen sind wichtige Elemente in das Konzept der „Kooperativen Abenteuerspiele" eingeflossen.

Der pädagogische Hintergrund ...

Im Kontext der *Abenteuer- und Erlebnispädagogik* wurden die meisten der Spiele, Übungen und Aufgaben entwickelt, die das Kernstück dieses Buches ausmachen: die Abenteuerspiele und Abenteueraktionen, die Vertrauensübungen und viele der weniger komplexen Kooperationsspiele. Sie werden in Analogie zu spannenden Ernstsituationen konzipiert, verstehen sich als Szenarien anhand derer Menschen in kleinen Gruppen Probleme lösen müssen und dabei neue oder schlummernde Fähigkeiten und Möglichkeiten in sich entdecken. Weit wichtiger als einzelne Spiele ist die grundlegende Konzeption einer erlebnis- und erfahrungsorientierten Pädagogik, welche den „Kooperativen Abenteuerspielen" zugrunde liegt: Wachstum und Lernen hat viel mit der aktiven Bewältigung konkreter Herausforderungen zu tun. Es erfordert von den Lernenden, sich auf Neues, Unvertrautes und Unvorhersagbares einzulassen, von den Lehrenden auf der anderen Seite einen Verzicht auf allzu viel Lenkung und Einmischung, der mit einem Vertrauen in die Selbstorganisationskräfte der Lernenden verbunden sein muss.
Die *Spielpädagogik* hat vielfältige Konsequenzen aus der Erkenntnis gezogen, dass Spielen und Lernen keinesfalls Gegensätze sind, spielerische Elemente vielmehr Lernprozesse fördern, weil sie unser Denken, Füh-len und Handeln mit einer gewissen Leichtigkeit unterlegen können und dadurch die Kreativität ermöglichen, ohne die wir uns so oft in Sackgassen und Blockaden verrennen. In gewisser Hinsicht stellen die spielerischen Elemente, die auf diesem Hintergrund in die „Kooperativen Abenteuerspiele" eingeflossen sind, ein Pendant zu dem

anspruchsvollen Charakter der erlebnispädagogischen Problemlöseaufgaben dar. Idealerweise ist beides, Spaß und Herausforderung, in einem Abenteuerspiel miteinander verflochten. Aus der Spielpädagogik haben wir auch den Ansatz übernommen, mehrere Spiele und Aufgaben gelegentlich zu einer Spielkette zu verbinden, in der weniger komplexe Spiele mit witzigen Elementen die Gruppe für anspruchsvollere Aufgabenstellungen vorbereiten und in der alle Spiele über einen Spannungsbogen miteinander verbunden sind.

Die *Gruppendynamik* schließlich ist ein Ansatz, der sich damit beschäftigt, welche Prozesse in Gang kommen, wenn Menschen in kleinen Gruppen zusammenkommen, Regeln aushandeln, Rollen einnehmen, Konflikte lösen und Entscheidungen treffen. Aus der gruppendynamischen Tradition liegen auch die längsten Erfahrungen zur gezielten Arbeit mit Gruppen vor, die einzig zu dem Zweck gebildet werden, neue, gleichberechtigtere, kreativere und vor allem zufriedenstellendere Formen des Umgangs miteinander zu lernen. Mit ihr verbindet sich also einerseits die Überzeugung, dass es sich lohnt, Gruppenprozesse jenseits der jeweiligen Sachthemen und Inhalte zu betrachten, und andererseits auch ein gewisses Handwerkszeug zur konkreten Bearbeitung eben dieser Prozesse.

In einem weiteren Sinne verbinden wir mit den „Kooperativen Abenteuerspielen" also eine pädagogische Konzeption, die sich spielerischer Methoden bedient, sich aber nicht in einer Anwendung dieser Methoden erschöpft. Auf einzelne Aspekte dieser Konzeption bzw. des damit verbundenen pädagogischen Selbstverständnisses kommen wir im weiteren Verlauf dieses einleitenden Textes noch zu sprechen. Da es sich hier aber im Wesentlichen um eine Spielesammlung handelt, verstehen sich diese Überlegungen nur als Anregungen zu einer vertiefteren Auseinandersetzung mit den jeweiligen Themen.

... und die daraus geborene Methode

In einem engeren Sinne bezieht sich der Begriff „Kooperative Abenteuerspiele" natürlich auf die Spiele selbst. Er kleidet eigentlich nur ein bereits vorhandenes Medium in ein neues Gewand. Die idealtypische Form des „Kooperativen Abenteuerspiels" wird auch als Initiativ- und Problemlösungsspiel, -aufgabe oder -übung bezeichnet und geht auf den englischen Terminus „Initiative" zurück. Die wesentlichen Merkmale dieses außerhalb der Abenteuer- und Erlebnispädagogik noch wenig bekannten Spieletyps sind in Tabelle 1 zusammengefasst.

- Die Gruppe erhält eine *klar umrissene Aufgabenstellung*. Diese hat den *Charakter eines Angebots*, das angenommen oder abgelehnt werden kann. Die einzelnen Modalitäten der Aufgabe werden aber in der Regel von der Spielleiterin bereits im Vorfeld festgelegt und sind nicht Gegenstand gemeinsamer Planungen oder Verhandlungen.
- Die Herausforderung richtet sich an die Gruppe als Ganzes. Die Teilnehmerinnen arbeiten miteinander und nicht gegeneinander. Der Erfolg wird entweder gemeinsam erreicht oder gar nicht. Da es weder Siegerinnen noch Rangplätze gibt, hat die *Kooperation* einen zentralen Stellenwert. Teamarbeit ist gefordert beim gegenseitigen Zuhören, bei der Kompromissbereitschaft in der Entscheidungsfindung, Nutzung der Stärken und Rücksichtnahme auf die Schwächen einzelner Mitglieder, Abstimmung bei der Durchführung von Aktionen.
- Die Aufgabenstellung wirkt *subjektiv anspruchsvoll*. Eine Lösung zeichnet sich zunächst nicht ab, zumindest ist der Weg dorthin nicht unmittelbar überschaubar. Andererseits muss die Aufgabe nach dem Ermessen der Spielleiterin mit den der Gruppe zur Verfügung stehenden

Mitteln lösbar sein. Die Bewältigung einer solchen als anspruchsvoll erlebten Herausforderung führt in der Regel zu eindrucksvollen Erfolgserlebnissen. • Die Herausforderung, um die es geht, ist dennoch eine *spielerische.* Teilnehmerinnen wie Leiterinnen lassen sich für die Zeit des Spiels auf eine Fantasiewelt ein – das Problem, welches es zu lösen gilt, ist in einem alltäglich-pragmatischen Sinne nicht „real", sondern hat einen „als-ob-Charakter". • Die Bewältigung der Aufgabe erfordert von allen Teilnehmerinnen *Einsatz und Engagement* auf mehreren Ebenen. – physisch: In der Regel ist eine körperliche Aktivität gefordert. *Motorische Fähigkeiten* wie Geschicklichkeit, Schnelligkeit, Kraft und Gleichgewichtssinn kommen ins Spiel. Die physische Her-	ausforderung steht auf den ersten Blick oft im Vordergrund (z. B. Überwinden eines Hindernisses). – kognitiv: Eine Lösung lässt sich meist nicht mit bereits bekannten und vertrauten Handlungsmustern erzielen. Der Schlüssel für den Erfolg liegt im überlegten Einsatz der zur Verfügung stehenden Ressourcen. *Planungs- und Entscheidungsprozesse* haben daher einen hohen Stellenwert. – emotional: Die Teilnehmerinnen müssen sich aufeinander und auf etwas Neues einlassen. *Elemente von Risiko und Wagnis* können dabei sein: sich Gedanken über die eigenen Bedürfnisse machen und diese äußern, Hilfe und Verantwortung für andere übernehmen, sich selbst helfen lassen, körperliche Nähe und Berührung zulassen.

Tabelle 1: Idealtypische Merkmale „Kooperativer Abenteuerspiele"

Autonomie und Gemeinschaft – Sinn und Möglichkeiten Kooperativer Abenteuerspiele

Methoden können sich gelegentlich von den Intentionen, aus denen sie ursprünglich erwachsen sind, lösen und eine Art „Eigenleben" führen. Andererseits ist es eine, wenn auch tief verankerte, Illusion zu glauben, es gäbe in der Arbeit mit Menschen einen geradlinigen Weg von bestimmten Zielen über die Anwendung geeigneter Methoden zu eindeutig messbaren Ergebnissen und Veränderungen.

Mit diesen beiden Überlegungen ist das Spannungsfeld abgesteckt, in dem sich die pädagogische Arbeit mit „Kooperativen Abenteuerspielen" bewegt: Eine verantwortungsvolle Arbeit muss sich und anderen über ihre Ziele und Intentionen Rechenschaft ablegen, sie sollte sich aber nicht starr auf diese Ziele fixieren. Sie muss Raum lassen für spontane Entwicklungen und sie sollte vor allen Dingen ein offenes Auge und Ohr dafür haben, was die „Betroffenen" oder besser „Beteiligten" dieser Arbeit selbst an Bedürfnissen und Wünschen zu erkennen geben.

In diesem Sinne geht es in diesem Kapitel um Rahmenziele, an denen mithilfe von „Kooperativen Abenteuerspielen" gearbeitet werden kann. Die Ziele eines einzelnen Spiels und letztlich auch des Projekts, Seminars oder Trainings, in dessen Kontext es steht, können immer nur ansatzweise geplant werden. Idealerweise sind sie Gegenstand einer kontinuierlichen prozessorientierten Reflexion.

Sozial-emotionale Lernziele ...

Persönlichkeitsentwicklung, der größte gemeinsame Nenner aller pädagogisch-psychologischen Zielvorstellungen, lässt sich unter zwei komplementären Blickwinkeln betrachten, die auch als existenzielle Grundmotive des menschlichen Daseins verstanden werden können: die Suche nach Autonomie und die Suche nach Gemeinschaft. Auf einer abstrakten Ebene stehen diese beiden Werte für uns außer Frage, in der Praxis konkreter Lern- und Arbeitszusammenhänge jedoch stehen ihnen vielfache Interessen, Gewohnheiten und Zwänge entgegen.

Die *Autonomie* des Individuums ist sowohl in der philosophischen Tradition als auch in der politischen Praxis die wahrscheinlich zentralste Leitvorstellung der westlichen Welt. Aus ihr leiten sich zahlreiche konkretere pädagogische Ziele ab, von denen einige im Folgenden stichpunktartig aufgelistet werden sollen.

Förderung individueller Handlungskompetenz:

- folgerichtig denken
- körperlich geschickt und kraftvoll agieren
- eigene Entscheidungen treffen
- Belastungen und Konflikte aushalten

Förderung der individuellen Erlebensfähigkeit:

- sich in seinem Körper gut fühlen
- intensiv erleben und genießen können
- eigene Gefühle und Bedürfnisse wahr- und ernst nehmen

Förderung des Selbstwertgefühls:

- eigene Stärken und Handlungsmöglichkeiten entdecken
- Vertrauen in die eigenen Fähigkeiten entwickeln
- das eigene Tun als bedeutungsvoll erleben
- Mut entwickeln, sich mit Neuem und Unbekanntem auseinander zu setzen
- eigene Grenzen erkennen und akzeptieren

Gemeinschaft und Zugehörigkeit werden in unserer Kultur, wenngleich selten explizit, der Entfaltung des Individuums eher untergeordnet. Dennoch leiten sich, vor allem unter dem Stichwort „soziales Lernen" auch aus diesen Werten zahlreiche pädagogische Ziele ab, über die weitgehend Konsens besteht, und die hier wieder kurz aufgelistet werden sollen.

Förderung der Kommunikationsfähigkeit:

- anderen zuhören
- offen und direkt kommunizieren
- gemeinsam planen und entscheiden

Förderung der Interaktionsfähigkeit:

- Kompromisse aushandeln und Regeln einhalten
- helfen und sich helfen lassen
- Initiative und Verantwortung übernehmen
- vielfältige Rollen- und Interaktionsmöglichkeiten entwickeln

Förderung der Sensibilität:

- die Interessen anderer erkennen und berücksichtigen
- sich in andere einfühlen

Förderung der Selbstkontrolle:

- eigene Impulse zurückhalten können
- Toleranz und Akzeptanz für Verschiedenheit entwickeln
- die Grenzen anderer respektieren

.. und erfahrungsorientiertes Lernen

Diese Auflistung dürfte deutlich machen, dass hinter den Schlagworten „Persönlichkeitsentwicklung" und „soziales Lernen" im Grunde ein großer Teil dessen steht, was unser Leben angenehm und bereichernd oder aber auch leidvoll und schwierig macht. In eigentlich jeder sozialen Situation befinden sich das Streben nach Autonomie und das nach Gemeinschaft in einem dynamischen Spannungsfeld – die Bedürfnisse der Einzelnen und die der Gruppe müssen immer wieder neu ausbalanciert werden. „Kooperative Abenteuerspiele" „werfen" Jugendliche wie Erwachsene in Situationen von vergleichbar hoher Intensität und Dramatik und sie geben ihnen einen Raum zur Auseinandersetzung damit, der sonst eher selten zu finden ist. So werden etwa in der Schule zwischenmenschliche oder gruppendynamische Prozesse meist nur am Rande thematisiert und in den seltensten Fällen als Lernchance aktiv aufgegriffen. Gelernt wird eher nebeneinander her, angesichts der Konkurrenz um Noten gelegentlich sogar gegeneinander. Auch viele Freizeitaktivitäten, z. B. in Vereinen, sind in hohem Maße auf die Aneignung spezifischer Kompetenzen und auf die Förderung individueller Leistungen ausgerichtet. Wenn kollektive Leistungen gefragt sind, wie etwa in vielen Sportarten, dann meist im Rahmen einer Konkurrenz- und Kampfsituation.

Betrachtet man unter diesem Gesichtspunkt die Merkmale „Kooperativer Abenteuerspiele", so wird deutlich, dass hier ein Lernen im Spannungsfeld von Autonomie und Gemeinschaft geradezu das konstitutive Element des gemeinsamen Tuns ist:

- Die Gruppe ist der Bezugsrahmen aller Lernprozesse.
- Die Spiele erfordern ein gemeinsames Handeln.
- Der anspruchsvolle Charakter der Aufgabenstellungen erfordert, dass alle sich mit ihren persönlichen Fähigkeiten einbringen.
- Konflikte sind unvermeidlich und müssen aktiv bewältigt werden.
- Dem Prozess der Problemlösung wird ein mindestens ebenso großer Stellenwert beigemessen wie dem Resultat oder Produkt.

Das Wichtigste aber: Es wird erfahrungsorientiert gelernt. Werte kommen hier nicht in Form moralischer Ansprüche oder abstrakter Konzepte daher. Vielmehr ergibt sich die Auseinandersetzung mit ihnen ganz von selbst aus den Anforderungen der Aufgabenstellungen und aus der Dynamik des Gruppenprozesses. Die kooperative Grundstruktur der Aufgabenstellungen stellt gewissermaßen ein pädagogisches Korrektiv zur vorherrschenden Orientierung an individueller Leistung und Konkurrenz dar. Darin liegt eine Chance, aber auch eine potenzielle Gefahr dieser Spiele. Aus dem Kontext erfahrungsorientierten Lernens gerissen, könnten sie auch zum Sozialtraining verkommen, bei dem die Beteiligten den pädagogischen Zeigefinger allzu deutlich wittern und sich entsprechend anpassen oder dagegen rebellieren. Das Bestreben, Autonomie und Gemeinschaft der beteiligten Individuen gleichermaßen wertzuschätzen und allen Beteiligten einen eigenen Lernweg zuzugestehen, kann daher als die vielleicht grundlegendste Orientierung für diesen pädagogischen Ansatz angesehen werden.

(Non-)Direktivität – Leitung als „Spiel" mit vielen Rollen

Wie aber stellt sich eine erfahrungsorientierte Arbeit mit „Kooperativen Abenteuerspielen" in der Praxis dar? Ein entscheidender Punkt in diesem Zusammenhang ist die Frage: Wie direktiv ist die Leiterin? Wie viel gibt sie vor? Was ist verhandelbar? Wann greift sie ein?

Im Spannungsfeld von Direktivität und Non-Direktivität erscheint der erlebnispädagogische Leitungsstil zunächst paradox – er ist zum Teil sehr strukturiert und lenkend, an anderen Stellen extrem offen und zurückhaltend. Dieser Widerspruch lässt sich weitgehend auflösen, wenn man zwischen inhaltlichen und prozessorientierten Interventionen unterscheidet. Als Basisregel ließe sich formulieren: Die Leiterin ist für die Strukturierung des Prozesses verantwortlich (Prozessdirektivität), nicht jedoch für die Inhalte und Ergebnisse, welche so weit wie möglich in die Hände der Teilnehmerinnen gelegt werden sollten (inhaltliche Non-Direktivität). Doch selbst diese – relativ abstrakte – Regel kann nicht verabsolutiert werden. Schon die Auswahl bestimmter Spiele ist keine rein prozessorientierte Entscheidung, legt sie doch bestimmte Handlungs- und Erfahrungsmöglichkeiten, z. B. Kooperation, näher als andere, z. B. Konkurrenz.

Zur Vertiefung und Konkretisierung der Frage nach dem Leitungsverhalten macht es

Sinn, vier Phasen im „Leben" eines Spiels zu unterscheiden: eine Vorbereitungs- oder Planungsphase, eine Anleitungs- oder Präsentationsphase, eine Durchführungs- oder Aktionsphase und eine Auswertungs- oder Reflexionsphase. In den verschiedenen Phasen kommen auf die Spielleiterin recht unterschiedliche Anforderungen zu. Man könnte auch sagen, sie schlüpft in verschiedene Rollen. Der Sinn dieser Rollen und die Handlungsspielräume und -erwartungen in den unterschiedlichen Phasen sollten den Teilnehmerinnen soweit wie möglich transparent gemacht werden. Die Einteilung des Ablaufs in unterschiedliche Phasen und das Denken im Sinne von Rollen ist andererseits nur bis zu einem bestimmten Punkt hilfreich. Damit ein Spiel und darüber hinaus eine Spielsequenz bzw. ein Seminar, Projekt oder Training als organisches Ganzes erlebt werden kann, muss auch die Leiterin als ganze Person, als Begleiterin und nicht nur als *Spiel*leiterin in Erscheinung treten. Einen Überblick zu diesen Überlegungen gibt Tabelle 2.

... in der Planungsphase	
Spielleitung als Dramaturgie • Lernfelder im Hinblick auf den Gruppenprozess und die von den Teilnehmerinnen formulierten Ziele abstecken • Spiele passend auswählen, variieren, verändern und erfinden	• Anforderungen und Schwierigkeiten den Möglichkeiten der Teilnehmerinnen anpassen • Raum, Zeit und Material entsprechend auswählen, gestalten und beschränken • alternative Szenarien antizipieren
... in der Präsentationsphase	
Spielleitung als Animation • Neugierde auf das Spiel wecken • die Sinnhaftigkeit des Spiels vermitteln • klar und verständlich erklären	• Regeln und Grenzen hervorheben • sich der Motivation und Spielbereitschaft der Teilnehmerinnen vergewissern
... in der Aktionsphase	
Spielleitung als aktive Beobachtung • für alle Teilnehmerinnen wahrnehmbar präsent sein • Eindrücke im Hinblick auf relevante Lernerfahrungen sammeln	• das Spielgeschehen so wenig wie möglich aktiv beeinflussen • zur Unterstützung von Lernerfahrungen spontan intervenieren • den sicheren Ablauf garantieren
... in der Reflexionsphase	
Spielleitung als Prozessmoderation • Aktion und Reflexion organisch miteinander verbinden • allen Teilnehmerinnen ermöglichen, ihre Erfahrungen auszudrücken	• eine konstruktive Gesprächsatmosphäre fördern • das Gespräch thematisch fokussieren • eigene Eindrücke und Beobachtungen in Form von Fragen einbringen
... phasenübergreifend	
Leitung als Begleitung • als zuverlässige Ansprechpartnerin zur Verfügung stehen • offene und direkte Kommunikation modellieren	• sich hinter keiner Rolle verstecken • sich selbst auf neue Erlebnisse und Erfahrungen einlassen • Leitung und Programm loslassen können

Tabelle 2: Leitungsaufgaben und -rollen in verschiedenen Spielphasen

Planungsphase

Spielleitung als Dramaturgie zu begreifen bedeutet, sich den zur Verfügung stehenden Raum und die zur Verfügung stehende Zeit ganz bewusst zu nehmen, um mit einem klaren und spannenden Angebot vor die Gruppe zu treten. Es ist die Entscheidung, einen Rahmen zu gestalten, *in* dem eine Gruppe Erfahrungen machen kann. Verhandlungen *über* den Rahmen werden bewusst auf das Nötigste beschränkt. Dramaturgie verweist aber auch auf den analogen Charakter der Kommunikation und Interaktion im Spiel. Dramaturgie bedarf eines Vertrauens in die eigene Intuition, um ein Szenario abzustecken, das bestimmte Erfahrungsmöglichkeiten nahe legt, ohne diese im Einzelnen immer genau benennen zu können.

In der Planungsphase geht es zunächst einmal um die Auswahl geeigneter Spiele. Neben den Kriterien Machbarkeit (räumliche Voraussetzungen, Material) und eigene Erfahrungen ist vor allem die Frage ausschlaggebend, was eigentlich mit dem Spiel erreicht werden soll. Wo steht die Gruppe im Augenblick und welche *Ziele* (z. B. Stärkung des Selbstvertrauens durch ein Erfolgserlebnis, Verbesserung des gegenseitigen Zuhörens, Lockerung der Atmosphäre usw.) wurden von den Teilnehmerinnen direkt formuliert oder lassen sich indirekt aus den Beobachtungen des bisherigen Prozesses ableiten?

Die meisten Spiele erlauben ein breites Spektrum an Erfahrungsmöglichkeiten. Es mag jedoch erforderlich sein, sie im Sinne der Verfolgung bestimmter Zielrichtungen zu variieren und abzuändern. Spiele sollten nicht als fertige und unveränderliche Gebilde angesehen werden, sondern vielmehr als Rohmaterial, das Anregungen und Anstöße für die eigene kreative *Aus- und Weitergestaltung* bzw. letztlich für eigene Erfindungen liefert. Allerdings setzt dieser Prozess schon einige Erfahrung voraus.

Das Gleiche gilt für die Dosierung der *Schwierigkeit*. Die meisten Spiele lassen sich in ihrer Schwierigkeit ohne größeren Aufwand erheblich variieren. Es bedarf jedoch einer auf eine aufmerksame Prozessbeobachtung zurückgehende Abwägung vieler Aspekte, um den kritischen Bereich des Anspruchsniveaus zu treffen, in dem ein Erfolgserlebnis wahrscheinlich, aber nicht ohne die Aktivierung möglichst vielfältiger Ressourcen zu erzielen ist. Auf die entsprechenden Überlegungen sollte in jedem Fall ausreichend Zeit verwandt werden, weil sowohl die Unterforderung als auch die Überforderung einer Gruppe ernst zu nehmende Konsequenzen haben können, die der ursprünglichen Zielsetzung völlig zuwider laufen.

Hingegen muss der Gruppe nicht jede Aufgabe gelingen, denn obwohl Erfolgserlebnisse angestrebt werden und wichtig sind, können auch Fehler und Misserfolge sehr nützlich sein, um Einzelnen und der Gruppe problematische Verhaltensweisen deutlich zu machen.

Schließlich muss auch der *räumliche und zeitliche Rahmen* eines Spiels abgesteckt werden. Neben den technischen Anforderungen an den Raum (Größe, Grenzen, Bodenbeschaffenheit usw.) sollten auch atmosphärische Aspekte berücksichtigt werden. Diese können oft durch die Auswahl geeigneter Spiel- und Gestaltungsmaterialien (Musik, Decken, Bilder, Tücher usw.) unterstützt werden. Fast immer macht es Sinn, eine Atmosphäre zu schaffen, die sich zumindest leicht vom Alltäglichen unterscheidet. Die zur Verfügung stehende Zeit sollte man in der Regel eher großzügig kalkulieren und ein oder zwei Aktivitäten in Reserve haben. Als Alternative zum zeitlich offenen Verlauf eines Spiels bietet sich die Möglichkeit, ein Timing vorzugeben. Beim Timing hat die Gruppe sowohl für die Planung, als auch für die Durchführung eine bestimmte, u. U. durchaus knapp kalkulierte Zeit zur Verfügung. Dadurch kann sowohl der Herausforderungscharakter verstärkt, als auch die Bedeutung der Planung (großzügig bemessener Zeitraum gegenüber knapp bemessenem Zeitraum für eigentliche Aktion) betont werden.

Ultimative Grundlage einer prozessorientierten Arbeitsweise ist letztlich die Offenheit dafür, dass alles auch ganz anders kommen kann, als man es geahnt und geplant hat. Nicht auf jede überraschende Wendung kann es eine einfache und schnelle Reaktion geben, aber je eher man in der Lage ist, auch *alternative Szenarien* zu *antizipieren*, umso weniger wird man an Spielen festhalten, die zwar wunderschön geplant sind, aber an den Interessen und Bedürfnissen der Teilnehmerinnen in einer gegebenen Situation vorbei gehen. Ganz pragmatisch lohnt es sich immer, ein paar zusätzliche Ideen und Materialien dabei zu haben. Das heißt nicht, dass man immer gleich etwas Neues anbieten sollte, wenn das Alte nicht gefällt, aber man sollte in der Lage sein, in eine offene Verhandlung mit den Teilnehmerinnen zu treten, aus der dann unter Umständen auch etwas Ungeplantes erwachsen kann.

Präsentationsphase

Animation hat in „seriösen" pädagogischen Kreisen nicht unbedingt einen besonders guten Ruf. Dabei wird oft übersehen, dass gute Animation immer auch ästhetische Qualitäten hat. *Spielleitung als Animation* bedeutet vor allem, sich mit dem eigenen Angebot zu identifizieren und dafür zu werben, den Teilnehmerinnen gleichzeitig die Freiheit zu lassen, sich ein eigenes Bild zu machen und am Ende vielleicht zu einer anderen Einschätzung zu kommen. Animation betont die lustvolle Seite des Lernens, ohne die ernsthafte dabei zu überdecken.

Vorrangiges Ziel einer Präsentation sollte es immer sein, die *Neugierde* der Teilnehmerinnen zu wecken. Eine lockere Atmosphäre einerseits, aber auch eine erwartungsvolle Spannung in Bezug auf die anstehenden Aufgaben, können als ideale Voraussetzungen für eine Erfolg versprechende Gruppenarbeit angesehen werden. Je nach Situation und Gruppe können Fantasie, Überraschungsmomente und auch Humor in diesem Sinne eingesetzt werden.

Andererseits gilt es, die Grenze zur berieselnden Unterhaltung nicht zu überschreiten. In irgendeiner Form muss die Präsentation auch eine über reinen Spaß hinausgehende *Sinnhaftigkeit des Spiels* vermitteln. Das kann insbesondere dadurch geschehen, dass zurückliegende Erfahrungen, Probleme und Ziele in Form eines so genannten „Frontloadings" in einen expliziten Zusammenhang mit der Struktur und den Möglichkeiten des Spiels gestellt werden. Möglich ist aber auch die metaphorische, d. h. eher implizite Andeutung solcher Bezüge in Form von Bildern, Symbolen und Geschichten. Welchen Ansatz man in dem Zusammenhang auch immer wählt, die Ausschmückungen und die Erklärungen um das Spiel herum dürfen das Verständnis der eigentlichen Spielregeln nicht beeinträchtigen. Was die Erläuterung dieser Regeln angeht, so sollte man sich auf das Wesentliche beschränken und Tonfall, Gestik und Mimik im Sinne eines *klaren und verständlichen Vortrags* einsetzen. Unklarheiten und nachträgliche Erklärungen oder gar Veränderungen können den Verlauf eines Spiels nachhaltig beeinträchtigen.

Am Ende der Präsentation sollten die zentralen *Regeln*, die *Grenzen* und insbesondere auch die *Sicherheitsaspekte* der Aufgabe noch einmal zusammenfassend hervorgehoben und anschließend Gelegenheit zu Fragen gegeben werden. Bei dieser Gelegenheit kann gegebenenfalls auch die Rolle der Spielleiterin während des Spiels deutlich gemacht werden.

Bevor die Leiterin dann in den Hintergrund tritt und den Teilnehmerinnen das Spielfeld überlässt, sollte sie sich *Klarheit über die Motivation und Spielbereitschaft* der Gruppe verschafft haben. Im Zweifelsfall kann dies erfolgen, indem alle gebeten werden, sich explizit im Hinblick auf die Annahme der Herausforderung zu äußern. Häufig genügt in dieser Hinsicht eine Aufmerksamkeit für die verbalen und insbesondere nonverbalen Reaktionen der Teilnehmerinnen während der Präsentation. Gegebenenfalls können an dieser Stelle noch Einzelheiten zum Anspruchsniveau der Aufgabe verhandelt werden. Eine Möglichkeit einzelne Teilnehmerinnen, die nicht mitmachen wollen, zu integrieren, besteht schließlich darin, ihnen Beobachtungsrollen anzubieten.

Aktionsphase

Geht es überwiegend um die Freude am gemeinsamen Tun, so spricht nichts dagegen und vieles dafür, dass die Spielleiterin beim Spiel selbst mitspielt. Ganz anders liegen die Dinge jedoch, wenn – wie das bei den meisten Spielen dieser Sammlung der Fall ist – die Gruppe vor eine anspruchsvolle Aufgabe gestellt wird und das Lernen am und im Gruppenprozess im Vordergrund steht. Eine aktive Teilnahme der Leiterin wird das Lernpotenzial des Spiels dann angesichts deren Autorität und Wissen in der Regel dramatisch reduzieren. Meist ist es daher wesentlich sinnvoller, sich in der Aktionsphase auf eine Beobachterrolle „zurückzuziehen". *Spielleitung als aktive Beobachtung* bedeutet, dass die Leiterin sich völlig aus der Problemlösung heraushält und die Verantwortung auch für den Gruppenprozess ganz in die Hände der Teilnehmerinnen legt.

Das heißt nicht, dass die Leiterin damit von der Bildfläche verschwinden könnte. Erfahrungsgemäß wird sie auch und gerade dann, wenn sie offensichtlich nichts tut, genau von den Teilnehmerinnen beobachtet. Es ist daher von zentraler Bedeutung, dass aus ihrem Verhalten ein Interesse am Gruppengeschehen deutlich wird. Um *präsent* zu *bleiben* und gleichzeitig aus dem Weg zu sein, wählt man am besten einen Aufenthaltsort am Rande des Spielgeschehens. Vorbereitungen für andere Spiele sollten jetzt nur im Notfall stattfinden. Seitengespräche der Leiterinnen untereinander und sonstige Aktivitäten beinhalten die nicht zu unterschätzende Gefahr, die Bedeutung des Spielgeschehens zu unterminieren.

Geduld und Aufmerksamkeit sind die Schlüsselworte für die Spielleiterin in dieser Phase. Ihre wichtigste Aufgabe besteht jetzt in der aktiven und *aufmerksamen Beobachtung* des Gruppenprozesses, denn diese Beobachtungen und Wahrnehmungen sind die Basis für eine Gewinn bringende Strukturierung der nachfolgenden Auswertung. Dabei gilt es fortlaufend, spontan und relativ intuitiv Entscheidungen zur Intervention bzw. Nicht-Intervention zu treffen. Das ist eine der anspruchsvollsten Aufgaben überhaupt.

Im Sinne eines selbstverantwortlichen Gruppenprozesses gilt einerseits die Devise: so wenig eingreifen wie möglich. Alles, was die Leiterin jetzt sagt oder tut, kann die Gruppe nicht mehr selber tun. Eine solche *Zurückhaltung* fällt mancher Spielleiterin schwer, sind wir es doch gewohnt, Leitung überwiegend als ein Lenken, Helfen und Eingreifen zu verstehen. Es ist daher hilfreich, sich immer wieder klarzumachen, dass auch und gerade die Fehler, welche die Gruppe macht, Lernanlässe und potenzielle Wachstumschancen sind. Das Postulat des Nicht-Eingreifens ist allerdings kein absolutes. Fast immer passiert enorm viel, wodurch die Teilnehmerinnen etwas über sich lernen können, und oft genug wird kaum etwas davon direkt angesprochen. Manches ist aller Wahrscheinlichkeit nach schon wieder zu weit weg, wenn es in einer anschließenden Reflexion thematisiert wird. Prozessorientierung kann daher auch bedeuten, den Prozess dann anzuhalten, wenn er am spannendsten ist. Solche Unterbrechungen sollten auf jeden Fall mit einer Frage oder einem Impuls einhergehen, welche der Gruppe eine klare Orientierung zur Untersuchung ihres Prozesses geben. Etwas einfacher dürfte den meisten die Entscheidung zu intervenieren dann fallen, wenn die Gruppe sich festgefahren hat und nur noch bestimmte Muster wiederholt. Bei allen *Interventionen* ist aber zu überlegen, inwieweit sie möglicherweise von den Spielerinnen als Bruch und Eingriff in ihre Autonomie erlebt werden.

Ein anderer Grund, das Spiel zu unterbrechen, ist die Nichtbeachtung von *Sicherheits-*

aspekten. In diesem Bereich können keine Kompromisse gemacht werden, in Fragen der Sicherheit endet daher auch die Autonomie der Gruppe. Potenzielle Gefahrenpunkte eines Spieles muss man grundsätzlich antizipieren und während der Aktion im Auge behalten. In der Regel sollte man in Gefahrensituationen auch im Zweifelsfall intervenieren.

Reflexionsphase

Die Gelegenheit, das Erlebte emotional zu verarbeiten und sich darüber auszutauschen, ist ein entscheidender Faktor dafür, dass das Spielerlebnis zu einer Lernerfahrung werden kann. *Spielleitung als Prozessmoderation* bedeutet, Verantwortung dafür zu übernehmen, dass ein Grundton der Selbstreflexivität gesetzt wird und das reflexive Phasen in das Spielgeschehen eingebaut sind.

Von großer Bedeutung für die Qualität von Reflexionsprozessen ist es, dass Aktion und Reflexion nicht als zwei voneinander losgelöste Prozesse erlebt werden. In einem ganz pragmatischen Sinne sollte daher zwischen beiden kein allzu großer zeitlicher Abstand liegen. Im Idealfall leitet eine Frage der Leiterin – wie oben angedeutet – noch während der Aktion organisch in eine Reflexion über. Findet beides – was wohl häufiger der Fall sein dürfte – in getrennten Phasen statt, so können Bezüge auf verschiedenen Ebenen dabei helfen, das Erlebte in der Reflexionsphase wieder präsent zu machen. So kann sich die Reflexionsmethode etwa einiger Materialien aus der Aktionsphase bedienen oder eine geleitete Fantasie kann die Erinnerungen zu Beginn aktivieren. Günstig ist es häufig auch, nach einer Pause an den Ort des Geschehens zurückzukehren. Sinnvoll ist eine Reflexion natürlich für die Teilnehmerinnen besonders dann, wenn sie die aufgeworfenen Fragen mit ihren eigenen Intentionen und Zielstellungen direkt in Verbindung bringen können. Und schließlich ist es hilfreich, wenn der Blick nach vorne geht, nicht „zurück im Zorn". Wenn die Teilnehmerinnen Überlegungen und Erkenntnisse aus der Reflexion als Kapital sehen können, das ihnen bei der Bewältigung kommender Herausforderungen behilflich sein kann, erhält diese einen ganz praktischen Stellenwert und leitet ihrerseits wiederum organisch in die nächste Aktion über.

Im Idealfall bedarf es gar nicht erst eines Impulses vonseiten der Leiterin, damit ein Gespräch aufkommt. In jedem Fall sollte diese aber die Verantwortung dafür übernehmen, dass *alle*, die von den Überlegungen betroffen sind – und das ist oft, aber nicht immer die ganze Gruppe – *in den Austausch einbezogen* werden. Die ideale äußere Form für ein Gespräch, bei dem alle einander wahrnehmen und zuhören können, ist der Kreis. Die Moderation des Gesprächs sollte sicher stellen, dass alle sich äußern können. Andererseits ist jeglicher Druck in Richtung Selbstoffenbarung kontraproduktiv. Freiwilligkeit ist auch bei der Reflexion oberstes Kriterium, d. h. dass auch das Schweigen Einzelner nicht bloß toleriert, sondern wirklich respektiert werden muss.

Natürlich hat die Spielleiterin auch einen großen Einfluss darauf, *wie* Gespräche verlaufen. Insbesondere die Einführung bestimmter Gesprächs- oder Feed-back-Regeln kann hilfreich sein, um eine *konstruktive Gesprächsatmosphäre* zu fördern.

Subjektivität: Niemand kann die objektive Wahrheit für sich beanspruchen. Jede Aussage über andere gibt vielmehr einen persönlichen Eindruck wieder und ist immer auch eine Aussage über sich selbst. Günstig ist, dies auch sprachlich durch die Benutzung der Ich-Form zu erkennen zu geben.

Situationsbezogenheit: Aussagen gelten für die Gegenwart. Eindrücke und Gefühle ändern sich. Rückmeldungen, die sich konkret auf gemeinsam Erlebtes beziehen, sind daher sowohl genauer als auch weniger bedrohlich.

Brauchbarkeit: Kritik sollte konstruktiv, d. h. für den anderen zumindest potenziell nützlich sein. Deshalb ist es immer sinnvoll, sie mit Ideen und Anregungen zu verbinden. *Erwünschtheit*: Kritik sollte nur solange geäußert werden, wie die Betroffenen bereit sind zuzuhören. Auf Rückmeldungen kann man nicht nur warten, sondern man kann sie auch aktiv erfragen.

Tabelle 3: Kriterien für konstruktive Rückmeldungen

Außerdem sollte man, wo immer möglich, versuchen eine direkte Kommunikation der Teilnehmerinnen untereinander zu fördern und Beiträge von Teilnehmerinnen in diesem Sinne weiterzuleiten.

Eine aktive Rolle hingegen ist von der Leiterin im Hinblick auf die Strukturierung des Gesprächsverlaufs gefordert. Gerade auch, wenn viele Dinge zu besprechen sind, sollte man *Akzente setzen* und das Gespräch so moderieren, dass jeweils eine bestimmte Lernerfahrung im Vordergrund steht. Drei Reflexionsebenen sind dabei zu unterscheiden. Am leichtesten fällt es den meisten Teilnehmerinnen, Fragen auf der Sachebene (Schwierigkeit der Aufgabe, Beschaffenheit der Rahmenbedingungen, Vor- und Nachteile bestimmter Lösungsstrategien) zu diskutieren. Aus der Perspektive des sozialen Lernens sind die Erfahrungen auf der Beziehungsebene (Planungs- und Entscheidungsprozess, Zusammenarbeit, Konfliktlösung, Übernahme von Verantwortung) von besonderem Interesse. Schließlich können auch Erfahrungen auf der Ebene der individuellen Gefühle (Frustration, Erfolgserlebnisse, Angst, Unsicherheit) thematisiert werden. Dies erfordert allerdings nicht nur von den Teilnehmerinnen, sondern auch von der Leiterin die Bereitschaft, sich intensiver aufeinander einzulassen. Sowohl innerhalb einer Auswertungsphase als auch im Verlauf mehrerer Gespräche sollten die Gesprächsimpulse sich von der Sachebene in Richtung Beziehungsebene und schließlich Gefühlsebene bewegen. Akzente sollten in der Regel in Form von Fragen in die Gruppe eingebracht werden. Dabei ist es sinnvoll, eine Art roten Faden im Kopf zu haben und sich kontinuierlich für eine Strukturierung und gegebenenfalls auch Beschränkung der Gesprächsinhalte einzusetzen. Andererseits sollte die Moderatorin immer für unerwartete Beiträge und überraschende Wendungen des Gesprächs offen bleiben.

Sehr oft äußern die Teilnehmerinnen auch ein Interesse daran, die Sichtweise der Leiterin zu bestimmten Fragen zu erfahren. Da der Leiterin gleichzeitig eine große Autorität zugebilligt wird, können ihre Rückmeldungen und Einschätzungen allerdings leicht die Ansätze der Teilnehmerinnen zur Selbstbewertung überlagern und entmutigen. Andererseits hat die Leiterin oft Dinge gesehen, die der Gruppe entgangen sind, und in diesen Beobachtungen liegt in der Regel ein Potenzial zu weitergehenden Lernerfahrungen. *Eigene Beobachtungen* müssen daher eingebracht werden können, dies sollte jedoch selektiv und nicht zu dominant geschehen. In der Regel ist es günstiger, die eigenen Wahrnehmungen in Form von Fragen – anstelle von Aussagen – an die Gruppe zurückzumelden.

Jenseits des Spiels

Angesichts dieser Überlegungen zu Rollen und Phasen sollte nicht vergessen werden, dass es sich bei den Spielen „nur" um Medien, bei den Rollen „nur" um spezifische Kompetenzen und bei den Phasen um Teile eines organischen Ganzen handelt. Lernen findet in dem gesamten Kontext, in den die Spiele eingebettet sind, statt, und *Leitung* in einem weiteren Sinne sollte sich immer als *Begleitung* jenseits spezifischer Methoden verstehen.

Es macht keinen Sinn, spielerisch Themen zu bearbeiten und diesen dann nach Abschluss der eigentlichen Arbeit keine Beachtung mehr zu schenken. Wesentliche Dinge in einem Seminar oder Projekt passieren oft zwischen den Arbeitseinheiten, und auch sie gilt es, wenn möglich, wahrzunehmen und aufzugreifen. Vor allem aber sollten die Teilnehmerinnen das Gefühl haben, dass die Leiterin ihnen durchgehend als *zuverlässige Ansprechpartnerin* zur Verfügung steht.

Offene und direkte Kommunikation sind sowohl Ziel als auch Vehikel der hier intendierten pädagogischen Arbeit. Ihre Realisierung aufseiten der Teilnehmerinnen hängt entscheidend davon ab, inwieweit es der Leiterin gelingt, eine solche Kommunikation selbst modellhaft zu verwirklichen. Vor allem gilt es wahrzunehmen, wann man von einer Frage, einem Thema oder einer Auseinandersetzung selbst unmittelbar betroffen ist und dann auch als Mitmensch, nicht als Leiterin darauf zu reagieren. Beides ist natürlich nur künstlich voneinander zu trennen, so dass hier oft schwierige Entscheidungen zu fällen sind.

Entscheidend ist wohl, dass man sich als Leiterin *hinter keiner der* oben skizzierten *Rollen versteckt*. Leiterinnen sind grundsätzlich in einer Situation, in der sie einerseits von den Teilnehmerinnen idealisiert werden, andererseits auch als Projektionsfläche dienen. Angesichts dessen ist es nicht immer leicht, sich selbst und anderen eigene Schwächen einzugestehen. Gerade das kann den Teilnehmerinnen aber Mut zur Selbstreflexion geben und somit ein wichtiger und zugleich nicht planbarer Schritt sein.

Authentisch sein heißt auch, sich selbst *auf neue Erlebnisse und Erfahrungen einzulassen.* Nur wenn die Spiele für einen selbst nicht zur Routine erstarren, ist das möglich. Es gilt daher einerseits, Programm und Spiele immer wieder so zu verändern, dass man selbst dabei noch Lust und Spannung empfinden kann. Andererseits ist jede Gruppe anders und es gilt einfach zuzulassen, dass Situationen sich anders entwickeln als man es erwartet hätte.

Letztlich wird es immer wieder Situationen geben, an denen man das Programm und sogar die Leitung für einige Zeit *loslassen* kann. Diese gilt es zu erkennen und zu ergreifen.

Fantasie und Realität – Die Gestaltung eines künstlichen Lernsettings

In vielen Situationen und für viele Teilnehmerinnen ist eine Arbeit mit „Kooperativen Abenteuerspielen" schon deshalb attraktiv, weil hier die Möglichkeit besteht, sich zu bewegen und die eigene Körperlichkeit zu erleben. Ein anderer Aspekt dieser Spiele – wie auch von Spielen überhaupt – scheint uns aber eine mindestens ebenso große Rolle zu spielen: Sie regen die Fantasie an. Ganz nüchtern betrachtet passiert hier ja eigentlich nicht viel – man bewegt sich einige Meter, wirft ein paar Bälle durch die Gegend, baut etwas Merkwürdiges zusammen, klettert über ein Hindernis, das man genauso gut umgehen könnte ... Im Gegensatz zu „ernsthaften" Anforderungen wie auch zum „wirklichen" Abenteuer lebt das Abenteuerspiel von der „Als-ob-Situation". Die kurze Strecke, die man zurücklegt, ist z. B. ein gefährlicher Sumpf, die Bälle sind eine wertvolle Fracht, die Konstruktion ein hoher Turm und das Hindernis der einzige Weg zu einem begehrten Schatz. Anlässlich solcher Bilder kommen auch Erinnerungen an die eigene Kindheit auf. Kinder brauchen oft nur wenig Material und Anregung, um auf kleinstem Raum die ganze Welt entstehen zu lassen. Eine Fähigkeit, die ihnen angesichts vorfabrizierter

Spielzeuge und Medien und vor allem auch angesichts schwindender Spielräume meist sehr schnell wieder abhanden kommt. Vor allem aber: Im Prozess des erwachsen Werdens gerät die kindliche Fantasie früher oder später in Konflikt mit der „Realität".
Fantasie ist offensichtlich eine ambivalente Größe in unserem Leben. Einerseits ist sie wohl eine der grundlegenden Quellen unserer Kraft und Lebensfreude. Mit ihrer Hilfe können wir uns Dinge vorstellen, die sonst unerreichbar bleiben, können Vergangenes wieder lebendig machen und Künftiges vorwegnehmen. Fantasie hilft uns, hinter die Oberfläche der Dinge zu sehen und tiefere Bedeutungen zu entdecken. Ohne sie droht das Leben entsprechend öde und flach zu werden. Fantasie, Spiel und nicht zielgerichtete Kreativität haben andererseits in unserer Leistungs- und Wirtschaftswachstumsgesellschaft einen Beigeschmack von Nebensächlichkeit. Fantasie, die sich nicht in der einen oder anderen Form im Produktionsprozess instrumentalisieren lässt, gilt als nutzlose Zeitverschwendung.
Entsprechend ambivalente Gefühle lösen fantasievolle Spielszenarien gelegentlich aus. Manche Erwachsene tun sich schwer, in eine Fantasiewelt jenseits der nüchternen Tatsachen einzutauchen. Noch ausgeprägter ist das bei Jugendlichen in der Pubertät zu beobachten, insbesondere bei männlichen Jugendlichen, bei denen die Vorstellung, sich auf Fantasievolles einzulassen, angesichts ihres Rollenselbstverständnisses häufig Ängste auslöst, und alles damit Zusammenhängende daher schnell als „Kinderkram" abgetan werden muss. Grundsätzlich ist also immer eine Entscheidung zu treffen, inwieweit Spiele fantasievoll inszeniert werden oder ob der Ernstcharakter der Aufgabenstellung stärker hervorgehoben werden soll.

Dramatische Inszenierung ...

Entscheidet man sich dafür, Fantasie ins Spiel zu bringen, so kommt es unserer Erfahrung nach vor allem auf zwei Punkte an. Zum einen müssen die Bilder und Metaphern, mit denen man arbeitet, zu der entsprechenden Zielgruppe passen, d. h. sie sollten in irgendeiner Form an deren Vorstellungswelt anknüpfen. Zwischen einem anregenden und einem verunsichernden Szenario liegt gelegentlich nur ein kleiner Schritt. Eine Assoziation oder ein kleines kreatives Detail, welche die Vorstellungswelt der Teilnehmerinnen bereichern, können eine entscheidende Rolle spielen, um aus einem scheinbar unbedeutenden Spiel ein Erlebnis mit beträchtlichem Tiefgang zu machen. Eine fantasievolle Verpackung andererseits, die in sich nicht stimmig ist oder die mit den Normen und Interessen der Zielgruppe kollidiert, kann der ausschlaggebende Faktor dafür sein, dass ein potenziell spannendes Spiel als albern empfunden oder gar gänzlich abgelehnt wird.
Entscheidender noch ist der zweite Punkt: Eine fantasievolle Verpackung muss überzeugend „rübergebracht" werden. Die wichtigste Voraussetzung dazu ist wohl, dass die Spielleiterin selbst an der entsprechenden Fantasie Spaß hat und in der Lage ist, gedanklich in die Geschichte einzutauchen. Eine engagierte und überzeugende Präsentation vermag Menschen in Welten mitzureißen, zu denen sie alleine nie Zugang gefunden hätten. Accessoires wie Verkleidungen, passend ausgewählte Spielgegenstände und Raumdekorationen können eine solche Präsentation natürlich leichter und auch entsprechend genussvoller machen. Letztlich geht es hier darum, eine ästhetische Qualität ins Spiel zu bringen, Raum, Zeit und beteiligte Menschen zu „verzaubern".
Auf diese Art und Weise ist es möglich, mehrere Spiele durch eine Rahmengeschichte zu einer Spielsequenz zu verbinden und so einen Spannungsbogen aufzubauen, der neben der wachsenden Schwierigkeit der Aufgabenstellungen das Seinige dazu beiträgt, dass die Gruppe ganz im gemeinsamen Tun aufgeht. Solche Spielgeschichten haben aber auch ihren Preis. Jede Intervention, die den

Rahmen der Geschichte verlässt, droht das Szenario infrage zu stellen. Legt man sich aber über einen längeren Zeitraum auf eine Fantasiewelt fest, schränkt man damit auch gleichzeitig seinen Spielraum, spontan auf Lerngelegenheiten einzugehen, ein. Eine Möglichkeit, dieses Dilemma zu umgehen, besteht darin, Interventionen in der Sprache des Spiels zu formulieren. Auch Reflexionseinheiten können im Voraus so geplant werden, dass sie organisch in die Geschichte eingebettet sind, wobei aber immer genug Offenheit für die Entwicklung einer konkreten Fragestellung aus der Situation herausgelassen werden muss. Eine andere Möglichkeit ist es, zwischen der Ebene des Spiels und der Metaebene der Reflexion über das Spiel hin und her zu pendeln. Beides erfordert einiges an Geschick und Erfahrung in der Kunst, Fantasie und Realität in Balance zu halten. Aber auch ein weitgehender, zumindest zeitweiser Verzicht auf die kognitive Aufarbeitung des Erlebten kann eine bewusste Entscheidung sein. Die Fantasie ins Spiel zu bringen bedeutet letztlich immer eine Betonung analoger, offenerer und weniger expliziter Kommunikation. Bilder, Symbole und Metaphern können eine Wirkung entfalten, die sich nur schwer und meist unter Verlust wesentlicher Bedeutungen in Sprache fassen lässt. Fantasie entzieht sich jeglicher Form der Kontrolle und Ergebnissicherung. Mehr als alles andere erfordert daher eine fantasievolle pädagogische Arbeit Intuition und ein Vertrauen in Prozesse offenen und selbstorganisierten Lernens.

... oder Arbeit auf dem „Boden der Tatsachen"

Umgekehrt ist es natürlich auch möglich, den Ernstcharakter der Spiele zu betonen. Dann kommt es vor allem darauf an, die „Als-ob-Situation" als eine Chance zu präsentieren, die eigenen Fähigkeiten auf die Probe zu stellen. Die – letztlich ja weitgehend willkürliche – Festlegung der Regeln im Vorfeld besonders gut überlegt und bei der Durchführung dann entsprechend überwacht werden muss. Unterschiedliche Konsequenzen etwaiger Regelverletzungen bringen einen unterschiedlichen Ernst der Situation mit sich. So macht es einen großen Unterschied, ob etwa eine unerlaubte Bodenberührung eine Zeitstrafe, die Rückkehr der jeweiligen Spielerin zum Ausgangspunkt, die Rückkehr der ganzen Gruppe zum Ausgangspunkt oder gar einen sofortigen Abbruch des Spiels zur Folge hat. Eine drastische Begrenzung der Aktionszeit bei gleichzeitig relativ ausgiebiger Planungszeit versperrt die Möglichkeit unverbindlichen Herumprobierens nach dem Prinzip von Versuch und Irrtum und zwingt die Gruppe somit zu einer sorgfältigen Planung.

Will man den Ernstcharakter der Spiele akzentuieren, dann ist es von besonders großer Bedeutung, die Schwierigkeit der Anforderungen auf einem Niveau anzusetzen, das von den Teilnehmerinnen als anspruchsvoll erlebt wird, aber eben auch zu bewältigen ist. Wiederum handelt es sich um eine Aufgabe, die neben einiger Erfahrung eine sorgfältige Beobachtung des Gruppenprozesses erfordert.

Fantasie und Realität liegen natürlich im Spiel eng beieinander. Insofern schließen sich die beiden hier dargestellten Strategien nicht aus, sondern können sich gegenseitig ergänzen. Jede Spielleiterin muss letztlich über jedes Spiel einen für sie selbst passenden und im Idealfall doch immer wieder neuen Zugang zu einer neuen Gruppe finden.

(Un-)Planbarkeit – Von Programmen, die Lernen verhindern

Die bisherigen Überlegungen haben deutlich gemacht, dass kleine Unterschiede im Regelwerk und in der Präsentation von Spielen einen großen Unterschied in der Wirkung auf die Teilnehmerinnen machen können. Überlegungen, Entscheidungen und Vorbereitungen im Vorfeld der eigentlichen Spielaktion – kurz: der Planung – kommen daher weit mehr Bedeutung zu, als für Außenstehende sichtbar wird. Etwas überzeichnet könnte man auch sagen, die Kunst der Erlebnispädagogin besteht darin, selbst weitgehend unsichtbar zu bleiben. Erst eine gute Planung, zu der u. a. das eigene Ausprobieren von Spielen, die Wahl geeigneter Spielorte, die Besorgung attraktiver Materialien, die gedankliche Vorwegnahme unterschiedlicher Verläufe und vieles mehr gehören, ermöglicht das weitgehend nondirektive Leitungsverhalten während der Aktion, das für den erlebnis- und erfahrungsorientierten Ansatz von so zentraler Bedeutung ist.

Eine gute Planung ermöglicht Offenheit – ein Prozess wird gezielt angestoßen und kann sich dann in viele Richtungen entwickeln. Insofern kann Planung auch nie als abgeschlossen betrachtet werden, sonst läuft sie Gefahr, zum rigiden Plan oder Programm zu erstarren, das „durchgezogen" wird. Diese Gefahr ist unserer Erfahrung nach kaum zu überschätzen. Programme geben eine trügerische Sicherheit. Sie vermitteln den Eindruck, dass sinnvolle Aktivitäten schlüssig aufeinander aufbauen und bestimmte Ziele in einer angemessenen und überschaubaren Zeit realisiert werden können. Programme schläfern ein. In der Regel kommen sie ja dadurch zustande, dass ein erfolgreiches Modell festgeschrieben wird und man sich der Illusion hingibt, alle künftigen Situationen dadurch ebenfalls bewältigen zu können. Wenn aber der nächste Schritt und das nächste Spiel schon feststeht, dann ist der Handlungsspielraum, auf aktuelle Gruppenprozesse zu reagieren, äußerst eingeschränkt. In letzter Konsequenz geht man so einem Prozess nach, den man im Kopf hat, der aber in der aktuellen „Wirklichkeit" gar nicht stattfindet. Programme machen also letztlich blind für das, was tatsächlich in der Gruppe und bei einzelnen Teilnehmerinnen passiert. Sie laufen Gefahr, genau das zu verhindern, wofür sie eigentlich stehen: die Initiierung eines erfahrungsorientierten Lernprozesses.

Insbesondere wenn man sich für eine fantasievolle Arbeit mit den Spielen entscheidet, ist man in dieser Hinsicht in einem Dilemma. Wie bereits angedeutet, neigen Spielsequenzen, die in Rahmengeschichten eingekleidet sind, dazu, eine gewisse Eigendynamik zu entfalten. Die Geschichte und ihre Atmosphäre stehen im Vordergrund, ästhetische Überlegungen neigen dazu, inhaltliche Prozesse in den Hintergrund zu drängen. Wenn die Symbolik und Metaphorik der Geschichte nicht mehr mit dem Gruppenprozess im Einklang steht, wird das zum Problem. Auch liebevoll vorbereitete Reflexionsmethoden stehen Lernerfahrungen eher im Weg, wenn sie den Spielerinnen nicht erlauben, sich mit den Fragen auseinander zu setzen, die sich ihnen gerade stellen. Überhaupt sollte die Erkenntnis, dass Reflexionsprozesse durch kreative Medien unterstützt werden können, nicht zu einem blinden Vertrauen auf die Wirkung dieser Medien führen. Reflexive Lernerfahrungen werden nur dann in Gang gesetzt, wenn die Frage einer Reflexion auf die Erfahrungen der Teilnehmerinnen Bezug nimmt oder der Reflexionsimpuls jedenfalls eine Auseinandersetzung mit dem Erlebten ermöglicht. Fragen und Impulse, die von vornherein be-

reits festgelegt werden, verbieten sich daher von selbst.
Spiele, Aktionen und Aktivitäten, so ließe sich zusammenfassen, sind weitgehend planbar – Gruppenprozesse und Erfahrungen hingegen kaum. Eine gute Planung antizipiert eine Reihe möglicher Prozesse und Erfahrungen und bleibt offen dafür, dass alles auch ganz anders kommen kann. So leicht sich theoretisch allerdings der Unterschied zwischen einer offenen, prozessorientierten Arbeit und der Fixierung auf ein starres Programm formulieren lässt, so schwierig gestaltet sich in der Praxis oft die Wanderung auf dem schmalen Grat einer flexiblen Planung.

(Un-)Sicherheit – Zur Paradoxie des kontrollierten Risikos

Objektive Sicherheit?

Erlebnispädagogische Aktivitäten, und somit auch die „Kooperativen Abenteuerspiele", operieren mit dem Konzept geplanter Risikoerfahrungen. Ohne jegliches Risiko ließe sich schließlich kaum von Abenteuern sprechen. Pädagogisch verantwortbar sind solche Aktionen und Spiele natürlich nur, wenn die Risiken kalkulierbar und mithilfe entsprechender Sicherheitsvorkehrungen auf ein vertretbares Ausmaß minimierbar sind.
Um diesen spezifischen und ambivalenten Umgang mit Risikosituationen zu charakterisieren, wird häufiger auch zwischen subjektivem und objektivem Risiko unterschieden: Erlebnispädagogische Abenteuer sollten idealerweise mit einem relativ hohen subjektiven Risikogefühl aufseiten der Teilnehmerinnen und mit einem durch die Maßnahmen des Leitungsteams garantierten minimalen objektiven Risiko einhergehen. Diese Überlegung geht allerdings davon aus, dass die bezüglich der Aktivitäten relevanten Risikofaktoren tatsächlich objektivierbar sind. Das darf allerdings angesichts der Komplexität dieser Faktoren und vor allem auch angesichts der Tatsache, dass menschliche Reaktionen prinzipiell nicht voraussagbar sind, zumindest bezweifelt werden. Letztlich nehmen auch die Leiterinnen eines Spiels oder einer Aktion immer eine subjektive Einschätzung der Risiken vor – diese beruht aber auf einem umfassenderen Überblick über die Aktivität und die zu ihrer Absicherung vorgenommenen Maßnahmen.
In diesem Sinne erscheint es fragwürdig, abenteuerliche Aktivitäten als sicher zu „verkaufen". Bei aller Technik, die in der Regel bei den dramatischeren Outdoor-Aktivitäten im Spiel ist, hängt die Sicherheit einer Aktion doch immer auch in erheblichem Umfang vom verantwortlichen Handeln der Beteiligten ab. Während jedoch der Bereich des Natursports im Hinblick auf seine Gefährlichkeit häufig überschätzt wird, ist bei den spielerischen Abenteueraktivitäten, um die es in diesem Buch hauptsächlich geht, gelegentlich auch das Gegenteil der Fall. Gerade bei Bewegungsspielen in vertrauter Umgebung und ohne erkennbares großes Risiko sind die Teilnehmerinnen erfahrungsgemäß unaufmerksamer und leichtsinniger, so dass in der Folge schnell ein Fuß umgeknickt oder ein Kopf angestoßen ist. Auch die Gefahr solch leichter Verletzungen muss natürlich ernst genommen und es müssen entsprechende Vorkehrungen getroffen werden.

Sicherheitsaspekte

Wir haben in der folgenden Tabelle einige Sicherheitsaspekte zusammengestellt, die man insgesamt bei der Arbeit mit „Kooperativen Abenteuerspielen" berücksichtigen sollte:

- Ein *Erste-Hilfe-Set* muss immer in erreichbarer Nähe sein. Insbesondere bei Unternehmungen unterwegs gehört es zum Standardgepäck der Leiterin. Im Sinne des Prinzips Selbstverantwortung kann man darüber hinaus auch der Gruppe eine entsprechende Tasche zur Verfügung stellen. Der Inhalt dieser Sets muss regelmäßig auf Vollständigkeit überprüft werden.

- Bei vielen Spielen kommt der *Bodenbeschaffenheit* eine herausragende Bedeutung zu. Stein- und Betonböden sind nach Möglichkeit zu meiden. Unebenheiten bzw. zu geringe Abstände zwischen Spielfeldrand und evtl. Hindernissen stellen ebenfalls eine nicht zu unterschätzende Gefahrenquelle dar. Insbesondere bei Aktivitäten im Freien sollte der Untergrund, auf dem die Spiele stattfinden, grundsätzlich auf evtl. gefährliche Gegenstände, wie etwa Glasscherben, untersucht werden.

- Die benutzten *Materialien* müssen in einem einwandfreien Zustand sein. Insbesondere bei Holzklötzen, -balken und -kisten ist darauf zu achten, dass keine Gefahr durch Splitter oder gar hervorstehende Nägel besteht. Glasgefäße sind nach Möglichkeit zu meiden und durch Plastikbehälter zu ersetzen.

- Bei *Ballspielen* sind vorzugsweise weiche Bälle zu benutzen.

- Bei lebhaften *Bewegungsspielen* auf relativ engem Raum ist grundsätzlich zu überlegen, ob evtl. statt Laufen nur schnelles Gehen zugelassen werden sollte.

- Bei *Spielen mit verbundenen Augen* müssen folgende elementare Fortbewegungsregeln eingeführt, demonstriert und gegebenenfalls auch kurz geübt werden: Beide Arme sind mit offener Handfläche stets ausgestreckt vor dem Körper zu halten, um so rechtzeitig einen Kontakt mit Hindernissen bzw. anderen Personen abzufedern. Laufen ist – wenn nicht in der Spielregel ausdrücklich vorgesehen – grundsätzlich verboten.

- Bei Spielen, die ein *Fallen* bzw. die *Möglichkeit ruckartiger Berührungen* von Teilnehmerinnen beinhalten, sollten Uhren, Armschmuck und evtl. auch Brillen vorher abgenommen und ihrerseits sicher in einem Behälter aufbewahrt werden. Auf Gefahren durch gepiercte Ringe und sonstige Schmuckstücke muss hingewiesen werden, im Zweifelsfall kann sich hierdurch auch die Notwendigkeit ergeben, einzelne Teilnehmerinnen von einzelnen Aktionen auszuschließen.

- Spiele, die kleinere *Sprünge* erforderlich machen, bringen erfahrungsgemäß das höchste Verletzungsrisiko mit sich. Anzahl und Absprunghöhe solcher Sprünge sind auf ein Mindestmaß einzugrenzen.

Tabelle 4: Sicherheitsaspekte bei der Anleitung „Kooperativer Abenteuerspiele"

Auf Spiele, die unserer Ansicht nach besonders risikoreich sind, macht in der Anleitung zudem das Symbol Achtung aufmerksam:

Hier gilt zusätzlich zu dem oben Gesagten:

- Diese Spiele sollten vor dem Einsatz mit einem besonderen Blick auf die jeweiligen Gefahrenquellen gelesen werden.
- Auch die Teilnehmerinnen sollten vor dem Spiel für die entsprechenden Risiken sensibilisiert werden.
- Während des Spiels sollten auch die gerade nicht aktiven Teilnehmerinnen das Geschehen aufmerksam verfolgen und gegebenenfalls Sicherungsaufgaben übernehmen. Die Art dieser Aufgaben (z. B. Auffangen eines möglichen Sturzes) muss vorher genau erläutert, demonstriert und gegebenenfalls eingeübt werden.
- Was auch immer noch außerhalb des Spieles geschehen mag, die Spielleiterin muss auf jeden Fall mit einem Auge die Aktivitäten der Spielgruppe begleiten, um eventuell sofort eingreifen zu können.

Für einige wenige Spiele und Aktionen, die in diesem Buch beschrieben werden, wird ein zusätzliches Expertenwissen und -können aus bestimmten Bereichen benötigt.

Das betrifft zum einen die Spiele, bei denen Kletterausrüstung zum Einsatz kommt. Diese Materialien – Seile, Gurte, Karabiner etc. – erfordern eine fachgerechte Handhabung und eine ausgiebige Erfahrung hinsichtlich der Anwendung, Erläuterung und Überwachung der entsprechenden Knoten und Sicherungstechniken. Wer im Zweifel ist, ob er die entsprechenden Fähigkeiten zur sicheren Anleitung beherrscht, sollte lieber die Finger von diesen Spielen lassen bzw. eine Expertin hinzuziehen.

Zum anderen fallen darunter alle Spiele und Aktionen auf dem Wasser. Hier sind drei Mindestanforderungen unverzichtbar: Alle Teilnehmerinnen müssen schwimmen können, auf dem Wasser müssen Schwimmwesten getragen werden und mindestens ein Mitglied des Leitungsteams muss über die DLRG Rettungsqualifikation verfügen. Darüber hinaus sollte die Gruppe stets von einem „Leitungsboot" begleitet werden, wenn sie auf dem Wasser ist.

Angesichts von Aktionen am Fels oder auf dem Wasser stellt sich auch die Frage formaler Qualifikationen. Hier gelten je nach Land bzw. auch Arbeitsfeld unterschiedliche Erlasse, die natürlich zu beachten sind.

Der unserer Einschätzung nach gefährlichste Aktionsbereich, das Fahrradfahren, ist in dieser Hinsicht nur vergleichsweise geringen Beschränkungen unterworfen. Mindestanforderung sollte in jedem Fall sein, dass alle einen Helm tragen. Im Hinblick auf mögliche Gefahrenquellen gilt hier in besonderem Maße der im Hinblick auf spielerische Aktivitäten erwähnte Aspekt, dass nämlich die Teilnehmerinnen aufgrund der Vertrautheit mit dem Medium häufig zur Unterschätzung der Gefahr und zur Überschätzung ihrer Fähigkeiten tendieren.

Zusammenfassend lassen sich folgende Fragen formulieren, die man sich vor Beginn eines Spieles oder einer Aktion stellen sollte:

- Welche potenziellen Risiken bringt die Aktivität mit sich?
- Was kann ich tun, um diesen Risiken zu begegnen?
- Habe ich die erforderlichen Fähigkeiten und Hilfsmittel, um die Aktivität verantwortlich zu begleiten, bzw. welche Unterstützung muss ich mir dazu holen?
- Sind sich die Teilnehmerinnen in ausreichendem Umfang über die mit einer Aktivität zusammenhängenden Risiken bewusst?
- Haben alle Teilnehmerinnen die erforderlichen Fähigkeiten, um den zu erwartenden Schwierigkeiten zu begegnen?

Emotionale Sicherheit

Alle bisherigen Überlegungen haben sich vorwiegend auf die physische Sicherheit der Teilnehmerinnen bezogen. Zuletzt soll daher noch ein Wort zum psychischen Aspekt von Sicherheit gesagt werden. Abenteuer zu inszenieren bedeutet Menschen aus dem Bereich des Vertrauten heraus in ein Erleben von Spannung, Aufregung und Unsicherheit zu locken. Dahinter steht die Erfahrung, dass wir uns und andere in solchen Situationen intensiver erleben und Fähigkeiten entdecken und entwickeln können, die ansonsten vielleicht ungenutzt blieben. Jenseits einer bestimmten Schwelle tendiert die erwartungsvolle Spannung allerdings in Angst und Panik umzuschlagen – Zustände, die nicht nur unangenehm sind, sondern auch jegliches Lernen erschweren bzw. verhindern. Solche Schwellen sind sehr individuell. Beispielsweise unterscheiden Menschen sich erheblich bezüglich des Ausmaßes an körperlicher Nähe, das sie als angenehm, erträglich oder auch bedrohlich empfinden. Abenteuerpädagoginnen tendieren manchmal dazu, die Teilnehmerinnen in ihren Gruppen zu übersehen oder zu übergehen, deren Angstschwellen eher niedrig sind. Auch das hat etwas mit Sicherheit oder genauer gesagt mit Risiko zu tun, denn wenn Ängste übergangen werden, kann das für die Betroffenen u. U. dazu führen, dass sie nicht nur nichts von dem jeweiligen Seminar, Projekt oder Training haben, sondern die Erfahrung als persönlichen Misserfolg verbuchen und ihre Potenziale künftig eher weniger als mehr nutzen.

Spiele als Rohstoffe – Anregungen zur Variation und zum Erfinden

Jedes potenziell noch so spannende Spiel hat die besten Chancen zu einem Flop zu werden, wenn es nicht zu der Situation passt, in der eine Gruppe sich gerade befindet. Es gilt also, den Gruppenprozess kontinuierlich zu reflektieren und auf diese Weise eine Intuition für stimmige Vorschläge und Interventionen zu entwickeln, denn die Aspekte die in dieser Hinsicht eine Rolle spielen, sind viel zu komplex, als dass sie sich schematisch erfassen ließen. Je mehr Spiele, Übungen und Aufgaben man kennt, desto eher wird man in einer gegebenen Situation etwas Passendes vorschlagen können. Betrachtet man andererseits ein Spiel als fertiges Produkt, schränkt man die Vielfalt der damit verbundenen Handlungsmöglichkeiten unnötig ein. Spiele lassen sich in der Regel vielfältig variieren. Materialien, Regeln, Spielraum, Zeitrahmen usw. lassen sich vergrößern, verkleinern, hinzufügen, beschränken, ersetzen, umkehren, anpassen, verschlüsseln, umstellen, zusammenfassen, kurz: auf die verschiedenste Art und Weise verändern. Kleine Details machen oft große Unterschiede. Lässt man seiner Fantasie bei solchen Änderungsideen freien Lauf, kommt am Ende nicht selten ein ganz neues Spiel heraus.

Kreativitätsimpulse

Anhand eines des allseits bekannten Fangen-Spiels wollen wir beispielhaft aufzeigen, wie so ein kreativer Umgang mit den Spielen konkret aussehen kann.

- *Vergrößern*: Das Spielfeld wird räumlich vergrößert. Gleichzeitig wird die Anzahl der Fängerinnen erhöht.
- *Verkleinern*: Das Spielfeld wird räumlich verkleinert. Dafür ist die Fängerin „blind".
- *Hinzufügen*: Ein Ball dient der Fängerin zum „Abschlagen" und alle, die getroffen werden, werden ebenfalls zu Fängerinnen (s. „Monarchisten und Anarchisten", S. 56). Oder der Besitz bestimmter Gegenstände schützt davor abgeschlagen zu werden (s. „Rettungsringe", Band 1).
- *Beschränken*: Jeweils zwei Spielerinnen bilden ein Paar, welches permanent Körperkontakt zueinander halten muss (s. „Partnerfangen", S. 54).

- *Ersetzen*: Statt zu fangen wird gesucht (Verstecken!). Im übertragenen Sinne kann es bei dieser Suche dann statt der Personen selbst um Informationen über diese Personen gehen (s. „Spannendes – Unerwartetes – Geheimes", S. 50).
- *Umkehren*: Die ganze Gruppe versucht eine einzige Person zu fangen. Während diese in ihren Bewegungsmöglichkeiten frei ist, dürfen die Fängerinnen nur gehen und jede Fängerin darf nur eine begrenzte Anzahl von Schritten zurücklegen.
- *Anpassen*: Das Spiel findet auf dem Wasser statt. Die Person, die gefangen werden muss, hat ein Kajak zur Verfügung. Alle anderen haben Luftmatratzen. Sobald eine Luftmatratze das Kajak berührt, wird gewechselt.
- *Verschlüsseln*: Das Feld wird in schachbrettartige Segmente unterteilt. In der Mitte steht die Fängerin, darum herum alle anderen. Alle Spielerinnen erhalten Zettel, auf denen steht, wie sie sich auf dem Brett bewegen dürfen. Fängerin und Gruppe ziehen immer abwechselnd. Wer auf diese Art und Weise „geschlagen" wird, wird selbst zur Fängerin.
- *Umstellen*: Die Fängerin steht einer einzigen Person gegenüber, die zu fliehen versucht. Alle anderen bilden einen Kreis, dessen Durchgänge sich nach einer bestimmten Regel nach und nach schließen, so dass es der fliehenden Person sogar gelingen kann sich am Ende zu retten (s. „Speedy Gonzales", Band 1). Oder aber alle werden zu Fängerinnen und müssen gleichzeitig fliehen (s. „Wilde Jagd", S. 53).
- *Zusammenfassen*: Alle Spielerinnen versuchen die anderen mithilfe von Softbällen abzuwerfen. Getroffene Spielerinnen hocken sich auf den Boden, können aber wieder eingreifen, sobald sie einen Softball zu fassen bekommen (s. „Asteroiden", Band 1). Oder alle jagen alle, statt andere abzuschlagen muss ihnen etwas weggenommen werden (s. „Mist, Mist, Mist", S. 55). Oder alle versuchen der Fängerin etwas weg zu nehmen. Diese ist „blind", kann die anderen aber mit einem weichen Schläger abschlagen (s. „Lautloser Kampf", S. 64). Oder aus einer Kombination von Gelände- und Brettspiel wird eine Inszenierung von „Scotland Yard" entwickelt, bei der sich die „Detektive" (Fängerinnen) auf einem markierten Spielfeld mit bestimmten Verkehrsmitteln bewegen, während die „Verbrecherinnen" sich lediglich in gewissen Abständen zeigen müssen. Erfolgreiche „Detektive" wechseln die Rolle mit den erwischten „Verbrecherinnen" ...

Strukturelle Anforderungen

Diese einfachen Beispiele dürften deutlich machen, welches Spektrum an Veränderungsmöglichkeiten sich auftut, wenn man anfängt, mit Regeln und Ideen zu spielen. Will man diesen Prozess gezielter betreiben, dürfte es zudem nützlich sein, sich einen Überblick über die strukturellen Anforderungen zu verschaffen, welche bei „Kooperativen Abenteuerspielen" gestellt werden. Aus diesem Grunde haben wir die Spiele dieses Bandes wie auch des ersten auf solche Merkmale hin analysiert und die häufig wiederkehrenden und uns wichtig erscheinenden Aspekte tabellarisch zusammengestellt.

- *Orte wechseln:* Die Gruppe muss sich gemeinsam, meist über einen festgelegten Weg, von einem Ort A zu einem Ort B bewegen.
- *Hindernisse bewältigen:* Die Gruppe muss über etwas herüber, unter etwas herunter, durch etwas hindurch, in etwas hinein, aus etwas heraus usw. gelangen.
- *Plätze tauschen:* Ein Teil der Gruppe muss nach bestimmten Regeln seinen Platz mit einem anderen Teil der Gruppe tauschen.
- *Führen und geführt werden:* Ein Teil der Gruppe vertraut sich, meist mit geschlossenen Augen, einem anderen Teil an.
- *Raum begrenzen:* Die Gruppe muss auf engem Raum zusammenkommen oder eine Aufgabe erledigen.
- *Objekte suchen:* Ein oder mehrere Objekte müssen gefunden und/oder eingesammelt werden.
- *Objekte fangen:* Ein oder mehrere Objekte müssen aufgefangen, abgefangen oder getroffen werden.
- *Objekte transportieren:* Ein oder mehrere Objekte müssen transportiert oder vertauscht werden.
- *Strukturen konstruieren:* Ein Objekt oder eine Struktur aus verschiedenen Objekten muss hergestellt, wiederhergestellt oder in ein Gleichgewicht gebracht werden.
- *Anordnungen herstellen:* Die Gruppe oder ein Teil der Gruppe muss sich selbst in einer bestimmten Struktur anordnen oder in ein Gleichgewicht bringen.
- *Bewegung realisieren:* Die Gruppe muss selbst ununterbrochen in Bewegung bleiben oder sie muss dafür sorgen, dass bestimmte Objekte nicht zur Ruhe kommen.
- *Halten und Auffangen:* Die Gruppe muss einzelne Gruppenmitglieder stützen, auffangen, sichern oder ihnen anderweitig eine angenehme Erfahrung bereiten.
- *Kontakt herstellen:* Andere Menschen müssen angesprochen, befragt oder um etwas gebeten werden.
- *Informationen sammeln und verarbeiten:* Die Gruppe muss Informationen zusammentragen, austauschen und/oder entschlüsseln.
- *Sachverhalte und Einschätzungen präsentieren:* Die Gruppe muss ihre Ergebnisse oder Einschätzungen verbal, zeichnerisch oder schauspielerisch darstellen.
- *Wahrnehmung schärfen:* Mitspielerinnen oder Ereignisse in der Natur müssen optisch oder akustisch genau beobachtet werden.
- *Einschätzungen vornehmen:* Individuelle oder kollektive Leistungen müssen antizipiert sowie Ansprüche und Ziele vereinbart werden.
- *Ressourcen verhandeln:* Untergruppen mit gleichen oder ähnlichen Aufgaben müssen die Verteilung von Materialien und den Einsatz von Strategien aushandeln.

Tabelle 5: Strukturelle Anforderungen „Kooperativer Abenteuerspiele"

Behinderungen als Chance

Eine zentrale Rolle spielen zudem oft verschiedene Handicaps, mit deren Hilfe auch auf den ersten Blick unscheinbare spielerische Situationen relativ einfach in anspruchsvolle Herausforderungen verwandelt werden können. Insgesamt handelt es sich dabei um eine überschaubare Anzahl von zusätzlichen Erschwernissen, die einzeln oder auch in Kombination eingeführt werden können, um Aufgaben auf einem Niveau, das den Zielen und Möglichkeiten der jeweiligen Gruppe entspricht, zu präsentieren. Die folgende Tabelle gibt dazu einen Überblick:

- *Einschränkung der Wahrnehmung:* Die Gruppe oder ein Teil der Gruppe muss die Aufgabe „blind", d. h. in der Regel mit aufgesetzten Augenbinden, bewältigen.
- *Einschränkung der Kommunikation:* Die Gruppe oder ein Teil der Gruppe darf im Laufe der Aufgabe nur flüsternd miteinander sprechen, überhaupt nicht miteinander sprechen, nicht stimmlich miteinander kommunizieren oder nicht körperlich miteinander Kontakt aufnehmen.
- *Einschränkung der Bewegungsmöglichkeiten:* Hände, Arme, Füße oder Beine dürfen nur beschränkt oder gar nicht eingesetzt werden bzw. bestimmte Bewegungsabläufe werden als Voraussetzung zur Lösung der Aufgabe vorgegeben.
- *Einschränkung des zur Verfügung stehenden Materials:* Materialien werden auf ein Minimum reduziert, müssen von der Gruppe selbst reduziert werden oder werden nach und nach aus dem Spiel genommen.
- *Einschränkung der zur Verfügung stehenden Zeit:* Die Zeit zur Planung und/oder Durchführung der Aufgabe wird vorneweg beschränkt oder bei weiteren Durchgängen reduziert. Regelverletzungen resultieren in zusätzlichen Zeitverlusten.

Tabelle 6: Einschränkungsmöglichkeiten zur Dosierung des Schwierigkeitsgrades „Kooperativer Abenteuerspiele"

Diese Auflistungen und Tabellen sind dazu gedacht, die Variation und Weiterentwicklung von Spielen zu erleichtern und insgesamt einen kreativen Umgang mit „Kooperativen Abenteuerspielen" zu fördern. Sie sind sicherlich nicht vollständig und sollten auch nicht als Checklisten, die regelmäßig „abgehakt" werden müssen, missverstanden werden. Eine frische und lebendige Spielatmosphäre kann man sich auf Dauer nur erhalten, wenn man auf der Suche nach neuen Möglichkeiten bleibt und sich auf dieser Suche vor allem auch selbst immer wieder überraschen lässt.

Praktisches zu den Spielen

Kategorien und Ordnungsgesichtspunkte

Spiele zu kategorisieren ist eine problematische Angelegenheit. Indem man bestimmte Spiele unter einer Überschrift zusammenfasst, hebt man gewisse Erfahrungsmöglichkeiten hervor und vernachlässigt andere – das Reich der spielerischen Möglichkeiten wird gedanklich eingeschränkt. Letztlich werden die Leserinnen dadurch verleitet, auf der Suche nach einem passenden Spiel schnell in bestimmte „Schubladen" zu greifen. Trotzdem haben wir uns entschieden die Kategorien, unter denen wir die Spiele im ersten Band zusammengefasst hatten, auch diesmal beizubehalten. Als grobe Einteilungen bringen sie etwas Übersichtlichkeit in die Sammlung. Ein paar Anmerkungen zu den gewählten Kategorien sollen diese erste Orientierung erleichtern:

Kennenlernspiele
Mit „Abenteuern", auch wenn sie spielerischer Natur sind, kann man nicht „mit der Tür ins Haus fallen". Hier finden sich daher einige Spiele, die es den Teilnehmerinnen ermöglichen, einen ersten Kontakt zueinander herzustellen und spielerisch ein paar Informationen übereinander auszutauschen.

Warming-up-Spiele
Bewegung, im wörtlichen wie übertragenen Sinne, hat einen zentralen Stellenwert im Konzept der „Kooperativen Abenteuerspiele". Warming-up-Spiele helfen den Teilnehmerinnen miteinander in Bewegung zu kommen. Die meisten dieser Spiele haben einen unkomplizierten, ausgelassenen und lustigen Charakter.

Wahrnehmungsspiele
Guter Kontakt bedarf auch ruhiger, kontemplativer Momente. Wahrnehmungsspiele helfen den Teilnehmerinnen sich zu konzentrieren, ihre Energien zu fokussieren und so intensiver mit ihren Mitspielerinnen und sich selbst in Berührung zu kommen.

Vertrauensübungen
Jede Gruppe braucht ein gewisses Maß an gegenseitigem Vertrauen, um arbeits- und handlungsfähig zu sein. Vertrauensübungen ermöglichen den Teilnehmerinnen, sich auf ungewohnte und riskante Situationen einzulassen und dabei Sicherheit und Unterstützung durch die Gruppe zu erfahren.

Kooperationsspiele
Gemeinsam ein Problem zu lösen ist eine Erfahrung, die viele Menschen nur selten in ihrem Alltag machen. Kooperationsspiele bieten dazu ganz konkrete Gelegenheiten, relativ übersichtliche und weniger komplex strukturierte Herausforderungen mit einem begrenzten Zeitaufwand zu bewältigen.

Abenteuerspiele
Abenteuer zu bewältigen heißt u. a. etwas zu leisten, an dessen Möglichkeit man zumindest vorher gezweifelt hat. Hier finden sich entsprechend Aufgaben und Probleme, die relativ anspruchsvoll und komplex sind und daher Zusammenarbeit aller Teilnehmerinnen im Sinne gemeinsamen Planens, Entscheidens und Handelns erfordern.

Abenteueraktionen
Spiel und Ernst werden im Konzept der „Kooperativen Abenteuerspiele" eher als komplementär denn als gegensätzlich angesehen. Abenteueraktionen zeichnen sich durch den Einbezug „realer" Handlungsräume und -medien (Wald, See, Karten, Fahrräder usw.) aus und bringen somit ein Stück zusätzlichen Ernstcharakters in die kooperativen Herausforderungen.

Reflexionsimpulse

Erfahrung will verarbeitet werden. Reflexionsimpulse sollen Anstöße dazu geben. Sie ermöglichen den Teilnehmerinnen über das Erlebte nachzudenken, sich darüber auszutauschen und es in einen persönlich relevanten Sinnzusammenhang zu stellen. Reflexion wird dabei so verstanden, dass denken, reden und handeln nicht notwendigerweise losgelöst voneinander stattfinden, sondern organisch ineinander fließen können.

Bei unserer Kategorisierung arbeiten wir mit verschiedenen Begrifflichkeiten: „Spiele", „Übungen", „Aktionen" und „Impulse". Darüber hinaus ist immer wieder auch die Rede von „Aufgaben", „Problemen", „Herausforderungen" und gelegentlich auch von „Inszenierungen". Das Spektrum dieser Begriffe soll deutlich machen, dass ein einzelnes Schema, insbesondere auch eine allzu vereinfachende Definition von „Spiel", für ein Verständnis der „Kooperativen Abenteuerspiele" zu kurz greift. Wenn wir mal den einen und mal den anderen Begriff bevorzugen, wollen wir damit lediglich bestimmte Fassetten hervorheben. Eine scharfe Trennung, etwa zwischen „Spielen", „Aufgaben" und „Übungen" scheint uns weder möglich noch erstrebenswert.

Es gibt also zahlreiche Überschneidungen zwischen den Kategorien und manche Zuordnung hätte auch anders vorgenommen werden können. Im Sinne einer größtmöglichen Übersichtlichkeit haben wir trotzdem versucht, die Spiele auch innerhalb der einzelnen Kategorien zu ordnen. Zwei Kriterien waren dabei maßgebend. Zum einen geht die Entwicklung von einfach und kurz hin zu komplex, anspruchsvoll und lang. Zum anderen werden ganz pragmatisch Spiele, für die ähnliche Materialien benötigt werden, in der Regel hintereinander dargestellt.

Beispiele für Spielsequenzen

„Kooperative Abenteuerspiele" können auf verschiedene Art und Weise zu einem sinnvollen Programm, Angebot oder Curriculum verbunden werden. Eine bereits erwähnte Möglichkeit besteht darin, einzelne Spiele in den Kontext vorbereiteter Sequenzen oder Spielketten zu stellen. Damit eröffnen sich vor allem vielfältige Möglichkeiten der theatralischen und atmosphärischen Verdichtung von Spielen: Die Teilnehmerinnen werden in alternative Wirklichkeiten entführt, die bei der spontanen Präsentation eines Spiels nur begrenzt herzustellen sind.

Die drei unten exemplarisch dargestellten Beispiele zeigen unterschiedliche Wege zur Erstellung solcher Abenteuerspielsequenzen auf. Eine bewährte Methode ist die Rahmengeschichte. Alle Spiele werden so präsentiert, dass sie sprachlich und inhaltlich in einen fantasievollen Kontext eingebettet werden – in „Die gefährliche Fracht" ist das z. B. die Welt der Agenten. In der „Weltreise im Ballon" wird zusätzlich ein anderer Weg eingeschlagen: Alle Spiele bedienen sich ein und desselben Materials, in diesem Falle der Luftballons. Der Zusammenhang kann schließlich auch inhaltlich-thematischer Natur sein, wie in „Wege des Lernens". Die Spiele sind hier so ausgewählt, dass sich aus ihnen mit einiger Wahrscheinlichkeit Erfahrungsmöglichkeiten zu eben diesem Thema ergeben werden.

Logistische Aspekte

Allen Spielbeschreibungen sind einige logistische Informationen vorangestellt, welche der Leserin die Entscheidung über die Durchführbarkeit des Spiels mit ihrer Gruppe erleichtern sollen. Im Einzelnen geht es dabei um:

Gruppengröße

Die Erfahrung zeigt, dass eine Gruppengröße zwischen 10 und 16 Teilnehmerinnen als ideale Voraussetzung für eine vertiefte pädagogische Arbeit wie auch für Trainingsseminare angesehen werden kann. Die Gruppe ist dann groß genug, um Raum für vielfältige Interaktionen, Rollen und Konflikte zu geben, und klein genug, um in ihrer Dyna-

mik überschaubar zu bleiben und die unmittelbare Behandlung relevanter Themen zuzulassen.
Auch die Spiele dieser Sammlung sind im Wesentlichen auf die Arbeit mit Gruppen dieser Größe zugeschnitten. Angesichts der praktischen Realitäten sind wir etwas großzügiger und haben bei dem überwiegenden Teil der Spiele eine Gruppengröße zwischen 8 und 18 Teilnehmerinnen angegeben. Eine Anpassung der Spiele an größere Gruppen ist oft – aber nicht immer – möglich, wenn die Mitglieder längerfristig zusammenarbeiten, wie z. B. bei Schulklassen.
Eine Reihe von Spielen lassen sich auch gut in größeren Gruppen spielen, einige wenige sind sogar in größeren Gruppen am interessantesten. Bei diesen Spielen haben wir eine Gruppengröße zwischen 10 und 30 Teilnehmerinnen empfohlen.
Einige wenige Spiele haben spezifischere Anforderungen an die Teilnehmerzahl, die dann jeweils entsprechend angegeben ist.

Zeitrahmen
Der Zeitaufwand für einzelne Spiele variiert im Allgemeinen von wenigen Minuten bis zu etwa 1,5 Stunden. Einige Abenteueraktionen können sich auch über mehrere Stunden erstrecken. Alle Zeitangaben sollten allerdings nur als grobe Richtlinien verstanden werden. In Abhängigkeit von der Präsentation, Variation, Gruppengröße und natürlich vor allem von der Intensität der Reflexion können die angegebenen Zeiten z. T. erheblich überschritten werden. Sehr häufig ist das geradezu ein Indikator dafür, dass anlässlich des durchgeführten Spiels etwas in Gang gekommen ist. Natürlich muss man dann auch die Zeit zur Verfügung haben, darauf einzugehen. Eine Arbeitseinheit für „Kooperative Abenteuerspiele" sollte daher im Allgemeinen mindestens 1,5 Stunden lang sein. Darüber hinaus sollte man sich zumindest ein grobes zeitliches Rahmenkonzept erstellen, in das einzelne Arbeitseinheiten eingebettet sind.

Räumliche Anforderungen
Da der größte Teil der Spiele in der einen oder anderen Form mit Bewegung zu tun hat, braucht man Platz. Ein normaler Gruppenraum wie etwa ein Klassenzimmer ist meist zu klein. Andererseits sind die räumlichen Ansprüche in der Regel nicht besonders außergewöhnlich: eine größere halbwegs ebene Wiesenfläche eignet sich sehr gut zur Durchführung eines großen Teiles der Spiele, wenn das Wetter einigermaßen mitspielt. Ideal ist ein weitgehend von außenstehenden Zuschauern oder Passanten abgeschirmtes Gelände am Waldrand. Wettersicher und funktional geradezu optimal, atmosphärisch allerdings aufgrund der nüchternen Kargheit oft nicht ganz so günstig, ist natürlich eine Turnhalle, die nicht zwangsläufig groß sein muss.
Einige Spiele und Aktionen stellen auch ganz spezielle Anforderungen an das Gelände, die dann jeweils vermerkt sind. In wenigen Worten kaum zu beschreiben sind die kleinen atmosphärischen Merkmale, die einen Ort für ein bestimmtes Spiel oder eine Sequenz geradezu prädestinieren. Dafür gilt es im Laufe der Praxis ein Gespür zu entwickeln.

Verzichtet haben wir im Gegensatz zum ersten Band bei den einzelnen Spielen diesmal auf Angaben zum Alter der Teilnehmerinnen. „Kooperative Abenteuerspiele" lassen sich mit Kindern, Jugendlichen, jungen und weniger jungen Erwachsenen durchführen – in Anlehnung an die Angaben auf Gesellschaftsspielen könnte man auch sagen „im Alter von 8 bis 88 Jahren".
Neben anderen Gesichtspunkten ist das Alter natürlich ein Kriterium für den Grad der Komplexität in der Präsentation, Durchführung und Auswertung der Spiele. Unserer Erfahrung nach lassen sich fast alle Spiele für die Arbeit mit einem sehr großen Spektrum von Zielgruppen entsprechend variieren. Die Untergrenze von etwa 8 Jahren ziehen wir aufgrund des erforderlichen sozial-emotiona-

len Entwicklungsstandes. Die hier dargestellten Spiele sind folglich für die Arbeit im Grundschulbereich nur bedingt brauchbar. Auf der anderen Seite des Alterspektrums setzen dann körperliche Einschränkungen einer Arbeit mit den Spielen Grenzen. Hier muss mit einzelnen Teilnehmerinnen immer sehr sorgfältig geklärt werden, was möglich ist und was aus Gründen berechtigter Vorsicht besser gelassen werden sollte.

Materialien

Einen besonderen Stellenwert im Rahmen der logistischen Überlegungen nimmt natürlich die Frage nach den notwendigen Materialien ein. Wer die vorliegende Sammlung durchblättert, wird zwar auch feststellen, dass eine ganze Reihe von Spielen völlig ohne Material auskommt, dass insgesamt jedoch eine sehr breite Palette an nicht einfach zu überschauenden Hilfsmitteln zum Einsatz kommt. Die folgende Auflistung soll daher einen Überblick über die Materialien geben, die bei den Spielen mehrfach gebraucht werden und über deren Besorgung man sich von daher Gedanken machen muss. Sie ist nach verschiedenen Funktionsbereichen geordnet und trennt darüber hinaus noch einmal Materialien, die sehr oft zum Einsatz kommen von solchen, die man seltener benötigt.

Die „Materialkiste"

Moderationsmaterial
Nicht unbedingt ein Markenzeichen „Kooperativer Abenteuerspiele", aber doch einigermaßen unverzichtbar. Im Einzelnen werden benötigt:
Häufig: Papier, Karteikarten, Kugelschreiber, Edding-Stift, Kreppband
Gelegentlich: Scheren, Buntstifte, Wachsmalstifte, Wasserfarben, Flipchartpapier

Bälle
Sind leicht, evtl. z. T. sogar umsonst zu besorgen (Tennisverein), werden dafür aber des Öfteren gleich in großen Mengen gebraucht.
Häufig: Tennisbälle (alt), Softbälle (klein, verschiedene Farben), Luftballons
Gelegentlich: Wasserball, Softball (groß)

„Do it yourself"
Einige Standardmaterialien sind sehr vielseitig einsetzbar. Leider z. T. auch etwas sperrig beim Transport, dafür anspruchslos in der Konstruktion.
Häufig: Teppichfliesen (ca. 30 x 30 cm), Holzklötze (ca. 20 x 30 x 4 cm), Balken (ca. 250 x 10 x 8 cm)
Gelegentlich: Schaumstoffschläger (Heizungsrohrisolation!), stabile Holzkisten (z. B. Weinkisten)

„Aus dem Haushalt"
Jede Menge nützlicher Dinge, die man ohnehin schon besitzt oder aber leicht besorgen bzw. ausleihen kann.
Häufig: Kordel, Eimer, 1–2 Mützen, Stoppuhr, Trillerpfeife
Gelegentlich: Plastikplanen, Expanderschnur, Kerzen, Taschenlampen, Wäscheklammern

Turnhalleninventar
Wenn man eine Turnhalle benutzen kann, sind die Materialien meist auch in mehr oder weniger großem Umfang verfügbar.
Häufig: Gymnastikreifen, Springseile, Kastenteile, Matten
Gelegentlich: Holzstäbe, Tennisringe[1], Medizinbälle[2], Tau

[1] Kleine Ringe aus Vollgummi [2] aus Leder

Gestaltung der Atmosphäre
Keines der hier genannten Dinge ist unverzichtbar, aber jedes einzelne kann zur Gestaltung der Spielatmosphäre einen wichtigen Beitrag leisten.
Häufig: transportabler CD/Kassettenplayer, CDs/Kassetten (Auswahl an Instrumentalmusik), lustiges Spielmaterial (werfbar/unzerbrechlich)
Gelegentlich: bunte Tücher (z. B. Jongliertücher), Decken, Fallschirm

„Essentials"
Zwei Utensilien werden so oft gebraucht, dass man sie eigentlich immer dabei haben sollte: Augenbinden (Stofftücher ca. 140 x 25 cm, vorzugsweise bunt gefärbt), 1–2 Seile (z. B. ausrangierte Kletterseile)

Einige Abenteueraktivitäten schließlich erfordern ganz spezielle Materialien, die in den Anschaffungskosten weit über alles andere hinausgehen:

Kletterausrüstung
Der Einsatz von Klettermaterialien kann grundsätzlich nur von Personen überwacht werden, welche die notwendige Erfahrung und das notwendige „Knowhow" dazu mitbringen. Konkret werden für einzelne Spiele bzw. Aktionen benötigt: Seile, Karabiner, Schlingen, Gurte, Helme

Bootsausrüstung:
Für Aktivitäten auf dem Wasser werden die entsprechenden Fahrzeuge samt Zubehör benötigt: Kanus, Paddel, Schwimmwesten, Luftmatratzen, wasserdichte Tonnen bzw. Säcke

Fahrradausrüstung:
Fahrräder können in der Regel von den Teilnehmerinnen selbst mitgebracht werden. Allerdings stellt sich in dem Fall neben dem Transportproblem auch die Herausforderung, mit ungleichen technischen Voraussetzungen umzugehen. Benötigt werden: Fahrräder, Helme, Flickzeug

Diese Auflistung macht deutlich, dass die einzelne Sozialpädagogin, Lehrerin oder Trainerin, die anfangen will mit „Kooperativen Abenteuerspielen" zu arbeiten, vor einem Problem steht: Der Materialeinsatz ist nicht unerheblich und er ist auch nicht mit einer einmaligen Anschaffung abzudecken. Bei der wiederholten Arbeit mit ein und denselben Spielen kommt man vielmehr in der Regel immer wieder auf neue Ideen, fügt etwas hinzu oder verändert gar die gesamte Konstruktion einschließlich des Materials. Das ist ein spannender und kreativer Prozess, der aber auch Zeit, Energie und Geld kostet.
Zwei Wege führen aus dem offenkundigen Dilemma: Einerseits ist es schon rein logistisch sinnvoll, im Team zu arbeiten oder sich zumindest zusammenzutun und manches gemeinsam anzuschaffen. Zum anderen sollte man über die unmittelbaren Arbeitskolleginnen hinaus Netzwerke aufbauen und beispielsweise mit Trägern der Jugendarbeit oder Vereinen zusammenarbeiten, da es solchen Organisationen meist viel leichter fällt, das entsprechende Material anzuschaffen und dort auch häufig Personen mit zusätzlichem fachlichen Know-how anzutreffen sind. Dann, so könnte man sagen, wird die Materialfrage zur schönsten Nebensache der Welt.

Gebrauchsanweisung für eilige Leserinnen – 10 Tipps, um einen Reinfall zu erleben

Der bekannte Psychologe Paul Watzlawick hat einmal eine „Anleitung zum Unglücklichsein" geschrieben. Die Tipps, die er in diesem kleinen Büchlein gibt, sind geeignet, die allzu ernsthafte Leserin von einer Katastrophe in die nächste zu führen. Sie sind eben nicht ganz ernst gemeint – und doch versteckt sich hinter Watzlawicks köstlichen Anekdoten so manche geradezu tragische Erfahrung, die mitten aus dem Leben gegriffen ist.
Unbesehen davon, wie Sie als Leserin zu der pädagogischen Grundhaltung stehen, die wir in diesem Einleitungsteil zu vermitteln versucht haben: ganz so tragisch dürfte es bei der Arbeit mit den „Kooperativen Abenteuerspielen" nicht kommen, solange Sie ein Auge auf die sichere Begleitung dieser Spiele haben. Wir haben jedoch die Erfahrung gemacht, dass die „Wirkung" dieser Spiele ganz entscheidend davon abhängt, wie und in welchem Zusammenhang sie geplant, vorgestellt, durchgeführt und ausgewertet werden. Eine Checkliste, anhand derer alle dabei zu berücksichtigenden Überlegungen abgehakt werden können, kann es unserer Meinung nach nicht geben. Einige dieser Überlegungen liegen uns allerdings besonders am Herzen. So haben wir uns entschlossen, für die folgende „Gebrauchsanweisung der etwas anderen Art" eine kleine Anleihe bei dem Meister der Paradoxie zu machen. In diesem Sinne also unsere abschließenden „Tipps":

1. Arbeiten Sie grundsätzlich alleine!

Ihr persönlicher Stil droht eher Schaden zu nehmen, wenn sie sich dauernd mit anderen Kolleginnen arrangieren müssen. Außerdem: was hätten Sie davon? Ihre eigene Intuition wird Sie auch in schwierigen Situationen sicher nicht im Stich lassen. Gruppendynamische Prozesse sind ohnehin meist sehr überschaubar.

2. Verlieren Sie keine Zeit damit, die Spiele vorher auszuprobieren!

Dafür ist schließlich dieses Buch da. Am meisten behält man nachweislich von dem, was man gelesen und gehört hat. Und mit ein wenig Erfahrung werden Sie auf den ersten Blick erkennen, worauf es jeweils bei einem Spiel ankommt.

3. Nehmen Sie die Vorbereitungen nicht zu ernst!

Schließlich sind es nur Spiele und ein gutes Spiel sollte man überall und ohne viel Aufwand einsetzen können. Details können da nicht so wichtig sein. Irgendwie wird die Anleitung schon klappen.
Und wenn das beim ersten Mal nicht gleich der Fall ist, dann taugt das Spiel wahrscheinlich nicht viel.

4. Setzen Sie die Spiele ein, wo immer sich gerade eine halbwegs passende Gelegenheit bietet!

Partys, Vertretungsstunden und Betriebsfeiern sind zum Beispiel ideale Anlässe. Sie können sicher sein, dass Sie zur guten Stimmung beitragen, und wenn nebenbei noch etwas gelernt wird, ist das doch auch nicht schlimm.

5. Halten sie sich exakt an die Spielanleitung und es kann nichts passieren!

Nur keine Experimente. Die Spiele dieser Sammlung sind mit Sicherheit in den verschiedensten Umständen getestet worden, da wäre es doch unsinnig für die eigene Gruppe etwas verändern zu wollen.
Außerdem garantiert bestimmt nur ein ordnungsgemäßer Einsatz die versprochenen Resultate.

6. Machen Sie Ihren Teilnehmerinnen deutlich, wie sie sich zu verhalten haben!

Spielen schön und gut, aber vor allem soll hier etwas gelernt werden. Deshalb: Wenn sich Einzelne nicht ordentlich verhalten, dann machen Sie es ihnen unmissverständlich klar! Das entscheidende Ziel dieser Arbeit ist es schließlich, dass die Teilnehmerinnen am Ende richtiges von falschem Verhalten unterscheiden können.

7. Wenn Sie eine Planung gemacht haben, dann halten Sie sich auch unbedingt daran!

Bei spontanen Veränderungen geht einfach zu viel verloren. Denken Sie an all die Mühe, die Sie sich gemacht haben. Es wäre doch zu schade, wenn all die schönen Spiele, Dekorationen, Auswertungsmethoden und sonstigen Überraschungen am Ende nicht zum Einsatz kämen.

8. Seien Sie ein Vorbild für Ernsthaftigkeit!

Die Teilnehmerinnen erkennen leider nicht immer gleich, wie wertvoll diese Spiele sind. Am überzeugendsten können Sie ihnen das vermitteln, indem Sie selbst immer mit allem Ernst bei der Sache sind. Verhalten Sie sich grundsätzlich so, wie es einer Unterrichtssituation angemessen ist!

9. Kontrollieren Sie die Erreichung Ihrer Ziele regelmäßig und sorgfältig!

Gerade auch sozial-emotionale Lernziele müssen gesichert werden, damit sie endlich die ihnen gebührende Anerkennung erhalten. Nutzen Sie entsprechende Tests und Fragebögen und dokumentieren Sie Ihre Ergebnisse regelmäßig gegenüber Ihren Kolleginnen und Vorgesetzten!

10. Erwarten Sie von einer Arbeit mit den Spielen Wunder!

Sie haben viele andere Aufgaben und Verpflichtungen. Die Arbeit mit diesen Spielen ist schwer genug zu rechtfertigen. Wenn Sie aber jetzt einer so ungewöhnlichen Methode eine Chance geben, dann erwarten Sie ruhig im Gegenzug unverzüglich entsprechend tief greifende Veränderungen. Sie haben ein Recht darauf!

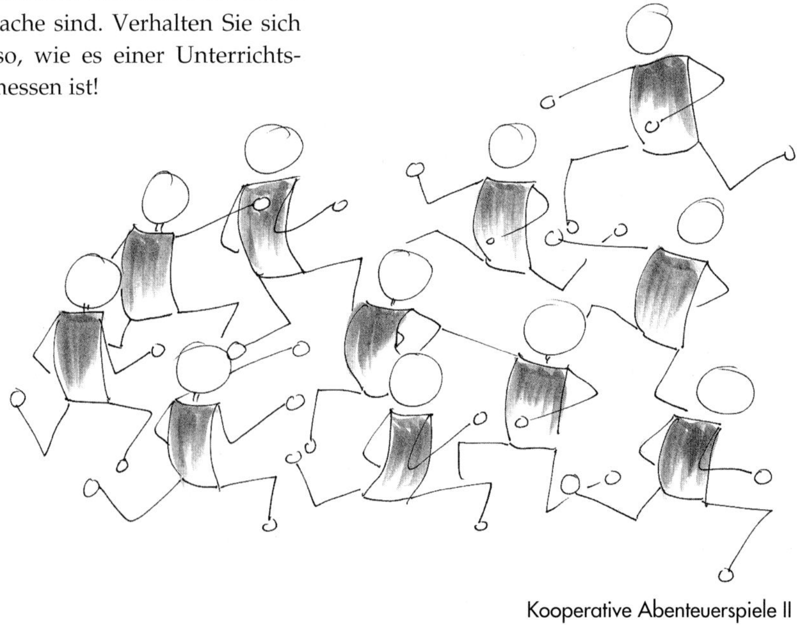

Kooperative Abenteuerspiele

Viele Begrüßungen

Ort:
überall möglich

Dauer:
5–10 Minuten

Eignung:
für Gruppen von 8–18 Personen

Material:
witzige Gegenstände zur Markierung von Plätzen, in der Anzahl der mitspielenden Personen

Beschreibung des Spiels:
Die Gruppe versammelt sich im Kreis. In der Mitte wird ein Haufen witziger Gegenstände ausgelegt, von denen sich jede Mitspielerin einen nehmen kann, um damit ihren Platz zu markieren.
Beginnend mit der Spielleiterin sagen zunächst reihum alle einmal deutlich ihren Namen. Gleichzeitig sollten die Teilnehmerinnen (TN) versuchen, sich möglichst einige der anderen Namen zu merken. Wichtig ist allerdings zunächst nur, dass man sich wenigstens einen Namen merken kann.
Dann ergreift die Spielleiterin wieder die Initiative: Sie geht direkt auf eine Mitspielerin zu, nennt dabei deren Namen und begibt sich dann auf deren markierten Platz. Die angesprochene Spielerin muss nun ihrerseits möglichst schnell eine andere Spielerin aufrufen und sich auf deren Platz begeben. So entsteht eine Kettenbewegung, bei der ständig die Plätze getauscht werden und gleichzeitig mehr und mehr Namen ins Spiel kommen. Wenn die meisten Namen ein paarmal gefallen sind, kann folgende Variante eingeführt werden:

Variante A:
Die aufgerufene Mitspielerin soll bei Ankunft auf ihrem Platz auf eine bestimmte Art begrüßt werden. Es sollen dabei möglichst viele, auch witzige Formen der Begrüßung ins Spiel kommen. Natürlich kann man bei dieser Variante immer erst eine neue Mitspielerin aufrufen, nachdem man selbst begrüßt worden ist.

Variante B:
Sobald die Gruppe mit den Namen eine gewisse Vertrautheit erreicht hat, kann die Spielleiterin das Tempo steigern, indem sie zwischendurch einfach eine weitere Person anspricht, so dass nun zwei Platzwechsel bzw. Begrüßungen gleichzeitig stattfinden. Schließlich kann so ein dritter, vierter usw. gleichzeitiger Wechsel initiiert werden, so dass das Spiel schließlich in einem lustigen Bewegungs- und Namenstohuwabohu endet.

Kommentar:
Eine Gefahr bei diesem sonst sehr lockeren und lustigen Spiel ist, dass die Namen einzelner Mitspielerinnen untergehen, weil sie sich niemand gemerkt hat. Daher ist folgende Zusatzregel sinnvoll: Man hat grundsätzlich auch die Möglichkeit, auf jemanden zuzugehen und dabei nach dem Namen zu fragen, statt ihn zu benennen. Allerdings sollte davon möglichst nicht allzu oft Gebrauch gemacht werden.

Die Namenstaffel

Ort:
in einer Halle oder auf einer Wiese

Dauer:
10–15 Minuten

Eignung:
für Gruppen von 10–30 Personen

Material: –

Beschreibung des Spiels:
Auf ein Zeichen der Spielleiterin hin schließen alle Mitspielerinnen die Augen und laufen vorsichtig tastend durch den Raum. Wenn man auf eine andere Person oder auf ein Hindernis trifft, wechselt man einfach die Richtung.
Auf ein weiteres Zeichen hin bleiben die TN wie erstarrt stehen. Alle warten dann mit geschlossenen Augen, wen die Spielleiterin mit Namen anspricht, berührt und dadurch wieder auftaut. Für die aufgetaute Person gilt es, so schnell wie möglich die Augen zu öffnen, sich der Befreierin anzuschließen und eine andere Mitspielerin mittels Namensnennung und Berührung aufzutauen. Die Befreierinnen bilden dabei eine ständig länger werdende Kette, die nicht abreißen darf. Ziel der Gruppe ist es, möglichst schnell alle Mitglieder wieder aufgetaut zu haben.
Die Spielleiterin löst diese Staffel durch die Berührung einer Teilnehmerin aus und nimmt gegebenenfalls die Zeit. In weiteren Runden kann die Gruppe versuchen, ihre Zeit zu verbessern.

Variante:
Alle Befreierinnen sind nur ein einziges Mal unterwegs. Nachdem sie eine Person aufgetaut haben, setzen sie sich auf deren Platz, so dass eindeutig zu erkennen ist, wer schon ins Spiel gekommen ist und wer noch nicht. Die aufgetauten Personen müssen dann ihrerseits alleine losrennen und möglichst schnell eine andere Spielerin durch Ansprache und Berührung befreien.

Kommentar:
Voraussetzung für dieses Spiel ist eine zumindest minimale Vertrautheit mit den Namen der anderen. Es eignet sich besonders gut, um die Namen nach einer ersten Arbeitsphase noch einmal aufzufrischen. Die Spielleiterin sollte außerdem darauf vorbereitet sein, dass lustige, aber gegebenenfalls auch leicht peinliche Situationen dadurch entstehen, dass oft seltsam weite Wege zurückgelegt werden, weil man sich auf die Schnelle nicht an den Namen der in unmittelbarer Nähe befindlichen Mitspielerinnen erinnern kann.

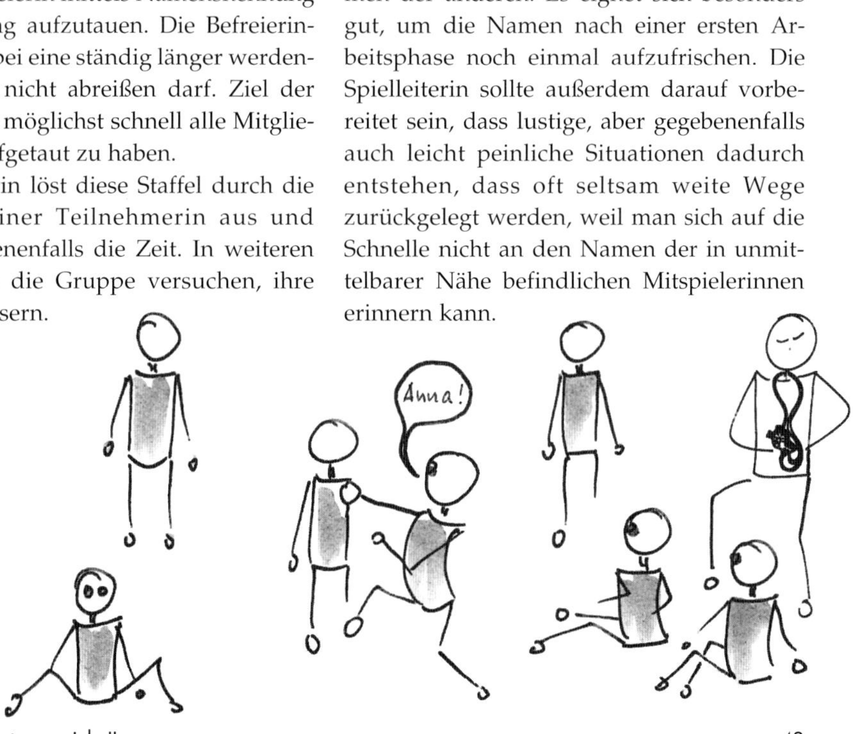

Wer fehlt?

Ort:
in einem großen Raum oder auf einer Wiese

Dauer:
10–20 Minuten

Eignung:
für Gruppen von 8–18 Personen

Material:
große Tücher, evtl. Hindernisse, evtl. CD-Player und Instrumental-CD

Beschreibung des Spiels:
Die Spielerinnen laufen mit geschlossenen Augen vorsichtig durch den Raum. Immer wenn sie auf ein Hindernis oder auf eine andere Mitspielerin treffen, wechseln sie die Richtung. Auf ein Signal der Spielleitung oder bei Musikstopp erstarren sie auf ihrem Platz und in ihrer Haltung. Die Spielleiterin gibt dann einer Person durch Berührung ein Zeichen, woraufhin diese Spielerin sich auf den Boden hockt, mit einem großen Tuch zugedeckt wird und im weiteren Verlauf darunter schweigend verharrt. Mittels eines weiteren Signals erfahren die anderen Gruppenmitglieder, dass sie die Augen wieder öffnen können. Ihre Blickrichtung dürfen sie allerdings nicht mehr verändern, d. h. sie müssen weiterhin in den zuletzt eingenommenen Positionen verharren. Aufgabe der Gruppe ist es nun, sich auszutauschen, herauszufinden, wer unter dem Tuch verschwunden ist, und im Chor den Namen der Person zu rufen, die zugedeckt wurde. Daraufhin gibt sich diese zu erkennen und es kann eine weitere Runde gestartet werden.

Variante A:
Im weiteren Verlauf können auch zwei oder mehr Personen gleichzeitig zugedeckt werden. Bei größeren Gruppen empfiehlt sich diese Variante von Anfang an.

Variante B:
Das Spielfeld wird verändert, indem hohe Hindernisse in den Weg gestellt werden. In einer Halle können dies z. B. Kästen oder Matten sein, auf einer Wiese können weitere Tücher zwischen Bäumen aufgehängt werden. Durch die nunmehr noch eingeschränktere Sicht wird die Aufgabe komplexer und anspruchsvoller.

Kommentar:
Die Gruppe sollte sich für dieses Spiel schon ein wenig kennen bzw. es sollten vorher ein oder zwei andere Namenspiele gespielt worden sein.

Pressekonferenz

Ort:
überall möglich

Eignung:
für Gruppen von 10–30 Personen

Dauer:
15–20 Minuten

Material:
Papier und Stifte

Beschreibung des Spiels:

Die Spielleiterin ruft die Gruppe zusammen, legt Papier und Stifte in die Mitte und erläutert die Aufgabe: In kürzester Zeit müssen möglichst viele Informationen über alle Mitspielerinnen zusammengetragen werden. Konkret stehen zur Verfügung:

- 5 Minuten zum Sammeln von Informationen
- 5 Minuten zum Präsentieren der Informationen in der Gruppe.

Hervorgehoben werden sollte darüber hinaus lediglich, dass in der Präsentation alle Namen und möglichst viele verschiedene Informationen genannt werden sollten. Alle weiteren Details werden der Gruppe überlassen.

Kommentar:

Bei diesem Spiel liegt der Akzent auf einem schnellen und dynamischen Start in die Gruppenarbeit. Ein gewisses Ausmaß an erfrischendem Chaos wird dabei bewusst in Kauf genommen. Für den Fall, dass sich beim Herangehen an diese Aufgabe bereits auffällige Rollen oder Verhaltensweisen herauskristallisieren, einzelne Mitspielerinnen also z. B. die Leitung an sich reißen oder sich völlig heraushalten, ist eine kurze Auswertung in Erwägung zu ziehen: Wie zufrieden sind die Einzelnen mit dem, was sie vorstellen konnten bzw. was über sie vorgestellt wurde?

Wer hat schon mal?

Ort:
in einem größeren Raum oder auf einer Wiese

Dauer:
10–20 Minuten

Eignung:
für Gruppen von 10–30 Personen

Material:
evtl. Gegenstände zum Markieren der Plätze in Anzahl der mitspielenden Personen

Beschreibung des Spiels:

Die Gruppe versammelt sich in einem Kreis. Wichtig ist, dass die Plätze klar markiert sind, entweder in Form von Stühlen oder durch Gegenstände als Platzhalter. Die Spielleiterin begibt sich in die Mitte des Kreises und stellt eine Frage, die im Sinne eines gegenseitigen Kennenlernens von Interesse ist. Diese Frage, wie auch jede weitere, muss mit den Worten „Wer hat schon mal ...?" beginnen. Alle TN, welche die Frage mit „ja" beantworten können, versuchen daraufhin so schnell wie möglich die Plätze zu tauschen. Auch die Spielleiterin versucht gleichzeitig einen freien Platz zu erwischen. In jedem Fall bleibt immer eine Spielerin in der Mitte übrig. Diese hat dann die Aufgabe, die nächste Frage zu stellen. Das Ende des Spieles ist offen, d. h. die Spielleiterin sollte es abbrechen, wenn sie den Eindruck hat, dass kaum mehr neue, reizvolle Fragen gestellt werden.

Kommentar:

Der eigentliche Informationsaustausch ist bei diesem Spiel eher zweitrangig, da ja fast immer viele Spielerinnen gleichzeitig in Bewegung sind. In der Regel kommt dabei eine ausgelassene Stimmung auf. Man darf aber auch nicht die Verunsicherung unterschätzen, die bei Teilnehmerinnen entstehen kann, wenn sie in der Mitte stehen und ihnen nichts einfällt. Das Spiel eignet sich daher am besten in einer Phase, in der die Gruppe schon ein wenig Gelegenheit hatte, miteinander warm zu werden. Zu beachten ist außerdem, dass der Charakter der Fragen entscheidend durch die Beispiele, die am Anfang und im weiteren Verlauf von der Spielleiterin eingebracht werden, geprägt wird.

Variante:

Die Fragen können natürlich auch thematisch eingegrenzt werden. Dadurch kann das Spiel auch in einer späteren Gruppenphase sinnvoll sein, z. B. als Hinführung zu einem Thema oder sogar als Teil einer Reflexion.

Schätzen und Verschätzen

Ort:
überall möglich

Eignung:
für Gruppen von 10–30 Personen

Dauer:
20–30 Minuten

Material:
Papier und Stifte

Beschreibung des Spiels:

Zu diesem Spiel teilen sich die Mitspielerinnen zunächst in kleinere Gruppen von zwei bis fünf Personen auf. Das räumliche Arrangement sollte so sein, dass die Untergruppen sich einerseits ungestört unterhalten können, anderseits in optischem und akustischem Kontakt zueinander bleiben, da im weiteren Verlauf ein häufiger Wechsel von Klein- und Gesamtgruppenaustausch stattfindet.
Die Spielleiterin gibt nun nacheinander verschiedene Fragestellungen ein, die sich alle auf wissenswerte und quantifizierbare Informationen über die Spielerinnen selbst beziehen. Die Untergruppen nehmen dazu jeweils eine Schätzung vor und halten diese schriftlich fest. Die Fragen beziehen sich auf die Teilnehmerinnen aller – also immer auch der eigenen – Untergruppen.
Anschließend werden alle Schätzungen bekannt gegeben und das „richtige", Ergebnis wird ermittelt, indem die persönlichen „Werte" nacheinander genannt und addiert werden.
Mögliche Fragen:

- Wie alt ist die Gruppe?
- Wie viele Geschwister (Kinder/Haustiere) haben alle TN zusammengenommen?
- Wie viele Kilometer haben alle zusammen von zu Hause zurückgelegt, um hierher zu kommen?
- Wie viele Lieblingsmusikrichtungen kommen zusammen, wenn jede nur eine nennen darf?
- usw.

Kommentar:

Dies ist ein schönes Spiel, um der anfänglichen Neugier aufeinander Raum zu geben. Deshalb sollte die Spielleiterin am besten auch selbst mitspielen. Viel hängt natürlich davon ab, inwieweit es gelingt, passende Fragen für die jeweilige Gruppe zu finden.

Erste Eindrücke

Ort:
überall möglich

Eignung:
für Gruppen von 8–18 Personen

Dauer:
10–20 Minuten

Material: –

Beschreibung des Spiels:
Die Spielleitung gibt verschiedene Fragen vor, die sich alle auf Informationen über die anwesenden Personen beziehen. Danach tun sich die Mitspielerinnen jeweils paarweise zusammen. Zunächst raten beide Partnerinnen, welche Antwort wohl auf ihr Gegenüber zutrifft; dann haben sie kurz Zeit, sich darüber zu unterhalten, wie sie zu dieser Einschätzung gekommen sind und sie teilen sich gegenseitig mit, ob der Eindruck richtig oder falsch war. Dann wird gewechselt, so dass die Gelegenheit besteht, mit möglichst vielen Gruppenmitgliedern in einen ersten Kontakt zu kommen.
Die Fragen sollten Themen zum Gegenstand haben, über die man sich vielleicht ohnehin in einem nicht allzu persönlichen Gespräch unterhalten würde und können im Verlauf etwas an Tiefgang gewinnen.

Mögliche Fragen sind z. B.:
- Geht deine Partnerin lieber ins Kino oder in ein Konzert?
- Macht sie lieber am Meer Urlaub oder in den Bergen?
- Wohnt sie in der Stadt oder auf dem Land?
- Welchen Beruf/welche Hobbys hat sie?
- usw.

Gegebenenfalls kann die Anzahl richtiger Antworten gezählt und verglichen werden, und es kann sich ein Gespräch darüber anschließen, welche Gemeinsamkeiten und Unterschiede bestehen, im Hinblick darauf, zu ersten Eindrücken über andere Menschen zu kommen. Dazu kommen die Mitspielerinnen am besten zu kleineren Gruppen zusammen und anschließend wird im Plenum kurz gesammelt, welche Kriterien dabei zur Sprache kamen. Eine tiefer gehende Diskussion darüber sollte allerdings angesichts der frühen Gruppenphase nicht angestrebt werden.

Viele Fragen

Ort:
in einem Raum

Dauer:
20–30 Minuten

Eignung:
für Gruppen von 10–30 Personen

Material:
Papier und Stifte, CD-Player und CD mit Instrumentalmusik

Beschreibung des Spiels:

In der Mitte des Raumes liegen Papier und Stifte aus. Alle Mitspielerinnen werden aufgefordert sich zu überlegen, was sie gerne über andere Teilnehmerinnen der Gruppe erfahren würden. Diese Fragen sollen dann aufgeschrieben werden und zwar jeweils eine Frage pro Zettel. Gegebenenfalls kann eine minimale bzw. maximale Anzahl von Fragen festgelegt werden.
Anschließend werden die Zettel möglichst großzügig verteilt am Boden ausgelegt. Zu kurzen Musikintervallen laufen alle im Raum herum und werfen einen Blick auf die Fragen. Während der Musikstopps nimmt sich jede Mitspielerin einen Zettel – allerdings nicht einen selbst geschriebenen – sucht sich eine Partnerin und die beiden beantworten sich gegenseitig ihre Fragen. So werden mehrere Runden gespielt, bis alle Zettel bearbeitet worden sind.

Variante A:

Je nach Zielsetzung der Gruppe kann evtl. auch die Fragerichtung genauer spezifiziert werden, dadurch kann das Spiel auch für eine Gruppe, die sich schon besser kennt, noch sinnvoll sein.

Variante B:

Statt offen können die Zettel auch verdeckt am Boden ausgelegt werden. Dadurch können alle Antworten auf Fragen erhalten, die sie selbst von sich aus nie gestellt hätten.

Variante C:

Statt Fragen können auch Antworten auf die Zettel geschrieben werden, d. h. die Spielerinnen schreiben wissenswerte Dinge über sich selber auf, z. B. Hobbys, Eigenschaften, Erwartungen an das Seminar usw. Die Karten werden dann verdeckt ausgelegt und man muss bei jedem Musikstopp die Person finden, deren Karte man aufgedeckt hat.

Spannendes – Unerwartetes – Geheimes

Ort:
überall möglich

Dauer:
30–45 Minuten

Eignung:
für Gruppen von 10–30 Personen

Material:
Kopien des Fragebogens „Spannendes – Unerwartetes – Geheimes", Stifte

Beschreibung des Spiels:

Alle Mitspielerinnen erhalten eine Kopie des Fragebogens „Spannendes – Unerwartetes – Geheimes" und zugleich damit den Auftrag, ihren Bogen individuell auszufüllen. Alle müssen also für jede Frage jeweils eine Person auswählen, die dazu interviewt und deren Antwort dann eingetragen wird. Eine Abstimmung ist nicht erforderlich, die Gesprächspartner wechseln also selbstständig und spontan, die Spielleiterin kann sich mit einem eigenen Bogen beteiligen oder für eine Weile an den Rand des Geschehens zurückziehen. Als Vorgabe könnte allenfalls ergänzt werden, dass jedes Gruppenmitglied von jedem anderen zu mindestens einer Frage interviewt werden sollte.

Wenn alle ihre Fragebögen ausgefüllt haben, kommt die Gruppe im Kreis zusammen und nacheinander wird verglichen, was man über die einzelnen Mitspielerinnen erfahren hat. Ausgetauscht wird jetzt aber nur, was auf den Bögen gesammelt worden ist – sind Mitspielerinnen zu bestimmten Fragen von niemandem interviewt worden, so bleibt diese Information vorläufig ein „Geheimnis".

Variante A:

Wenn genug Zeit vorhanden ist, kann die Gruppe auch ihren eigenen Fragebogen gestalten, indem zunächst Fragen von allen gesammelt, aufgeschrieben und gegebenenfalls ausgewählt werden.

Variante B:

Alternativ kann auch ein Fragebogen verwendet werden, mit dem sich die Einzelnen auf die Suche nach Personen in der Gruppe begeben, auf welche die jeweiligen Kategorien zutreffen. Auch hier können die Antworten dann hinterher im Plenum verglichen werden. Geeignete Fragen dazu sind etwa:

- Finde heraus, wer von euch im kleinsten Dorf/in der größten Stadt lebt.
- Finde heraus, wer in der Gruppe die meisten Geschwister hat.
- Finde jemanden, die schon einmal in London, Paris oder Rom war.
- Finde heraus, wie viele Computer die ganze Gruppe zusammen besitzt.
- usw.

Als was hat sich .... zumeist an Fastnacht verkleidet?	______________________
Welche Qualität schätzt .... an einer Frau?	______________________
Welche Qualität schätzt .... an einem Mann?	______________________
Mag .... Liebesfilme?	______________________
Hat .... schon mal einen Volkshochschulkurs belegt und wenn ja welchen?	______________________
Der größte Fehler von ....?	______________________
Welchen Traumberuf hat ....?	______________________
Welche Reform wäre in unserer Gesellschaft nach Ansicht von .... notwendig?	______________________
Wen bewundert .... am meisten im realen Leben?	______________________
Wer ist ein/eine Held/Heldin aus der Geschichte für ....?	______________________
Was tut .... am liebsten in seiner/ihrer Freizeit?	______________________
Welchen Traum von Glück hat ....?	______________________
Welchen Sport treibt ....?	______________________
Geht .... gerne tanzen?	______________________
Welchen ausgeprägten Charakterzug hat ....?	______________________
Kann .... gut kochen und was am besten?	______________________
Was hat .... handwerklich gut drauf?	______________________
Legt .... Wert auf Mode?	______________________
Was stößt .... am meisten an anderen ab?	______________________
In welchen Fächern war .... am besten und am schlechtesten in der Schule?	______________________
Was war das Lieblingsspielzeug von ....?	______________________

Parade der Persönlichkeiten

Ort:
überall möglich

Eignung:
für Gruppen von 10–30 Personen

Dauer:
20–40 Minuten

Material:
Papier und Stifte

Beschreibung des Spiels:

Die Gruppe teilt sich in zwei oder drei Untergruppen von fünf bis zehn Spielerinnen auf. Diese beratschlagen zunächst, welches Pseudonym einer berühmten Persönlichkeit sich jede Einzelne zulegen könnte. Einzige Voraussetzung: Der (Vor- oder Nach-)Name der Persönlichkeit muss mit dem gleichen Buchstaben anfangen wie der eigene Vorname, z. B. Tanja Thatcher, Klaus Kopernikus, aber auch Petra Langstrumpf, Oliver Lafontaine oder Cornelia Caesar und Vater Thomas Theresa. Lustige Kombinationen sind also erwünscht und eine Festlegung auf eine Persönlichkeit des eigenen Geschlechts sollte bewusst vermieden werden. Als Nächstes müssen alle sich überlegen, wie sie die betreffenden Persönlichkeiten pantomimisch darstellen könnten. Gegebenenfalls kann das kurz einstudiert werden.

In der zweiten Phase besuchen die Gruppen sich gegenseitig, wobei jeweils eine Gruppe ein pantomimisches Theater vorführt, bei dem alle beteiligten Persönlichkeiten gleichzeitig agieren und die anderen versuchen, anhand der auf Zetteln ausgelegten Namen herauszufinden, wer hier eigentlich wer ist. Persönlichkeiten, die richtig identifiziert wurden, heften sich ihre Namensschilder an, die anderen spielen solange weiter, bis auch die Letzte erkannt worden ist. Allerdings muss sich die ratende Gruppe erst untereinander absprechen und einigen, bevor ein Namensschild versuchsweise zugeordnet werden darf. Anschließend werden die Rollen getauscht, d. h. die Zuschauerinnen werden zu Darstellerinnen und umgekehrt.

Variante:

Wenn die Spielerinnen sich teilweise schon mit Namen kennen, kann man die Regel mit den Anfangsbuchstaben natürlich auch weglassen. Das Spiel hat dann eher den Charakter eines Warming-up.

Wilde Jagd

Ort:
in einer Halle oder auf einer Wiese

Eignung:
für Gruppen von 10–30 Personen

Dauer:
5–10 Minuten

Material: –

Beschreibung des Spiels:

Dies ist das wohl kürzeste Fangspiel, das es gibt. Jede Spielerin ist Fängerin und versucht andere Mitspielerinnen durch auf den Rücken tippen abzuschlagen. Abgeschlagene Mitspielerinnen scheiden sofort aus und verlassen das Spielfeld.

Variante:

Abgeschlagene Personen bleiben einfach regungslos stehen. Nicht abgeschlagene Spielerinnen haben die Möglichkeit, dieses Verhalten als Täuschungsmanöver ebenfalls an den Tag zu legen.

Kommentar:

Der Reiz dieses Spiels liegt im Hin- und Hergerissensein aller Spielerinnen zwischen Angriff und Flucht. Allerdings sind klare und nicht zu weitläufige Spielfeldgrenzen hilfreich, damit die Fluchttendenz Einzelner nicht überhand nehmen kann.
Da das Spiel in diesem Fall nur kurze Zeit in Anspruch nimmt, kann es ruhig einige Male hintereinander gespielt werden.

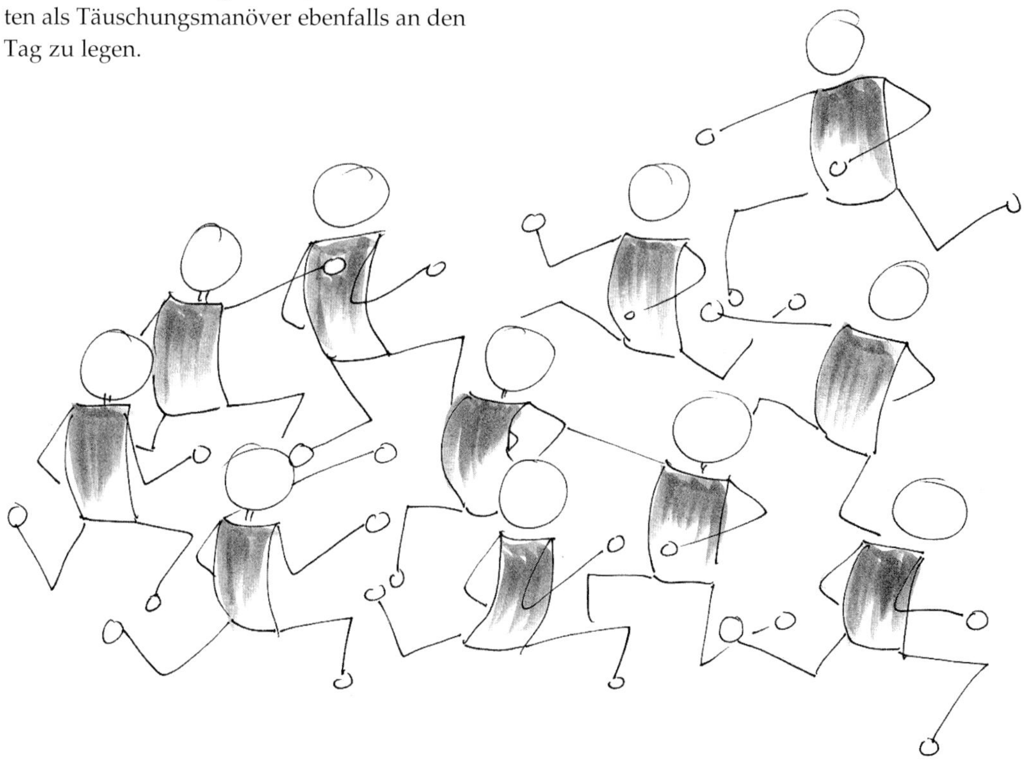

Partnerfangen

Ort:
in einer Halle oder auf einer Wiese

Eignung:
für Gruppen von 10–30 Personen

Dauer:
5–10 Minuten

Material:
2 Mützen, evtl. Seile

Beschreibung des Spiels:

Mittels Seilen oder anderen eindeutigen Grenzen wird ein Spielfeld festgelegt, das einigen Bewegungsspielraum lässt, aber nicht zu weitläufig ist. Jeweils zwei Mitspielerinnen tun sich zu einem Paar zusammen. Die beiden halten sich die Hand und dürfen sich fortan nicht mehr loslassen. Ein Paar erhält Mützen und wird so zu Fängerinnen gekrönt. Alle anderen versuchen zu fliehen. Als Fortbewegungsart ist allerdings nur schnelles Gehen zugelassen. Sobald ein Paar abgeschlagen wird oder auf der Flucht „auseinander bricht" wird es zum Fängerpaar und erhält die Mützen.

Variante A:

Jedes Fängerpaar bestimmt die Art des herzustellenden Kontaktes (z. B. Bein an Bein, Rücken an Rücken usw.) neu. Natürlich muss es sich selbst dann auch daran halten.

Variante B:

Die Paare müssen einen Luftballon zwischen sich einklemmen, ohne ihn jedoch mit den Händen festzuhalten. Ein Paar, das seinen Ballon verliert oder zum Platzen bringt, wird zum Fängerpaar.

Variante C:

Jeweils zwei Paare spielen zusammen bzw. gegeneinander. Eines der beiden Paare ist anfangs das Fängerpaar, das andere versucht zu entkommen, indem es im Getümmel der anderen Paare untertaucht. Ein Paar, das abgeschlagen worden ist, muss sich zunächst einmal um sich selbst drehen, bevor es wieder die Verfolgung aufnehmen kann.

Variante D:

Paare, die abgeschlagen worden sind, schließen sich sofort den Fängern an, wodurch eine immer längere Kette entsteht. Allerdings haben ja immer nur die beiden äußeren Mitspielerinnen eine Hand frei, um weitere Paare einzufangen. Für diese Variante sollte das Spielfeld entsprechend groß sein, also z. B. die ganze Halle einnehmen.

Mist, Mist, Mist

Ort:
in einer Halle oder auf einer Wiese

Eignung:
für Gruppen von 10–30 Personen

Dauer:
5–10 Minuten

Material:
für jede Mitspielerin eine Kopfbedeckung

Beschreibung des Spiels:
Zu Beginn des Spiels setzen sich alle Mitspielerinnen eine Kopfbedeckung auf. Diese Kopfbedeckungen bestehen aus alten Hüten, Mützen und Kappen. Wichtig ist, dass diese Mützen nicht am Kopf festgebunden oder festgesteckt, sondern nur locker aufgesetzt werden. Außerdem ist ein nicht allzu großes Spielfeld zu markieren.
Aufgabe jeder einzelnen Spielerin ist es nun, nachdem mit einem Startzeichen von der Spielleitung das Spiel eröffnet wurde, sich innerhalb dieses Feldes zu bewegen und den anderen Spielerinnen den Hut vom Kopf zu schlagen. Dabei sollen die Körper der anderen Mitspielerinnen nicht berührt und das Spielfeld nicht verlassen werden. Und natürlich soll der eigene Hut solange wie möglich auf dem Kopf bleiben.
Passiert es, dass eine Spielerin den Hut verliert, so muss sie den Hut aufheben, ihn dreimal auf den Boden schlagen und dabei laut „Mist, Mist, Mist" rufen. Anschließend setzt sie ihre Kopfbedeckung wieder auf und greift erneut ins Spielgeschehen ein.
Gleiches gilt für den Fall, dass jemand das Spielfeld verlässt. Auch hier ist dreimal „Mist" zu rufen und der Hut auf den Boden zu schlagen.
Das Spiel ist zu Ende, wenn alle nur noch nach Luft schnappen, keine mehr einen Hut auf dem Kopf hat oder sich vor Lachen niemand mehr vom Fleck bewegt.

Kommentar:
Das Spiel eignet sich hervorragend, um eine erwartete Wettkampfsituation in Spaß und Gelächter enden zu lassen.
Da es aber auch leicht zu tumultartigen Szenen kommen kann, sollte der Sicherheitsaspekt, dass ausschließlich auf Hüte und nicht auf Köpfe geschlagen werden darf, besonders hervorgehoben werden.

Monarchisten und Anarchisten

Ort:
in einer Halle oder auf einer Wiese

Dauer:
10–15 Minuten

Eignung:
für Gruppen von 10–30 Personen

Material:
ein Softball oder ein vergleichbarer weicher Wurfgegenstand

Beschreibung des Spiels:
Das Spiel beginnt damit, dass eine Spielerin zur Königin auserwählt wird. Als Zeichen ihrer Macht erhält sie als Reichsapfel einen Softball. Die Grenzen ihres Reiches sollten so gewählt sein, dass sich alle Mitspielerinnen großzügig im Spielfeld bewegen und herumlaufen können.
Nun zur Aufgabe der Königin: Sie möchte aus allen Menschen in ihrem Land treu ergebene Monarchistinnen machen. Eine Aufgabe, die allerdings äußerst schwierig erscheint, da sich zunächst alle anderen Mitspielerinnen als überzeugte Anarchistinnen entpuppen. Doch dies kann sich schnell ändern: Ein Treffer mit dem Reichsapfel der Königin genügt und aus einer Anarchistin wird unwiderbringlich eine Monarchistin.
Auch eine Anarchistin, welche die Spielbegrenzung übertritt, ereilt sofort das gleiche Schicksal. Zunehmend kommen so mehr Monarchistinnen ins Spiel und deren Ziel ist es natürlich, der Königin umgehend bei der Bekehrung des Landes zu Hilfe zu eilen.
Wer den Reichsapfel in Händen hält, kann sich allerdings wegen der Schwere dieser Bürde nicht mehr vom Fleck bewegen.
Erst wenn eine Spielerin den Reichsapfel geworfen oder einer anderen Monarchistin zugespielt hat, kann sie zu einem anderen Ort laufen. Da niemand von Anfang bis Ende dieses Spiels den Überblick behalten kann, wer im Augenblick auf welcher Seite steht, haben alle Spielerinnen die Möglichkeit, sich gelegentlich durch einen der beiden folgenden Zwischenrufe Klarheit zu verschaffen: „Monarchistinnen“ ist das Zeichen dafür, dass alle Monarchistinnen sich durch eine Geste der Huldigung zu erkennen geben; bei dem Ruf „Anarchistinnen“ halten alle Anarchistinnen verstohlen eine Hand über die Augen. Bei einem solchen „Zwischencheck“ wird das Spiel kurz unterbrochen, ein Fortlaufen oder Abwerfen ist dann nicht möglich. Unmittelbar auf das Erkennungszeichen hin geht das Spiel dann aber normal weiter – bis am Ende unweigerlich auch die letzte Anarchistin mit dem Reichsapfel „bekehrt“ wurde.

Ab durch die Mitte

Ort:
in einer Halle oder auf einer Wiese

Dauer:
5–10 Minuten

Eignung:
für Gruppen von 10–30 Personen

Material:
ein Seil von ca. 20 m Länge, ein Gymnastikreifen, Gegenstände zur Markierung der Plätze entsprechend der Anzahl der TN

Beschreibung des Spiels:
Mit dem Seil wird ein großer Kreis gelegt. In die Mitte dieses Kreises wird der Gymnastikreifen platziert. Die Gruppe versammelt sich nun in einem Kreis um den äußeren Ring und alle Mitspielerinnen markieren ihren Platz mit einem entsprechenden Gegenstand. Jeweils gegenüberstehende Personen finden sich daraufhin durch Blickkontakt zusammen und bilden fortan ein Paar. Diese Paare sollen nun so schnell wie möglich ihre Plätze tauschen (die Zeit wird gestoppt).
Der Wechselvorgang sieht folgendermaßen aus:

- Beide Personen begeben sich zum Mittelkreis, stellen gleichzeitig einen Fuß in den Reifen, geben sich die Hand und gehen dann zur Ausgangsposition ihres Partners.
- Es können mehrere Paare zur gleichen Zeit unterwegs sein, den Reifen dürfen aber immer nur zwei Personen gleichzeitig betreten.

Sobald die letzte Person auf dem Platz ihrer Partnerin angekommen ist, wird die Zeit gestoppt. In einer kurzen Besprechung kann die Gruppe sich über ihre Taktik austauschen und gegebenenfalls einen weiteren Versuch starten.

Variante A:
Statt die Paare von vornherein festzulegen, kann die Spielleiterin auch unmittelbar vor dem Start ein Kriterium zur Paarbildung eingeben, z. B. die alphabetische Reihenfolge der Vornamen. Spielerinnen, die in dieser Reihenfolge jeweils nacheinander kommen, bilden dann ein Paar. Alternativ können auch Memory-Karten mit Tiermotiven verwandt werden. Pantomimisch sollen sich dann die Besitzerinnen gleicher Karten finden.
Gestoppt wird in beiden Fällen die gesamte Zeit, also sowohl die Paarfindung als auch der eigentliche Wechsel.

Variante B:
Im Reifen werden Zettel entsprechend der Anzahl der Paare ausgelegt. Auf jedem Zettel steht eine andere Begrüßungsart, also z. B. „Auf die Schulter klopfen", „Handflächen beider Händen gegeneinander klatschen" usw. Die jeweiligen Paare erfahren also erst unmittelbar bei ihrer Ankunft und durch Herumdrehen und Lesen des Zettels, was im Reifen zu tun ist.

Das Lufttor

Ort:
in einer Halle oder auf einer Wiese

Eignung:
für Gruppen von 8–18 Personen

Dauer:
10–20 Minuten

Material:
ein Wasserball, Schnüre oder Seil

Beschreibung des Spiels:
Dieses Spiel ist im weitesten Sinne eine Variante des beliebten „Mondball". Über eine Breite von 4–6 m werden in ca. 4 m und in ca. 3 m Höhe zwei Schnüre parallel zueinander verspannt. Diese bilden gewissermaßen das Tor, durch das die Gruppe nun so oft wie möglich einen Wasserball zu spielen versucht. Jede Durchquerung bringt ihr 2 Punkte ein. Wird der Ball über die höchste Schnur gespielt, gewinnt die Gruppe 1 Punkt. Der Ball kann beliebig oft hin und her gespielt werden, bevor ein Torschuss versucht wird. Niemand darf den Ball allerdings zweimal hintereinander spielen. Das Fangen des Balles ist ebenfalls nicht erlaubt.
Ziel ist es, eine möglichst hohe Zahl von Punkten zu erreichen, ohne dass der Ball zwischenzeitlich den Boden berührt.

Kommt es zu einer Bodenberührung des Balles oder zu einem anderen Regelverstoß, so endet der aktuelle Versuch mit dem gegenwärtigen Punktestand und die Gruppe kann einen neuen Versuch starten.
Die Anzahl der Versuche ist nicht festgelegt. Zwischenzeitlich sollte die Spielleiterin zu kurzen Beratungsphasen auffordern, in denen die Spielerinnen ihre Taktik überdenken, sich ein neues Ziel setzen oder auch zum Entschluss kommen können, dass sie mit dem erreichten Ergebnis zufrieden sind.

Variante A:
Zusätzlich zu den bereits genannten Regeln muss jede Spielerin mindestens einmal den Ball berührt haben, bevor ein Versuch gewertet werden kann. Diese Variante empfiehlt sich sowohl bei einer größeren TN-Zahl als auch bei eher konkurrenzorientierten und/oder leistungsheterogenen Gruppen.

Variante B:
Um das Anspruchsniveau noch weiter zu heben, kann das Ganze auch mit folgenden Regeln gespielt werden:
Jede Durchquerung des Lufttores bringt der Gruppe 3 Punkte ein. Wird der Ball andererseits über die höchste Schnur gespielt, verliert die Gruppe 1 Punkt. Überquert der Ball versehentlich gar die untere Linie, gehen 2 Punkte verloren.

Kreuzball

Ort:
in einer Halle oder im Freien

Dauer:
10–20 Minuten

Eignung:
für Gruppen von 8–30 Personen

Material:
pro Spielerin 2 Softbälle in insgesamt 4 verschiedenen Farben, 2 Seile und entsprechende Befestigungsmöglichkeiten

Beschreibung des Spiels:

Zunächst wird mithilfe von zwei Seilen ein einfaches Spielfeld eingerichtet. In ca. 2 m Höhe werden die Seile zu einem Kreuz so verspannt, dass vier gleich große Spielfelder entstehen. Jede Spielerin nimmt sich nun zwei Softbälle. Dann verteilen sich alle Personen gleichmäßig auf die vier Felder. Aufgabe der Gruppe ist es jetzt, sich die Bälle so zuzuwerfen, dass sich am Ende in jedem Feld nur noch Bälle einer Farbe befinden.

Für den Austausch der Bälle gelten folgende Regeln:

- Die TN dürfen die Spielfeldgrenzen nicht überschreiten.
- Die Bälle müssen einander zugeworfen und dürfen nicht übergeben werden.
- Die Bälle dürfen den Boden nicht berühren.
- Die Bälle müssen mit den Händen festgehalten werden. Sie dürfen nicht in die Hosentasche gesteckt, mit dem Arm festgeklemmt oder mit den Füßen festgehalten werden.

Ziel ist es, diesen Ballwechsel in möglichst kurzer Zeit zu bewerkstelligen. Heruntergefallene Bälle werden als Zeitstrafe (z. B. 5 Sekunden pro Bodenberührung eines Balles) gerechnet.

Einer ersten Runde können gegebenenfalls nach einer kurzen Zwischenauswertung weitere Versuche folgen, bei denen die Gruppe sich eine kürzere Zeit zum Ziel setzt und eine entsprechende Strategie dazu plant.

Ferngesteuert

Ort:
in einer Halle oder auf einer Wiese

Eignung:
für Gruppen von 8–18 Personen

Dauer:
10–20 Minuten

Material:
kleine Softbälle entsprechend der Anzahl der Mitspielerinnen, Augenbinden

Beschreibung des Spiels:

Die Spielerinnen finden sich zu Paaren zusammen. Von den beiden Partnerinnen ist während des Spieles eine Person „blind", die andere sehend. Die „blinde" Person erhält zwei Softbälle sowie zum Verbinden der Augen eine Augenbinde.

Beide Spielerinnen müssen nun als Team sehr konzentriert zusammenarbeiten. Ihre Aufgabe besteht darin, irgendeine Person eines anderen Teams mit einem der Softbälle abzuwerfen. Softbälle können nur von den blinden Personen berührt werden. Die sehenden Personen stehen vor der anspruchsvollen Aufgabe ihre Partnerinnen mit Worten „fernzusteuern". Gelingt es einem Team auf diese Weise jemanden abzuwerfen, so nehmen die beiden Spielerinnen unmittelbar einen Rollentausch vor.

Ziel eines jeden Teams ist es, innerhalb der vorgegebenen Zeit möglichst oft einen Rollenwechsel vornehmen zu können.

Kommentar:

Dieses Spiel zeichnet sich durch eine Kombination aus anspruchsvoller Aufgabe und spannender Dynamik aus. Zwei Aspekte sollten allerdings vor Beginn durchdacht und in Form entsprechender Spielanleitung berücksichtigt werden:

- *Sicherheit:* Vorsichtige Bewegungen, insbesondere das Vorantasten im Raum mithilfe mindestens eines „Stoßdämpfers" (ausgestreckter Arm), sind bei diesem Spiel besonders wichtig. Vor dem Werfen eines Balles müssen sich die Spielerinnen außerdem vergewissern, dass niemand im Umkreis durch eine ausladende Bewegung verletzt werden kann.
- *Konkurrenz:* Durch die Fokussierung in der Anleitung und Auswertung auf Aspekte der Kommunikation kann dem Konkurrenzgedanken, den das Spiel auch beinhaltet, entgegengewirkt werden.

Variante:

Innerhalb einer vorgegebenen Zeit soll eine möglichst hohe Gesamtzahl von Treffern für die Gesamtgruppe angestrebt werden. Treffen wie getroffen werden trägt dann zum Erfolg bei.

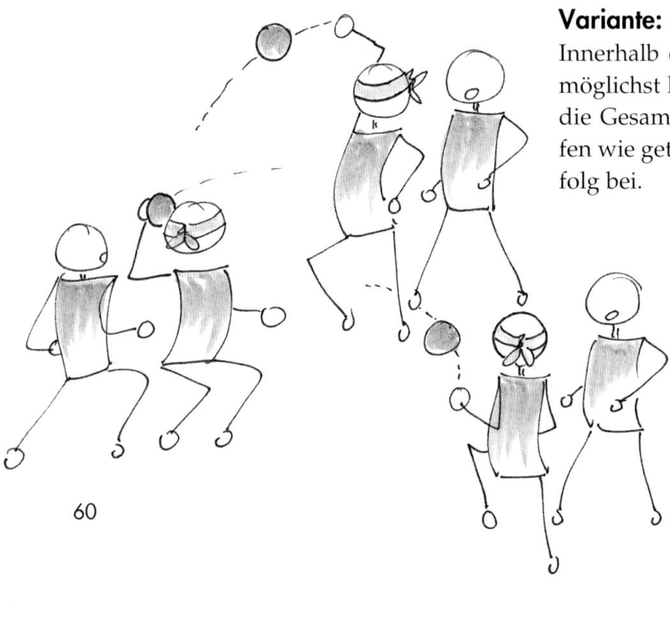

Virenfrei

Ort:
in einer Halle

Dauer:
5–15 Minuten

Eignung:
für Gruppen von 10–30 Personen

Material:
Softbälle in größerer Menge, CD-Player und CD mit flotter Musik, evtl. ein Seil

Beschreibung des Spiels:
Die Halle wird in vier gleich große Segmente unterteilt. Vier ebenfalls gleich große Untergruppen verteilen sich auf diese Segmente, welche fortan als ihre Forschungslabore gelten. Vom Mittelkreis aus wird schließlich eine größere Menge Softbälle (Viren) beliebig in alle Richtungen verstreut. Dann wird die Musik angestellt und das Spiel beginnt: Alle Gruppen versuchen ihre Labore virenfrei zu bekommen und – sollte das gelingen – zu halten. Viren dürfen mit allen Mitteln (Händen und Füßen) aus dem Labor entfernt werden, das eigene Labor darf dabei allerdings nie verlassen werden. Entscheidend ist der Zeitpunkt x, zu dem die Musik aufhört. Von diesem Moment an dürfen keine Viren mehr manipuliert werden und gewonnen hat das Team, in dessen Labor sich – nachdem alles zum Stillstand gekommen ist – die wenigsten Viren befinden.

Gespielt wird eine anfangs festgelegte Anzahl von Runden.

Kommentar:
Bei diesem Spiel können im wahrsten Sinne des Wortes innerhalb kurzer Zeit alle Mitspielerinnen warm werden. Das Timing über die Musikstücke sorgt neben der aufgelockerten Stimmung für Unberechenbarkeit – man weiß nicht genau, wann der Zeitpunkt x kommt. Entsprechend sollte die Musik ausgewählt werden: kurze, dynamische, möglichst nicht allzu bekannte Instrumentalstücke.

Ballontreibjagd

Ort:
in einer Halle

Dauer:
10–20 Minuten

Eignung:
für Gruppen von 8–20 Personen

Material:
pro Spielerin 2–4 kleine Softbälle und ein großer Luftballon, Seile, Bänke oder Balken als Spielfeldbegrenzung

Beschreibung des Spiels:

Zu Beginn dieses Spiels werden vier Mannschaften gebildet. Aufgabe einer jeden Mannschaft ist es, einen Luftballon durch Bewerfen mit kleinen Softbällen in das Lager einer gegnerischen Mannschaft zu befördern. Dazu wird mit Seilen oder noch besser mit Turnbänken oder Balken ein ca. 4 x 4 m großes Quadrat gebildet. Die so entstandenen vier Begrenzungslinien bilden gleichzeitig das Tor zum Lager der jeweils an dieser Linie platzierten Mannschaft.

Zu Beginn des Spieles wird ein Luftballon in die Mitte des Quadrates gelegt. Für die Bewegung des Luftballons durch Bewerfen mit Softbällen gelten folgende Regeln:

- Die Innenfläche des Quadrates darf von keiner Spielerin betreten werden.
- Der Luftballon darf von keiner Spielerin mit dem Körper berührt werden.
- Herumliegende Bälle dürfen von jeder Spielerin eingesammelt werden.
- Jede Spielerin hat zu Beginn zwei bis vier Softbälle.

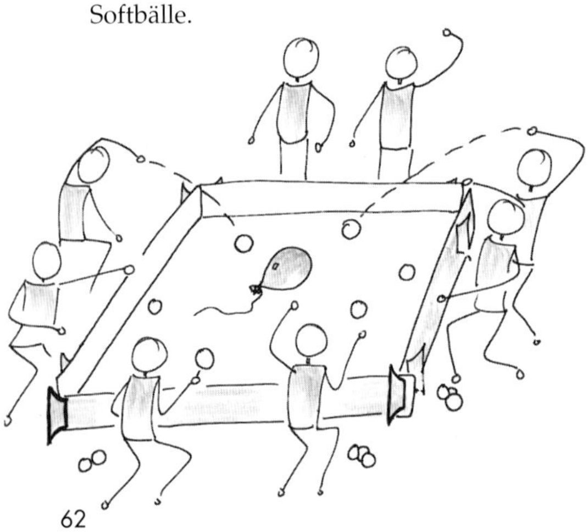

- Der Luftballon befindet sich in einem Lager und zählt als Punkt, wenn er die Torlinie überschritten hat.
- Spielerinnen unterschiedlicher Mannschaften dürfen sich nicht berühren.

Gelangt der Luftballon in das Lager einer Mannschaft, so erhält dieses Team einen Wertungspunkt und die Spielleitung sorgt dafür, dass der Ball wieder zum Mittelpunkt des Quadrates für die nächste Runde kommt. Wenn die erste Mannschaft 3 Wertungspunkte hat, ist das Spiel zu Ende.

Gewonnen hat dann die Mannschaft mit den wenigsten Punkten.

Kommentar:

Dieses Spiel lebt von der Dynamik des taktischen Wechsels von Bündnissen zwischen verschiedenen Mannschaften. Das kann dadurch akzentuiert werden, dass man die Gesamtspielzeit in vier Viertelzeiten unterteilt, zwischen denen einminütige Pausen liegen, in denen sich die Mannschaften unter sich sowie miteinander absprechen können.

Variante A:

Weitere Ballons werden ins Spiel gebracht. Dadurch wird das Spiel noch stärker beschleunigt.

Variante B:

Der Luftballon wird durch einen Wasserball ersetzt. Dadurch wird das Spiel etwas verlangsamt.

Safari

Ort:
überall möglich

Dauer:
10–15 Minuten

Eignung:
für Gruppen von 10–30 Personen

Material: –

Beschreibung des Spiels:

Die Spielleiterin steht zu Beginn in der Mitte des Kreises und führt die pantomimische Darstellung einiger Tiere ein. Dann zeigt sie auf eine Mitspielerin und ruft den Namen eines der Tiere. Diese Spielerin und die Mitspielerinnen in ihrer Umgebung haben nun die Aufgabe, umgehend die diesem Tier entsprechenden Bewegungen und Töne nachzumachen. Wird dabei von irgendeiner Person ein Fehler gemacht, so übernimmt diese die Rolle der Spielleitung und diese reiht sich in den Kreis der Spielerinnen ein.
Für die Tiere gelten folgende Bewegungen:

Stier in der Arena
Die Spielerin streckt ihre Hände wie Hörner vom Kopf weg, senkt dabei das Haupt und schnauft wie ein Stier. Die beiden Mitspielerinnen recht und links von ihr scharren mit dem dieser Person zugewandten Fuß auf dem Boden und wedeln mit der Hand schwanzartig hinter dem Rücken.

Känguru in der Luft
Die Spielerin hält die Hände wie Pfoten vor sich und springt auf der Stelle. Die drei Mitspielerinnen rechts von dieser Person symbolisieren den langen Ruderschwanz, gehen dauernd gleichzeitig in die Hocke bzw. stehen wieder auf und rufen fortwährend „wusch, wusch, wusch".

Albatros im Landeanflug
Die Spielerin hält sich mit beiden Händen ihre Ohren zu. Die zwei Mitspielerinnen jeweils rechts und links von ihr fassen sich dergestalt mit den Händen auf die Schultern, dass ein aus fünf Personen bestehender Vogel entsteht. Dann wedeln sie mit ihren Händen und rufen „Mayday, Mayday".

Kobra im Gras
Die Spielerin legt die Arme eng an den Körper, bewegt ihren Oberkörper rhythmisch hin und her und beginnt zu zischeln. Die beiden Mitspielerinnen recht und links von ihr halten eine Hand zu einem Brillenglas geformt der Person vor die Augen. Die drei Mitspielerinnen links vom Brillenglas gehen in die Hocke und wiegen sich hin und her.

Variante:

Die Darstellungen können natürlich auch ausgeweitet werden, z. B. Fußballmannschaft, Tennismatch oder „Schneewittchen und die 7 Zwerge", „Der Froschkönig" etc.

Lautloser Kampf

Ort:
in einer Halle oder auf einer Wiese

Dauer:
10–15 Minuten

Eignung:
für Gruppen von 10–30 Personen

Material:
1–3 Styropor-Schläger (z. B. im Bauhandel als Isolationsmaterial für Heizungsrohre erhältlich), bunte Wäscheklammern (pro TN ca. 2–3), 1–3 Seile, Augenbinden, eine Plastikschüssel

Beschreibung des Spiels:
Zunächst wird die Gruppe so aufgeteilt, dass sich Untergruppen von jeweils max. zehn TN ergeben. In jeder Gruppe wird eine „Schwertmeisterin" bestimmt. Sie erhält 15–20 Insignien (Wäscheklammern), die an den Kleidungsstücken befestigt werden, und eben ein Schwert (Styropor-Schläger) zur Verteidigung dieser Insignien. Alle anderen TN sind Schwertschülerinnen. Mithilfe von Seilen werden je nach Anzahl der Untergruppen Kreise von ca. 6 m Durchmesser ausgelegt. Die Schwertmeisterinnen setzen Augenbinden auf und begeben sich ins Zentrum ihres Kreises. Neben ihnen wird eine leere Plastikschüssel aufgestellt. Die Schwertschülerinnen verteilen sich um die Außengrenzen der Kreise. Lautlos versuchen sie nun, die Insignien der Schwertmeisterin zu erobern. Dabei gelten folgende Regeln:

- Glaubt die Schwertmeisterin eine Schülerin heranschleichen zu hören, so kann sie versuchen, diese mit dem Schwert abzuschlagen.
- Trifft sie, so muss sich die Schülerin aus dem Kreis zurückziehen und 30 Sekunden abwarten, bis sie wieder einen neuen Versuch starten kann. Hatte sie zudem bereits eine Klammer erobert, muss sie diese in der Schüssel ablegen.
- Trifft sie nicht, so zählen die Schülerinnen laut einen Fehlschlag. Beim siebten Fehlschlag muss die Meisterin ihren Platz der Schülerin räumen, die zu diesem Zeitpunkt die meisten Insignien erobert hat.
- Gelingt es einer Schülerin, sich mit einer Klammer aus dem Kreis zu stehlen, so darf sie sich diese anheften. Hat eine Schülerin auf diese Art und Weise drei Insignien erobert, wird sie automatisch sofort zur nächsten Schwertmeisterin.
- Außerhalb des Kreises darf keine Schülerin abgeschlagen werden.
- In der Schüssel abgelegte Klammern können nicht mehr erobert werden.
- Ist die letzte Klammer erobert oder in der Schüssel abgelegt und es ist bis dahin keiner der Schülerinnen gelungen, die Meisterin nach obigen Regeln abzulösen, so verbleibt diese für eine weitere Runde im „Amt".
- Bei einem Wechsel werden der neuen Meisterin zunächst *alle* im Spiel befindlichen Klammern von den Schülerinnen angesteckt. Jede Runde beginnt also mit gleichen Ausgangsbedingungen.

Duell der Augen

Ort:
überall möglich

Eignung:
für Gruppen von 8–18 Personen

Dauer:
5–10 Minuten

Material: –

Beschreibung des Spiels:
Dieses Spiel kann als altes japanisches Kampfspiel vorgestellt werden. Ziel ist es hier allerdings, möglichst lange *nicht* in ein direktes Duell zu geraten!
Die Gruppe stellt sich zunächst in einem relativ engen Kreis auf. In festgelegter Reihenfolge – z. B. von links nach rechts – geben die Spielerinnen nun nacheinander immer zwei Kommandos: „SCHAUBODEN" bedeutet, dass alle Mitspielerinnen vor sich auf den Boden schauen. Gleichzeitig tritt vollständige Ruhe ein und alle überlegen für sich, welche Mitspielerin sie als Nächstes anschauen wollen. Kurz darauf erfolgt nämlich das Kommando „HOCHSCHAU", was bedeutet, dass alle Köpfe gleichzeitig gehoben und die Augen unmittelbar auf die vorher ausgewählten Personen gerichtet werden.
Sehen sich nun zwei Personen direkt in die Augen, so haben beide Pech gehabt und scheiden für den Rest des Spieles aus. Der Kreis wird verkleinert und die anderen Spielerinnen setzen das rituelle Kampfspiel so lange fort, bis (bei ungerader TN-Zahl) eine Siegerin übrig bleibt bzw. (bei gerader TN-Zahl) die beiden letzten Spielerinnen unweigerlich ein finales Duell austragen.

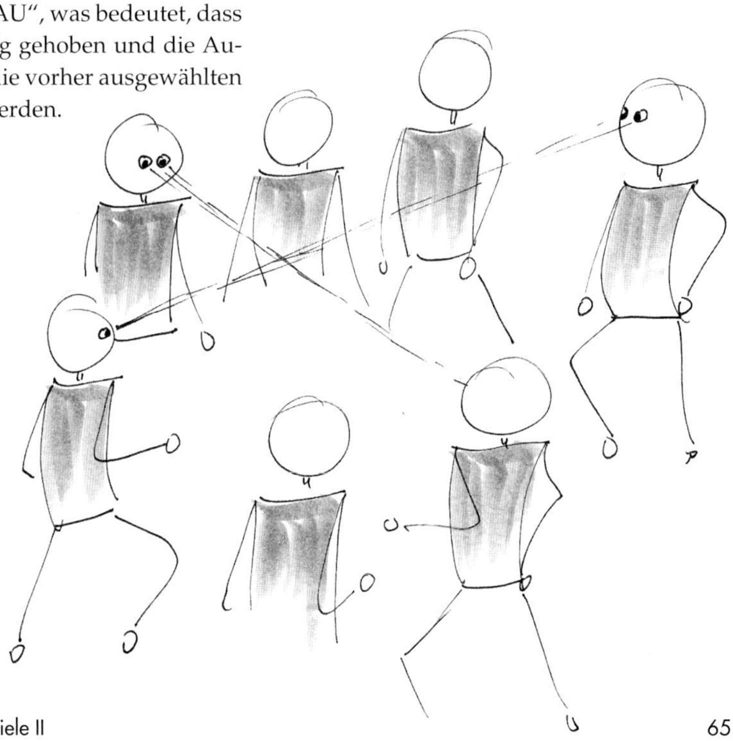

Schattenboxen

Ort:
in einer Halle oder auf einer Wiese

Dauer:
10–15 Minuten

Eignung:
für Gruppen von 8–18 Personen

Material: –

Beschreibung des Spiels:
Dieses Spiel kann als eine avantgardistische Form des chinesischen Schattenboxens präsentiert werden.

Die Gruppe stellt sich im Kreis auf und zwar so, dass alle Mitspielerinnen auf den Rücken ihrer Vorderfrau schauen und zwischen den einzelnen Personen noch etwa 1,50 m Platz ist. Als Meisterin des Schattenboxens stellt die Spielleiterin, in der Mitte des Kreises stehend, zunächst die rituellen Gesten vor:

Yü: Alle gehen zeitlupenartig im Kreis.

Hong: Alle heben die rechte Faust in Richtung ihrer Vorderfrau.

Scha: Alle halten die linke Hand schutzartig vor die Brust.

Tokó: Alle nehmen eine sofortige Wendung um 180 Grad vor.

Tam: Alle strecken die rechte Hand schutzartig vor den eigenen Körper und die linke Hand in Richtung ihrer Hinterfrau aus.

Grundsätzlich bedeutet jedes neue Kommando, dass die vorherige Geste bzw. Bewegung gleichzeitig eingestellt wird.

Nach einer kurzen Übungsphase beginnt der eigentliche rituelle Kampf. Stellt die Spielleiterin fest, dass eine der „Kämpferinnen" eine fehlerhafte Geste macht, so kann sie sofort den Platz mit ihr tauschen und die entsprechende Spielerin übernimmt dann die weiteren Kommandos, bis erneut jemand einen Fehler macht.

Ziel ist es, ganz nach chinesischem Vorbild, in einen ununterbrochenen harmonischen Fluss von Bewegungen zu gelangen, in dem alle Beteiligten Zeit und Raum vergessen ...

Variante A:
Alle symbolischen Kampfhandlungen können auch in Form kombinierter Kommandos aufgerufen werden, z. B. *YüHong, TokóScha, TokóYü* usw., wodurch evtl. eine Fortsetzung der bisherigen Geste unter Hinzunahme einer weiteren gefordert wird.

Variante B:
Spielt man das Spiel einige Male, können weitere Kommandos von den Spielerinnen selbst erfunden und hinzugefügt werden.

Fälscherwerkstatt

Ort:
in einem Raum

Eignung:
für Gruppen von 10–30 Personen

Dauer:
20–30 Minuten

Material:
Papier, Stifte, und Bildvorlagen (DIN A5) entsprechend der Anzahl der Mitspielerinnen

Beschreibung des Spiels:
Zu Beginn des Spieles erhält jede Person einen Stift und soviel weiße Blätter wie Spielerinnen an dem Spiel teilnehmen. Bei über 20 Teilnehmerinnen teilen sich diese in zwei Gruppen auf. In ihren jeweiligen Gruppen setzen die Spielerinnen sich dann in einen Kreis – an Tischen oder auf dem Boden – und zwar so, dass jede immer auf den Rücken ihrer nächsten Mitspielerin schaut. Nun wird neben jede Mitspielerin verdeckt eine der vorbereiteten Bildkarten gelegt. Diese sollten in ihrer Motivauswahl und Linienführung nicht zu kompliziert sein, damit sie von den Teilnehmerinnen gut abgezeichnet werden können.
Auf ein Zeichen der Spielleitung drehen alle ihre Bildkarte um und beginnen dieses Motiv nun auf eines ihrer weißen Blätter zu kopieren, welche auf dem Tisch oder Boden vor ihnen liegen. Dazu haben alle genau 60 Sekunden Zeit. Nach 60 Sekunden geben sie die von ihnen produzierte Kopie auf ein Zeichen der Spielleitung an ihre Vorderfrau weiter. Nun stehen wieder 60 Sekunden zur Verfügung, um eine Kopie von der Kopie anzufertigen. Danach werden erneut die soeben angefertigten Kopien weitergegeben und in der nächsten Runde abgezeichnet. Das Spiel ist zu Ende, wenn die abgemalte Kopie der Kopie der Kopie usw. wieder bei dem Original angekommen ist.
Anschließend können Originale und Endprodukte miteinander verglichen werden. Mit etwas mehr Zeit ist es auch möglich, sämtliche Werke in der Reihenfolge ihrer Veränderung aufzuhängen und anhand dessen kritische Schritte der Veränderung zu analysieren. Dabei sollte die Spielleiterin aber darauf achten, dass es nicht zu einer Stigmatisierung von „schlechten“ Malerinnen kommt.

Ausdruckskette

Ort:
in einem größeren Raum oder im Freien

Eignung:
für Gruppen von 10–30 Personen

Dauer:
10–20 Minuten

Material: –

Beschreibung des Spiels:
Mittels einer pantomimischen Kette soll eine Geste, eine Mimik oder ein relativ einfacher Ausdruck möglichst originalgetreu weitertransportiert werden. Dazu stellen sich die Spielerinnen in zwei Reihen auf, die ausgehend von der Spielleiterin, zueinander wie ein V verlaufen. Alle Spielerinnen stehen zunächst so, dass sie von der Spielleiterin wegschauen. Auf ein Zeichen drehen sich die beiden am nächsten zur Spielleitung stehenden Personen um und versuchen sich den Ausdruck der Spielleiterin – die für einen kurzen Moment in einer Art Standbild verharrt – möglichst genau einzuprägen. Dann geben sie der jeweiligen Vorderfrau ein Zeichen und imitieren den soeben gesehenen Ausdruck. So wird die Kette bis zu den am Ende des Vs platzierten Personen fortgesetzt. Diese führen ihre Ausdrücke noch einmal der ganzen Gruppe vor und die jeweiligen Standbilder werden mit dem Original der Spielleiterin verglichen.

Variante A:
In einer größeren Gruppe können auch ein oder zwei zusätzliche Reihen gebildet werden, die dann sternförmig von der Spielleiterin aus in verschiedene Richtungen zeigen.

Variante B:
Nach einer anfänglichen Eingabe durch die Spielleitung können sich natürlich anschließend auch verschiedene Mitspielerinnen bei der Eingabe von Standbildern abwechseln.

Variante C:
Statt eines beliebigen Ausdrucks kann präzisiert werden, dass es sich bei der Kombination aus Gestik und Mimik um ein Gefühl handeln soll. Mit dieser Vorgabe kann das Spiel auch als Reflexionsmethode genutzt werden, wobei der Grundton dann etwas ernster gehalten werden sollte.

Kommentar:
Bei diesem Spiel handelt es sich im Grunde genommen um eine körperbetonte Variante des Klassikers „Stille Post". Die einigermaßen originalgetreue Weitergabe des Wahrgenommenen ist allerdings schwieriger, als man sich angesichts dieses Vergleichs zunächst vorstellt.

Count-down

Ort:
überall möglich

Eignung:
für Gruppen von 8–18 Personen

Dauer:
5–15 Minuten

Material: –

Beschreibung des Spiels:

Die Aufgabe bei diesem Spiel erscheint denkbar einfach: Beginnend mit der Zahl, die der Gruppengröße entspricht, soll schrittweise bis auf Null herunter gezählt werden. Bedingungen sind lediglich:

- Alle Mitspielerinnen müssen mit einer Zahl an diesem Count-down beteiligt sein.
- Es darf keinerlei verbale oder nonverbale Verständigung über die Reihenfolge stattfinden.
- Sobald zwei Spielerinnen gleichzeitig mit einer Zahl ansetzen, muss wieder von vorn begonnen werden.

Variante:

Nach einem erfolgreichen Count-down kann die Gruppe herausgefordert werden, die Startzahl zu erhöhen, so dass nun einige oder auch alle Mitspielerinnen mehrmals an der Reihe sind.

Kommentar:

Insbesondere wenn die Spielerinnen im Kreis stehen – was bei diesem Spiel einmal nicht erforderlich ist –, muss zusätzlich ausgeschlossen werden, dass die Zahlen in einer bestimmten der räumlichen Anordnung entsprechenden Sequenz ausgerufen werden.
Bei dem Spiel entsteht eine konzentrierte Atmosphäre und die Aufgabe stellt sich meist um einiges schwieriger heraus, als zunächst angenommen.

Gruppen-Memory

Ort:
in einem größeren Raum oder im Freien

Dauer:
15–20 Minuten

Eignung:
für Gruppen von 8–18 Personen

Material:
ein Fallschirm, zahlreiche nützliche und weniger nützliche Gegenstände unterschiedlichster Art (ca. 5 pro Mitspielerin), Papier und Stifte

Beschreibung des Spiels:

Auf einer freien Fläche, um die herum noch genug Platz sein sollte, werden die ausgewählten Gegenstände großzügig so ausgelegt, dass sie gut sichtbar sind. Dann wird das Ganze mit dem Fallschirm vollständig verdeckt.

Jetzt wird die Gruppe um den Fallschirm herum versammelt und sie erfährt die Aufgabe: Während der Fallschirm für fünf Sekunden gelüftet wird, sollen sich alle so viele Gegenstände wie möglich merken. Anschließend zählen alle Gegenstände, die der Spielleiterin von einem Mitglied der Gruppe benannt werden können, einen Punkt. Vor Beginn der eigentlichen Aufgabe hat die Gruppe eine Planungszeit, in der sie sich auf eine Schätzung einigt, wie viele Punkte sie vermutlich erreichen wird.

Variante:

Statt Punkte zu sammeln erhält die Gruppe alle Gegenstände, die sie sich merken konnte, zur weiteren Verfügung. Das ist sinnvoll, wenn für eine folgende Aufgabe ohnehin eine größere Anzahl an Materialien gebraucht werden. Diese müssen dann natürlich auch unter dem Fallschirm vorhanden sein, ergänzt durch eine bunte Sammlung „überflüssiger" Gegenstände.

Kommentar:

Entsprechend dem Niveau der Gruppe kann die Aufgabe durch Verlängerung oder auch Verkürzung der Zeit sowie durch Vergrößerung bzw. Verkleinerung der durchschnittlichen Anzahl von Gegenständen pro Mitspielerin leichter bzw. schwerer gemacht werden. Das Erstaunen, wie viel sich eine Gruppe in minimaler Zeit merken kann, ist fast immer groß.

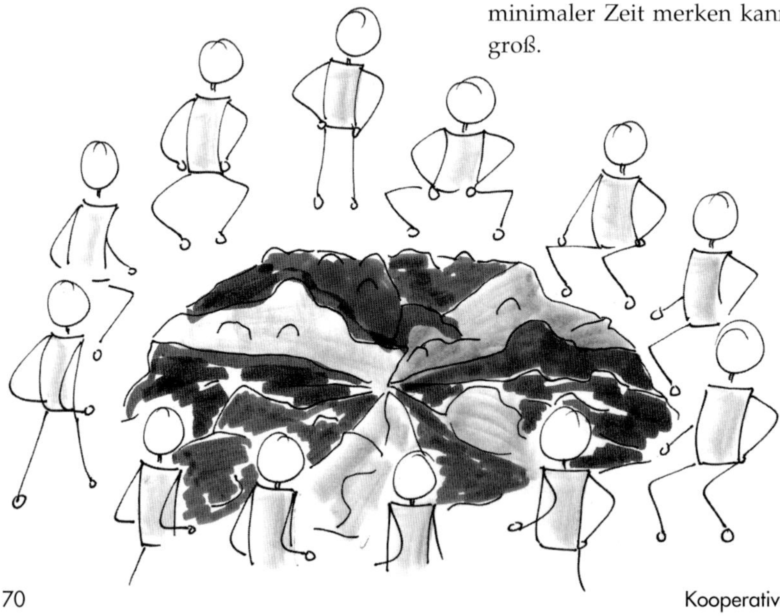

Die Stabmeditation

Ort:
überall möglich

Dauer:
5–10 Minuten

Eignung:
für Gruppen von 8–12 Personen

Material:
ein oder mehrere Bambus- bzw. Holzstäbe von 1,50 bis 2 m Länge und ca. 1 cm Durchmesser, evtl. CD-Player und CD mit meditativer Hintergrundmusik

Beschreibung des Spiels:

Die Gruppe teilt sich in zwei Hälften und bildet so zwei Reihen, die sich in kurzem Abstand gegenüberstehen. Die Spielerinnen schließen die Augen und kommen zur Ruhe. Dann strecken alle jeweils einen Finger jeder Hand aus und versuchen mit diesen Fingern Kontakt zu einem Stab zu bekommen, der von der Spielleiterin waagerecht etwa in Brusthöhe zwischen den beiden Reihen gehalten wird.
Ziel ist es, dass der Stab von *allen* beteiligten Fingern berührt und getragen wird.
Dann erfolgt die eigentliche Aufgabe: Der Stab soll gemeinsam zu Boden gelassen werden. Dabei sollen alle Finger zu jedem Zeitpunkt Kontakt zu dem Stab haben. Wenn der Stab am Boden angekommen ist, sollen alle Finger gleichzeitig loslassen. Dann können die Augen geöffnet werden und es darf wieder gesprochen werden.

Variante A:

Falls genügend Bewegungsfreiheit vorhanden ist, kann der Stab auch zunächst eine Weile durch die Gegend getragen werden, wobei er sich im Wechsel auf- und abwärts bewegen soll.

Variante B:

Alternativ zu dem Stab kann das Spiel auch mit einem Gymnastikreifen durchgeführt werden.

Variante C:

Die Übung kann auch zunächst ohne Einschränkung des Sehens und Sprechens durchgeführt werden. Aus dem Vergleich der beiden Durchgänge können sich interessante Erfahrungen bzgl. der Kommunikation in der Gruppe ergeben.

Variante D:

Bei Gruppen von mehr als zwölf TN können Untergruppen mit mehreren Stäben gebildet werden.

Kommentar:

Die Aufgabe ist schwieriger, als man zunächst annehmen möchte, da unkoordinierte Einzelaktionen den Stab durchaus nach oben, nicht jedoch nach unten befördern können.

Spiegelungen

Ort:
überall möglich

Dauer:
10–20 Minuten

Eignung:
für Gruppen von 8–18 Personen

Material:
mehrere Mützen, evtl. CD-Player und CDs mit Instrumentalmusik, die unterschiedliche Stimmungen widerspiegeln

Beschreibung des Spiels:

Die Gruppe wandert im Raum oder innerhalb einer abgegrenzten Spielfläche herum. Die Spielleiterin hat eine Mütze in der Hand. Sobald sie diese Mütze einer Person aufsetzt, müssen alle anderen Spielerinnen möglichst genau das nachmachen, was diese Person gerade macht. Wer will, kann der Person die Mütze aber auch vom Kopf nehmen und sofort müssen alle anderen die Bewegungen der neuen Mützenträgerin nachmachen. Gegen das Wegnehmen der Mütze darf man sich natürlich nicht wehren.

Nach einiger Zeit kann die Spielleiterin nach und nach weitere Mützen ins Spiel bringen. Alle anderen haben dann die Auswahl, welche der Mützenträgerinnen sie spiegeln wollen.

Variante A:

Eine anspruchsvollere Variante kann ohne Mützen gespielt werden. Eine vorher ausgemachte Form der Berührung, z. B. auf die Schulter klopfen, ist das Zeichen dafür, dass die entsprechende Person der berührenden Spielerin von jetzt ab alles nachmachen muss. Durch Klopfen auf die Schulter einer anderen Spielerin kann man sich seinerseits wieder aus einer bestehenden Bindung lösen.

Variante B:

Eine einfachere Form dieses Spiels kann so aussehen, dass jeweils zwei Spielerinnen sich zusammentun und einander im Wechsel spiegeln.

Variante C:

Kurze Musikintervalle mit wechselnden Stimmungen werden eingespielt. Jeweils bei Musikwechsel wird die Mütze weitergegeben und die jeweilige Trägerin versucht dazu passende Bewegungen für die anderen vorzugeben.

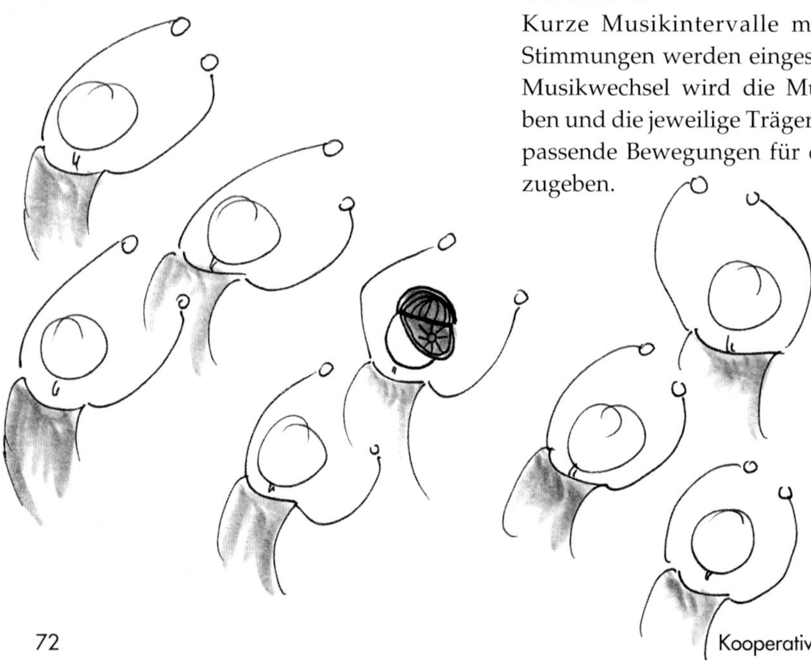

Blinder Tanz

Ort:
in einem größeren Raum oder einer kleineren Halle

Dauer:
15–20 Minuten

Eignung:
für Gruppen von 8–18 Personen

Material:
CD-Player, CDs mit ruhiger bis leicht rhythmischer Musik, Augenbinden

Beschreibung des Spiels:

Die Gruppe teilt sich in zwei Hälften auf. Die eine Hälfte hockt sich auf den Boden und setzt die Augenbinden auf. Daraufhin stellt die Spielleiterin die Musik an. Die Spielerinnen der anderen Untergruppe suchen sich jetzt stumm eine blinde Partnerin, gehen auf sie zu und führen sie zu einem Tanz. Mit dem Ausklang der Musik verabschieden sie sich sanft und setzen sich dann nebeneinander auf den Boden. Daraufhin gibt die Spielleiterin den „Blinden" ein Zeichen zum Abnehmen der Augenbinden und diese setzen sich zu der Spielerin, von der sie glauben, geführt worden zu sein. Nach einem kurzen Austausch geben sich die wirklichen Führerinnen ihren Partnerinnen zu erkennen und es gibt noch einmal Gelegenheit zu einem kurzen Gespräch. Dann werden die Rollen getauscht, die Führerinnen werden zu Geführten und umgekehrt.

Kommentar:

Bei dem Austausch ist der Aspekt, ob man richtig geraten hat, nur von untergeordneter Bedeutung. Das Spiel bietet vielmehr hauptsächlich eine Gelegenheit, sich anhand einer ungewöhnlichen Situation etwas übereinander mitzuteilen und natürlich auch, in ebenso ungewohnter Weise behutsam miteinander umzugehen.
Es können mehrere Runden gespielt werden, wobei es dann interessanter ist, Musik mit wechselnder Dynamik einzuspielen.

Im Wind der Tücher

Ort:
vorzugsweise auf einer Wiese im Sonnenschein

Dauer:
10–15 Minuten

Eignung:
für Gruppen von 10–30 Personen

Material:
4–6 ca. 5 m lange bunte und am besten leicht transparente Tücher, evtl. CD-Player und CD mit ruhiger Instrumentalmusik

Beschreibung des Spiels:
Die Gruppe bildet einen Kreis und die Tücher werden gleichmäßig über die Innenfläche dieses Kreises ausgebreitet. Alle Mitspielerinnen greifen dann das Ende von einem Tuch, die Tücher werden angehoben und nunmehr sanft auf und ab geschwungen. Im Wechsel können sich immer drei Spielerinnen für ein paar Sekunden in die Mitte des Kreises legen und den Tücherwind genießen. Während des gesamten Spieles sollte möglichst nicht gesprochen werden.

Kommentar:
Bei diesem Spiel steht das entspannte Genießen und „Loslassen" im Vordergrund. Es eignet sich gut nach einer anstrengenden oder angespannten Phase sowie auch als Abschluss.

Im Land der Klänge

Ort:
auf einer Wiese mit angrenzendem offenen Waldgelände

Dauer:
45–60 Minuten

Eignung:
für Gruppen von 8–18 Personen

Material:
verschiedene handliche Instrumente entsprechend der Anzahl der Mitspieler, z. B. Rasseln, Glocken, Flöten, Handtrommeln usw. (gut geeignet sind einfache, handgefertigte Instrumente aus anderen Kulturkreisen), Augenbinden

Beschreibung des Spiels:

Aus einer Auswahl von Instrumenten, die idealerweise alle einen etwas unterschiedlichen Klang haben, suchen sich alle Mitspielerinnen eines aus. Dann beginnt

Teil 1/Begegnungen:
Alle Mitspielerinnen setzen Augenbinden auf, beginnen ihr Instrument zu spielen und wandern auf der Suche nach anderen Instrumenten umher. Ziel ist es, möglichst viele der anderen Instrumente herauszuhören und jedem dieser Klänge einmal möglichst nahe zu kommen. Das eigene Instrument muss unterdessen fortlaufend gespielt werden.

Teil 2/Aufbruch:
Alle Mitspielerinnen versammeln sich im Kreis. Mit geschlossenen Augen und wiederum fortlaufend das eigene Instrument spielend, wandern dann alle in verschiedene Richtungen davon. Ziel ist es, sich stets von den anderen Instrumenten zu entfernen und dabei so weit zu gehen wie man sich zutraut bzw. wohl fühlt. An diesem Punkt angekommen, lässt man das eigene Instrument verstummen und wartet ab, bis auch die anderen Instrumente zur Ruhe gekommen sind. In jedem Falle kann man nur solange weiter gehen, wie mindestens noch ein anderes Instrument zu vernehmen ist.

Teil 3/Zurück zur Gruppe:
Wenn alle Instrumente verstummt sind, wartet die Spielleiterin noch einen kurzen Moment und lässt dann ihr eigenes Instrument, das sich deutlich von allen anderen unterscheiden muss, erklingen. Das ist das Zeichen für die Spielerinnen, wieder aufzubrechen und zur Gruppe zurückzukehren. Alle Instrumente müssen jetzt so lange erklingen, bis die Gruppe sich wieder im Kreis zusammengefunden und ihrer Vollständigkeit vergewissert hat. Dann können auch die Augenbinden gemeinsam abgenommen werden.

Kommentar:

Damit das Spiel seine atmosphärische Wirkung voll entfalten kann, ist es wichtig, dass in keiner der drei Phasen gesprochen wird bzw. sonstige Geräusche gemacht werden. Außerdem hängt viel von der Wahl des Ortes ab, an dem es möglich sein sollte, sich weit von der Gruppe zu entfernen, ohne dabei Gefahr zu laufen, auf gefährliche Hindernisse zu treffen.

Barfußlabyrinth

Ort:
in einer Halle oder auf einer Wiese

Dauer:
30–60 Minuten

Eignung:
für Gruppen von 8–18 Personen

Material:
je nach Komplexität 2–4 Seile von 40–50m Länge, Augenbinden

Beschreibung des Spiels:

Auf dem Boden sind die Seile derart ausgelegt, dass eine Art in sich geschlossenes Labyrinth mit zahlreichen Kreuzungen entsteht. Abgesehen davon liegen die Seilstränge immer soweit auseinander, dass ein versehentliches Wechseln zu einer anderen Passage nicht möglich ist.

Die Spielerinnen werden barfuß und mit verbundenen Augen zu dem Labyrinth geführt und dort möglichst weit voneinander entfernt verteilt. Ihre Aufgabe ist es dann, das Labyrinth zu erkunden und dabei möglichst vielen anderen Spielerinnen zu begegnen. Dabei soll nicht gesprochen werden. Begegnen sich allerdings zwei Spielerinnen, so dürfen sie einen Summton, an dem sie sich zu erkennen versuchen, von sich geben. Das Seil stellt den Weg dar und darf während der ganzen Zeit niemals verlassen werden. Anlässlich einer Begegnung gibt es also nur zwei Möglichkeiten des Weiterkommens: zurückzukehren oder aneinander vorbei zu balancieren.

Variante A:

Verschiedene Punkte des Parcours können besonders markiert werden, z. B. durch Gymnastikreifen, die auf dem Weg liegen, oder auch durch eine Reihe völlig verschiedener stabiler Gegenstände, die mit dem Seil verknüpft werden. Zusätzlich haben dann alle die Aufgabe, jeden dieser Punkte einmal besucht zu haben.

Variante B:

Das Labyrinth erhält einen Ein- und einen Ausgang. Zusätzlich kann auch eine Reihe von Sackgassen geschaffen werden. Bei dieser Variante hat die Gruppe die Aufgabe, sich den Weg durch das Labyrinth zu bahnen und es auf der anderen Seite wieder zu verlassen. Dieses muss hier allerdings auch so groß und verwinkelt sein, dass die Gruppe sich wirklich verlaufen kann bzw., dass es für Einzelne viele Möglichkeiten zur eigenständigen Erkundung gibt. Um die Situation etwas dramatischer zu gestalten, kann zusätzlich ein Zeitlimit sinnvoll sein.

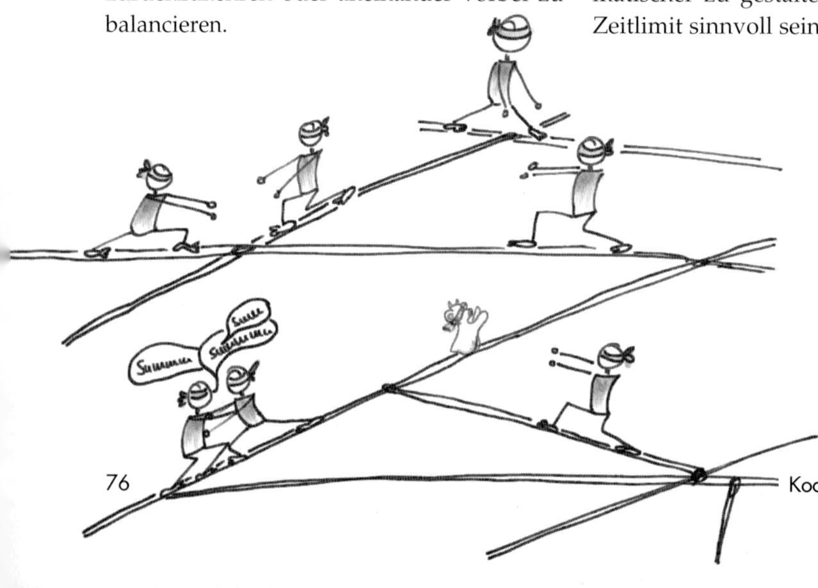

Die Höhle

Ort:
in einer Halle

Dauer:
60–90 Minuten

Eignung:
für Gruppen von 8–18 Personen

Material:
möglichst vielfältige Turngeräte: Kästen, Matten, Bänke, Taue, Sprossenwand usw., mehrere Seile, Augenbinden, CD-Player, CD mit zu Höhlenstimmung passender Instrumentalmusik

Beschreibung des Spiels:

Die Turnhalle wird in eine Höhle verwandelt, deren Gänge mithilfe eines durchgängigen Seiles gekennzeichnet sind. Der Weg ist also eindeutig markiert und darf nie verlassen werden. Im Abstand von einigen Metern sind jeweils mittels Turngeräten schwierige Passagen aufgebaut, die durchkrochen, überklettert usw. werden müssen. Das alles findet natürlich in völliger Dunkelheit, d. h. mit Augenbinden, statt.
Die Spielerinnen starten ihre Expedition in die Höhle einzeln von einem Nachbarraum aus, d. h. sie sollten vorher keine Gelegenheit haben, sich einen optischen Eindruck davon zu machen. Zwischen zwei Personen sollte immer ein Abstand von ca. 2 Minuten eingehalten werden, da die Wahrnehmungsintensität, die bei diesem Spiel im Vordergrund steht, dadurch erhöht wird. Spielerinnen, die am Ende der Höhle angelangt sind, können die Durchquerung der anderen beobachten, sollten sich dabei aber völlig ruhig verhalten.

Vorbereitung:

Denkbare Stationen sind:

- die Überquerung eines Kastens
- das Balancieren über Sitzbänke
- das Durchkriechen eines Tunnels aus Kastenteilen und Matten
- das Balancieren über eine auf Medizinbällen liegende Weichbodenmatte
- das Beklettern und Durchsteigen einer Sprossenwand
- das Hinabrutschen auf einer in der Sprossenwand eingehängten Sitzbank
- und viele mehr ...

Der Kreativität sind hier nur durch die sorgfältig zu durchdenkenden Sicherheitsaspekte Grenzen gesetzt, da die Spielerinnen ja einzeln und gleichzeitig an verschiedenen Stellen in der Höhle unterwegs sind. Der Aufbau ist erfahrungsgemäß sehr zeitaufwändig.

Variante:

Die Seile werden so verspannt, dass sie sich an mehreren Stellen kreuzen und sich somit Abzweigungen ergeben. Dadurch entsteht eine zusätzliche Spannung bzgl. der Orientierung und der Suche nach dem Ausgang. Allerdings kann die Intensität der Erfahrung an den einzelnen Stationen durch Störungen von Mitspielerinnen dabei auch etwas beeinträchtigt werden.

Stimmen aus der Dunkelheit

Ort:
in einem größeren Raum oder auf einer Wiese

Dauer:
10–15 Minuten

Eignung:
für Gruppen von 10–30 Personen

Material:
Augenbinden

Beschreibung der Übung:
Gesucht werden zunächst einige mutige Mitspielerinnen, die zu einer Wanderung im Dunkeln bereit sind. Ideal dürfte es sein, wenn etwa ein Fünftel der Gruppenmitglieder diese Rolle übernimmt. Die Wanderer erhalten Augenbinden und haben dann die Aufgabe, sich durch den Raum zu bewegen und dabei auf jeden Fall sämtlichen mysteriösen Hindernissen, die sie evtl. vorfinden werden, aus dem Weg zu gehen. Die übrigen Mitspielerinnen verteilen sich im Raum, warnen aber auf sie zukommende Wanderer durch Stimmen und Geräusche, die sie frei erfinden können. Sie haben auch die Möglichkeit, heimlich den Platz zu wechseln und überraschend an ganz anderer Stelle wieder aufzutauchen.
Gegebenenfalls können die Rollen nach einer Weile getauscht werden.

Variante:
Statt ziellos herumzulaufen, können die blinden Wanderer auch die Aufgabe erhalten, ein bestimmtes Ziel auf der gegenüberliegenden Seite des Spielfeldes zu erreichen. Die übrigen Mitspielerinnen können dann mit verteilten Rollen agieren: Einige versuchen die Wanderer möglichst vom Erreichen ihres Zieles abzuhalten, die anderen versuchen sie dabei zu unterstützen. Beiden Gruppen sollte dabei eine maximale Zahl an individuell möglichen Standortwechseln vorgegeben werden.

Umsteigebahnhof

Ort:
überall möglich

Dauer:
10–15 Minuten

Eignung:
für Gruppen von 8–18 Personen

Material:
Augenbinden, evtl. Gegenstände zum Markieren von Plätzen

Beschreibung der Übung:
Die Gruppe versammelt sich im Kreis. Auf ein Startzeichen hin sollen alle Spielerinnen *gleichzeitig* versuchen, mit geschlossenen Augen die ihnen jeweils gegenüberliegende Seite des Kreises zu erreichen. Ebenfalls gleichzeitig sollen die Augen erst dann wieder geöffnet werden, wenn die Gruppe sich sicher ist, dass alle wieder eine Position im Kreis erreicht haben.
Nach einer kurzen Zwischenauswertung kann dann die Gelegenheit zu weiteren Versuchen gegeben werden, wobei die Herausforderung jetzt darin besteht, unter Beibehaltung der Sicherheit eine kürzere Zeit für die Überquerung anzustreben.

Kommentar:
Der Reiz dieser Aufgabe besteht in dem Abwägen zwischen Aspekten des behutsamen Umgangs miteinander und dem Streben nach Leistung und Effizienz.
Eine sichere Durchführung setzt aber voraus, dass alle mit den Grundregeln der blinden Fortbewegung (vorsichtiges Vortasten mit ausgestreckten Händen in Brusthöhe) vertraut sind und sich daran halten.

Variante:
Durch die Markierung von Plätzen und die Vorgabe, dass zu vorher festzulegenden Plätzen gewechselt werden muss, wird die Aufgabe noch etwas anspruchsvoller.

Kollektive Ohnmacht

Ort:
in einem größeren Raum oder im Freien

Dauer:
10–15 Minuten

Eignung:
für Gruppen von 10–30 Personen

Material:
evtl. CD-Player und CD mit Instrumentalmusik

Beschreibung der Übung:

Zur Vorbereitung auf dieses Spiel bilden sich kurzfristig fünf Untergruppen, denen die Zahlen 1–5 zugeordnet werden. Dann lösen sich die Gruppen wieder auf und alle Spielerinnen wandern zur Musik im Raum herum. Sobald die Musik stoppt, ruft die Spielleiterin laut eine der Zahlen von 1–5 aus. Alle Mitglieder dieser Untergruppe haben dann die Aufgabe, einen lauten Schrei oder ein sonstiges Zeichen der Ohnmacht auszustoßen, sich steif zu machen und – sobald das Herannahen helfender Hände in Sicht ist – sich mit möglichst angespanntem Körper fallen zu lassen. Für alle anderen Spielerinnen ist der Musikstopp das Zeichen sich blitzschnell umzusehen, wo Hilfe benötigt wird, und die Ohnmächtigen dann sicher aufzufangen.

Kommentar:

Dieses Spiel sollte ruhig mehrere Runden lang gespielt werden, so dass jede Gruppe zwei- oder dreimal ohnmächtig werden kann. Dabei sollten die Zahlen in möglichst unvorhersehbarer Reihenfolge von der Spielleiterin ausgerufen werden und auch die Abstände zwischen den einzelnen Musikstopps sollten von relativ lang bis ganz kurz variieren. Gegen Ende kann die Herausforderung noch einmal dadurch erhöht werden, dass zwei Nummern *gleichzeitig* aufgerufen werden.

Variante A:

Zusätzliche Spannung kann auch dadurch erzeugt werden, dass Gruppen mit leicht unterschiedlicher Größe gebildet werden. Bei manchen Zahlen sind die Helfer dann aufgrund der großen Anzahl der Ohnmächtigen besonders gefordert.

Variante B:

Eine weitere Steigerung besteht darin, dass alle mit geschlossenen Augen durch den Raum laufen. Die Retter müssen nach Ausrufen der Zahl dann natürlich sofort wieder die Augen öffnen.

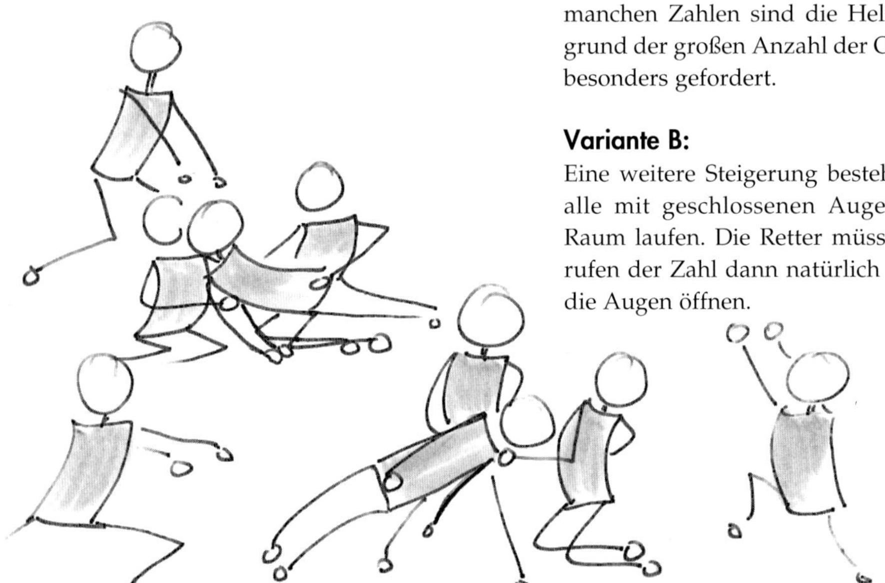

Bäume im Sturm

Ort:
in einem größeren Raum

Dauer:
20–30 Minuten

Eignung:
für Gruppen von 10–30 Personen

Material:
Decken, Matten oder sonstige weiche Unterlage, CD-Player und CD mit Sturm- und/oder Urwaldgeräuschen

Beschreibung der Übung:

Die Gruppe teilt sich in zwei Hälften auf: Baumriesen und Försterinnen. Die Baumriesen verteilen sich möglichst gleichmäßig im Raum, schließen die Augen und lassen die Arme locker am Körper herabhängen. Sie stellen sich vor, uralte Baumriesen zu sein, die in einen fürchterlichen Sturm geraten und bereiten sich innerlich darauf vor, diesem bald zum Opfer zu fallen. Die Försterinnen teilen sich je nach Gruppengröße in mehrere Gruppen zu mindestens vier Spielerinnen auf. Sturz und Abtransport der Baumriesen gehen nach folgendem Muster vor sich:

- Ein Baumriese, der angetippt wird, weiß, dass seine Stunde geschlagen hat und macht sich steif.
- Die Försterinnen kippen ihn vorsichtig nach hinten und fangen ihn auf.
- Der Abtransport soll eine Art Entschädigung für den erlittenen Sturz bieten: Der Baumriese wird mit schaukelnden Bewegungen auf eine imaginäre Reise flussabwärts geschickt und schließlich dicht neben allen anderen Stämmen auf einer weichen Unterlage abgelegt.

Wenn alle Stämme am Bestimmungsort angekommen sind, wird die Hintergrundmusik langsam ausgeblendet und nach einer kurzen Auswertung können die Rollen getauscht werden.

Kommentar:

Da diese Übung sehr von der Atmosphäre lebt, in der Sturz, Auffangen, Abtransport und Ablegen der Bäume vorgenommen werden, sollten die Försterinnen möglichst nur in flüsterndem Ton miteinander sprechen.

Variante:

Das Spiel kann auch draußen auf einer Wiese gespielt werden, wobei dann die Ausstrahlung des Spielortes einen gewissen Ausgleich für die fehlende atmosphärische Untermalung mit den Geräuschen bieten sollte.

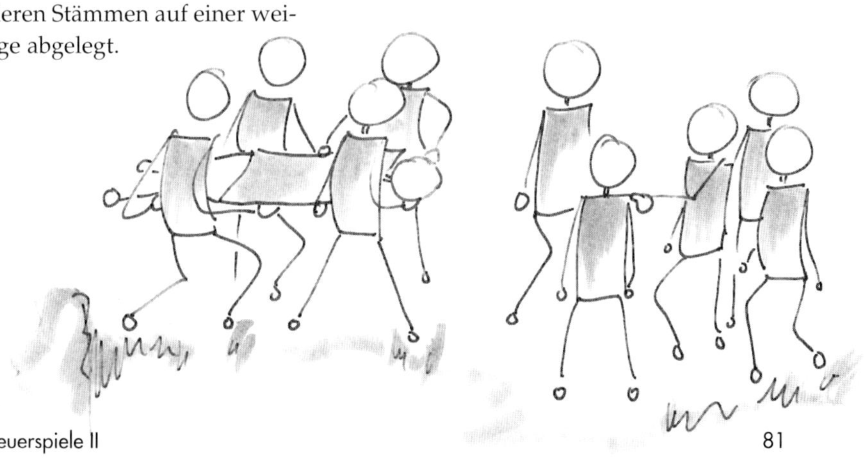

Die Winde des Vertrauens

Ort:
überall möglich

Dauer:
20–30 Minuten

Eignung:
für Gruppen von 8–18 Personen

Material:
Schlauchband (10 m oder länger)

Beschreibung der Übung:

Zur Vorbereitung auf diese Übung muss zunächst das Schlauchband so zusammengebunden werden, dass es in Kreisform von allen Gruppenmitgliedern bequem mit beiden Händen gehalten werden kann.

Nacheinander können alle Mitspielerinnen dann einmal von den anderen an diesem Band zu Boden gelassen werden. Dabei ist Folgendes zu beachten:

- Die Spielerin, die abgelassen werden möchte, hängt sich in leicht nach vorne gebeugter Haltung in das in Brusthöhe unter den Armen eingefädelte Band.
- Die Gruppe erzeugt genug Spannung, damit die Person sich steif machen und ihr ganzes Gewicht in das Band verlagern kann.
- Dann bewegen sich alle ganz langsam und vorsichtig nach vorne, so dass die Spielerin allmählich in gestreckter Haltung zum Boden abgelassen wird.
- Maximales Ziel ist es, am Ende mit der Nasenspitze den Boden zu berühren. Die Spielerin entscheidet aber selbst, wie weit sie abgelassen werden will und kann jederzeit „Stopp“, „Zurück“ oder auch „Weiter“ sagen. Die Gruppe handelt in jedem Fall nach den Anweisungen der abzulassenden Person.
- Ein weiteres Gruppenmitglied ist zur Sicherheit schräg vor der abzulassenden Spielerin positioniert. Es ist ständig auffangbereit, achtet aber gleichzeitig darauf, der abzulassenden Spielerin physisch und psychisch nicht im Weg zu sein.
- Sobald die Spielerin mit der Nase am Boden angekommen ist bzw. das Kommando „Zurück“ gibt, bewegt sich die Gruppe mit dem Band langsam wieder rückwärts und hievt die Spielerin dadurch zurück in die stehende Ausgangsposition. Damit die Übung nachklingen kann, sollte unbedingt darauf geachtet werden, dass der Weg zurück genauso behutsam angegangen wird wie das Ablassen.

Variante:

Wer möchte, kann beim Abgelassenwerden auch die Augen schließen. Die vorne sichernde Person kann sich in diesem Fall unmittelbarer davor positionieren.

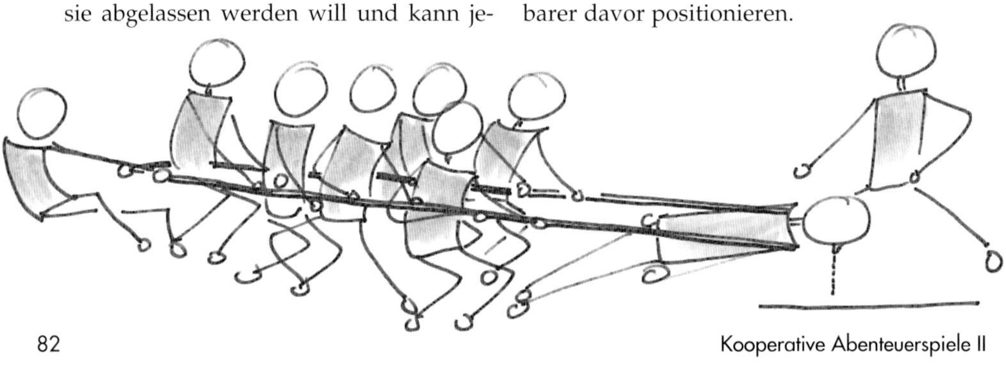

Blinde Raupe

Ort:
überall möglich

Dauer:
20–30 Minuten

Eignung:
für Gruppen von 8–18 Personen

Material:
je nach Spielort ...
Halle: Kästen, Stangen, Matten, ...
Raum: Stühle und Bänke
draußen: Bäume, Sträucher, ...
Augenbinden, evtl. Seile

Beschreibung der Übung:

Entsprechend der jeweiligen Gegebenheiten und Ressourcen ist ein längerer Parcours festgelegt und evtl. mittels eines Seiles markiert worden. Die Gruppe hat die Aufgabe, diese Strecke gemeinsam zu durchqueren. Dabei gelten folgende Regeln:

- Alle Spielerinnen bilden eine Kette dergestalt, dass durch Auflegen der Hände auf den Schultern der Vorderfrau ein durchgehender Körperkontakt hergestellt wird, der während des Spiels von niemandem unterbrochen werden darf.
- Alle Spielerinnen setzen Augenbinden auf. Lediglich die Letzte in der Reihe ist davon ausgenommen.
- Im Laufe der Aufgabe muss die Reihenfolge der Kette einmal vollständig durchgewechselt werden, wobei jeweils die letzte Person nach vorne wechselt und bei Ankunft mit dem Aufsetzen der Augenbinde ein Signal gibt, dass die nunmehr sich am Ende der Kette befindliche Spielerin ihre Augenbinde abnehmen kann.

Die Schwierigkeit der Aufgabe kann durch mehrere Faktoren entscheidend variiert werden:

Variante A:

Slalomstrecke – der Weg führt überwiegend an Hindernissen vorbei. Diese dürfen allerdings nicht berührt werden.

Variante B:

Hindernisparcours – verschiedene Passagen sind kriechend, kletternd oder balancierend zu überwinden.

Variante C:

Im Land der Stille – die gesamte Strecke muss schweigend zurückgelegt werden. Auch das sehende „Schlusslicht" darf nicht sprechen. Bei dieser Variante muss der Gruppe in jedem Fall eine Planungszeit zur Etablierung eines nonverbalen Kommunikationssystems gegeben werden.

Variante D:

Im Takt der Sekunden – die jeweils letzte Spielerin darf immer nur maximal 30 Sekunden in der Führungsrolle bleiben. Dann muss in der beschriebenen Weise gewechselt werden, wobei die Reihe gegebenenfalls auch mehrmals durchwechseln kann. Bei dieser Variante bleibt also offen, wie oft die Einzelne letztlich in die Führungsrolle kommt.

Tuchfühlung

Ort:
in einer Halle oder auf einer Wiese

Dauer:
10–20 Minuten

Eignung:
für Gruppen von 8–18 Personen

Material:
stabile Tücher, ca. 1,40 m x 4 m
(für jeweils 2 TN wird ein Tuch benötigt),
eine Trillerpfeife

Beschreibung der Übung:

Eine freiwillige Teilnehmerin läuft in einem ihr gemäßen Tempo über das Spielfeld. Sie behält dabei eine einmal angesteuerte Richtung möglichst immer gleichmäßig bei. Die anderen Gruppenmitglieder tun sich jeweils zu Paaren zusammen und spannen ein Tuch zwischen sich auf. Diese Tücher sind die einzige Möglichkeit, die Läuferin zu stoppen, wenn sie Gefahr läuft, auf ein Hindernis jenseits der Grenzen des Spielfeldes zu stoßen. Ein Tuch muss dann von einem in der Nähe stehenden Paar so aufgespannt werden, dass die Läuferin dadurch abgefangen wird. Die Wirkung einer solchen Tuchfühlung ist die einer elastischen Wand; die Energie des Laufes wird aufgefangen, die beiden Fängerinnen stoßen die Läuferin in eine neue Richtung und diese setzt ihren Lauf wieder geradlinig bis zum nächsten Tuch fort.
Nach ein paar Tuchfühlungen kann die Läuferin einen Rollenwechsel anbieten.

Kommentar:

Die Spielleiterin muss den Verlauf dieser Übung sehr aufmerksam verfolgen. Das Ertönen der Trillerpfeife wird anfangs als unmissverständliches Signal vereinbart, den Lauf sofort abzubrechen, wenn seitens der Spielleitung eine Gefahr erkannt wurde.

Variante A:

Sobald die Gruppe sich im Umgang mit den Tüchern einigermaßen sicher fühlt, können zwei oder drei Untergruppen gebildet werden, in denen jeweils mehrere Paare für die Sicherheit einer Läuferin zuständig sind.

Variante B:

Eine noch anspruchsvollere Steigerung ist die Bildung von Dreiergruppen mit einer Läuferin und einem Fängerpaar. Die Fänger müssen die Läuferin dabei immer wieder ein- und überholen, um sie nach der von ihnen initiierten Richtungsänderung wieder abzufangen.

Die Welle

Ort:
in einer Halle oder auf einer Wiese

Eignung:
für Gruppen von 10–30 Personen

Dauer:
20–30 Minuten

Material:
für die Variante: Schaumstoffschläger

Beschreibung der Übung:

Um das Szenario für diese Übung herzustellen, werden die TN gebeten, eine Gasse zu bilden, bei der eine Hälfte der Gruppe der anderen Hälfte im Abstand einer Armlänge gegenübersteht. Uhren und Ringe müssen abgelegt werden, dann wird die Gasse durch Ausstrecken der Arme geschlossen.

Der Reihe nach dürfen nun alle, die möchten, einmal durch diese Gasse laufen. Dazu begeben sie sich an einen Punkt in ca. 10 m Abstand und in Fluchtrichtung der Gasse. Vor dem Loslaufen muss ein klares Ritual durchgeführt werden, bei dem die Gruppe zunächst ihre Bereitschaft signalisiert und die Läuferin dann den Start ihres Laufes laut ankündigt.

Erreicht die Läuferin dann die Gasse, reißen die Mitspielerinnen *nacheinander* ihre Arme kurzfristig in die Höhe und geben somit die Passage frei. Unmittelbar danach senken sie ihre Arme wieder, so dass eine Art Wellenbewegung entsteht.

Kommentar:

Die Spannung wird bei dieser Übung durch zwei kritische Entscheidungen erzeugt:

- Die Mitspielerinnen müssen ihre Arme auf jeden Fall *rechtzeitig* hochreißen, um die Läuferin nicht zu treffen. Andererseits sollten sie das so lange hinauszögern, wie es ihnen sicher erscheint, so dass der Eindruck entsteht, auf eine geschlossene Wand zuzulaufen.
- Die Läuferin kann ihre Geschwindigkeit selbst bestimmen. Möglich ist also alles vom Gehen bis zum Sprint. Aus Sicherheitsgründen muss jedoch eine Erhöhung des Tempos während des Laufes ausgeschlossen werden.

Es sollte ganz klargemacht werden, dass alle sich im Zweifelsfall in Richtung Sicherheit entscheiden. Daher ist es bei dieser Übung sinnvoll, einen zweiten Versuch zuzulassen, bei dem das Risiko dann etwas gesteigert werden kann.

Bei größeren Gruppen ist vor allem darauf zu achten, dass auch die sich weiter hinten in der Gasse befindenden Spielerinnen voll auf die Ankunft der Läuferin konzentriert sind.

Variante:

Statt mit ihren Armen versperren die Mitspielerinnen mit jeweils einem Schaumstoffschläger den Weg. Diese etwas weniger dramatische Variante kann evtl. als Vorbereitung gespielt werden.

Lichtertransport

Ort:
in einer Halle

Dauer:
20–30 Minuten

Eignung:
für Gruppen von 8–18 Personen

Material:
diverse Geräte und Materialien als Hindernisse, Teelichter oder Kerzen, Streichhölzer, Augenbinden

Beschreibung der Übung:

In einem klar umgrenzten Feld ist ein Hindernisparcours errichtet und etwa auf halbem Weg ein Etappenziel markiert worden. Zur Durchquerung des Parcours teilt die Gruppe sich in zwei Hälften – blinde Wanderer und sehende Führerinnen. Die blinden Wanderer begeben sich in einigem Abstand voneinander zur Startposition, setzen die Augenbinden auf und bekommen dann jeweils eine brennende Kerze überreicht. Die sehenden Führerinnen können sich frei entlang der Außengrenzen des Feldes bewegen. Ihre Aufgabe ist es nun, die blinden Wanderer mitsamt ihrer brennenden Kerzen sicher zu dem Etappenziel zu lotsen. Dazu dürfen allerdings einzig die Namen der Wanderer gerufen, geflüstert oder geschrien werden. Wird ein Hindernis berührt oder erlischt unterwegs eine Kerze, so muss die jeweilige Person zum Anfang des Parcours zurückkehren und eine Führerin wird automatisch ebenfalls zum Wanderer.

Wenn alle Wanderer das Etappenziel erreicht haben, werden die Rollen getauscht und die zweite Hälfte des Weges muss von den neuen Wanderern entsprechend der Regeln zurückgelegt werden.

Kommentar:

Voraussetzung für diese Übung ist, dass das Risiko des Umgangs mit den Kerzen allen Spielerinnen bewusst ist und ernst genommen wird. Außerdem sollte vorgegeben werden, dass die Kerzen nur mit gerade vom Körper ausgestrecktem Arm transportiert werden.

Variante:

Möglich ist auch, eine größere Anzahl brennender Kerzen am Anfang des Parcours zu platzieren und nur festzulegen, welche Hälfte der Gruppe Kerzen im ersten und welche im zweiten Teil transportieren darf. Verschiedene Spielerinnen müssen eine Strecke dann mehrfach zurücklegen. Hinderniskontakt bzw. Erlöschen führt zum Verlust der Kerze.

Das Land der Achtsamkeit

Ort:
in einer Halle

Dauer:
45–60 Minuten

Eignung:
für Gruppen von 8–18 Personen

Material:
Hindernisse: Kastenteile, Stangen, Matten, Kegel, Bälle und andere Hallenmaterialien
„Schätze": Luftballons oder Stofftiere oder Zettel/Stifte oder ...
Begrenzung: evtl. Seile
Augenbinden

Beschreibung der Übung:

Die Gruppe steht vor der Aufgabe, in einer begrenzten Zeit (z. B. 30 Minuten) das Land der Achtsamkeit zu durchqueren und dabei möglichst viele der kostbaren Schätze (Luftballons) zu bergen. Dabei ist zu beachten:

- Pro Spielerin ist nur eine Durchquerung möglich.
- Innerhalb der Grenzen des Landes ist es weder möglich zu sehen, noch zu sprechen.
- Bei jeder Berührung eines Landschaftselementes geht ein noch verbleibender Schatz unwiederbringlich verloren (Luftballon wird entfernt).
- Die nicht im Land befindlichen Spielerinnen dürfen sich frei entlang dessen Außengrenzen bewegen, dabei aber niemanden innerhalb der Grenzen berühren.
- Wie viele Spielerinnen sich zur Zeit innerhalb des Landes befinden, bleibt der Gruppe überlassen.

Zur Planung ihrer Strategie hat die Gruppe eine Vorbereitungszeit (z. B. 15 Minuten).

Vorbereitung:

Innerhalb eines klar umgrenzten, ca. 10 x 15 m großen Feldes wird eine Landschaft mit möglichst verschiedenartigen Elementen aufgebaut, so dass man bei einer Durchquerung auf viele Hindernisse stößt, aber gleichzeitig viele Wege möglich sind. An zwei gegenüberliegenden Enden werden ein Ein- und ein Ausgang markiert. Eine größere Anzahl Luftballons wird mit Kreppband an den verschiedensten Orten der Landschaft befestigt.

Variante A:

Noch anspruchsvoller wird die Aufgabe, wenn die Außenstehenden zum Dirigieren lediglich die Namen ihrer Mitspielerinnen verwenden dürfen.

Variante B:

Eine ästhetisch ansprechende Alternative zu den Luftballons ist die Platzierung von Stofftieren. Die Landschaftselemente können dann den Lebensräumen der Tiere entsprechende Namen erhalten.

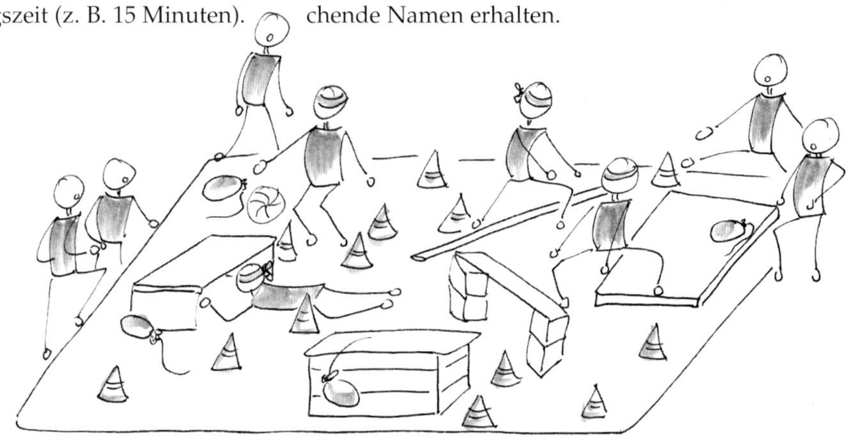

Fliegende Untertassen

Ort:
in einer Halle oder im Freien

Eignung:
für Gruppen von 10–30 Personen

Dauer:
10–20 Minuten

Material:
Tennisringe (kleine Ringe aus Vollgummi, in etwa entsprechend der Anzahl der TN)

Beschreibung des Spiels:

Eine Strecke von 100–200 m ist von der Gruppe zurückzulegen. Das Problem: Es sind dabei auch einige „fliegende Untertassen" zu transportieren. Wie der Name schon sagt müssen diese die gesamte Strecke fliegend, unterbrochen lediglich von einigen Zwischenlandungen, zurücklegen. Im Detail bedeutet dies:

- Die Tennisringe müssen geworfen werden.
- Die einzige Art der Zwischenlandung besteht darin, dass eine andere Person ihren Arm ausstreckt und der Tennisring auf der so gebildeten stangenförmigen Landebahn niedergeht. Die Hände dürfen bei diesem Vorgang also *nicht* zum Ergreifen eines Ringes genutzt werden.
- Verfehlt ein Tennisring diese Landebahn, so muss er wieder zum Ausgangspunkt des letzten Wurfes zurückgebracht werden.
- Eine TN, die einen Ring in der beschriebenen Weise aufgefangen hat, kann sich selbst erst dann wieder vom Fleck bewegen, wenn sie den Ring wieder erfolgreich zur nächsten Station geworfen hat.
- Eine Person kann maximal zwei Ringe als Landestation aufnehmen.
- Den jeweiligen Abstand zwischen zwei Landestationen können die TN selbst festlegen.
- Mitspielerinnen ohne Ring können sich frei bewegen.
- Auch hinter der Ziellinie müssen die Ringe ein letztes Mal in der beschriebenen Weise aufgefangen werden, dann können sie dort abgelegt werden.

Unter Berücksichtigung dieser Regeln soll die Gruppe versuchen, mit allen TN und „fliegenden Untertassen" so schnell wie möglich ins Ziel zu gelangen.

Variante:

In einer Halle kann die vergleichsweise kurze Distanz durch die Überwindung einiger Hindernisse kompensiert werden. Aber auch im Außengelände steigert ein interessantes Terrain (z. B. die Durchquerung eines kleinen Wäldchens) den Reiz dieser Aufgabe.

Propeller

Ort:
überall möglich

Dauer:
10–30 Minuten

Eignung:
für Gruppen von 8–18 Personen

Material:
Propeller nach Anzahl der TN

Beschreibung des Spiels:

Die „Propeller", „Hubschrauber" oder „Aeroprops" bekommt man im Spielwarenfachhandel. Sie bestehen aus einem Propeller, von dem ein senkrechter Stab nach unten führt. Durch Reiben des Stabes mit beiden Händen wird der Propeller in Rotation versetzt und das Gerät fliegt.

Für das Spiel werden etwa so viele Propeller gebraucht, wie Personen mitspielen.

Die Aufgabe der Gruppe besteht darin, die im Raum verteilten Propeller in möglichst kurzer Zeit in einem bestimmten Zielfeld landen zu lassen. Die Abflugpunkte für die einzelnen Propeller werden zu Beginn festgelegt und markiert. An jedem Abflugpunkt liegt ein Propeller.

Der „Zielflughafen" besteht aus einem auf dem Boden mit Schnüren ausgelegten Kreis von einem Meter Durchmesser. Um diesen Innenkreis herum befindet sich ein Außenkreis in einem Abstand von ca. 1,5 m. Der Abstand der beiden Kreise muss so bemessen sein, dass durch gegenseitiges Festhalten der Spielerinnen untereinander jeder Punkt zwischen den beiden Kreisen erreichbar ist.

Für die Aufgabe gelten folgende Regeln:

- Der Boden zwischen diesen beiden Kreisen darf zu keiner Zeit von den Spielerinnen berührt werden.
- Propeller, die den Boden im inneren Zielkreis nicht erreichen, aber zwischen den beiden Kreisen landen, können von der Gruppe aufgehoben und in einem weiteren Versuch vom Rande des zweiten Kreises aus im Ziel platziert werden.
- Propeller, die außerhalb der Kreise den Boden berühren, müssen von ihrem jeweiligen Landepunkt aus erneut gestartet werden.
- Mit den Propellern in der Hand dürfen sich die Spielerinnen nicht vom Platz bewegen.

Die Zeit, welche die Gruppe dafür benötigt, wird von der Spielleitung gestoppt. Jede Propellerlandung außerhalb der beiden Kreise wird bei der Zeitnahme zusätzlich mit 30 Sekunden gewertet.

In einem zweiten Durchgang kann die Gruppe versuchen ihre eigene Zeit zu verbessern.

Variante:

Auf die Zeitmessung wird verzichtet. Stattdessen wird lediglich die Anzahl der Zwischenlandungen bis zum Zielflughafen gezählt.

Kommentar:

Vor dem Spiel sollten die Teilnehmerinnen etwas Gelegenheit erhalten, sich mit dem Fluggerät vertraut zu machen und damit zu experimentieren. Mit etwas Fantasie lassen sich dabei auch weitere Spiele mit diesem originellen Gerät erfinden.

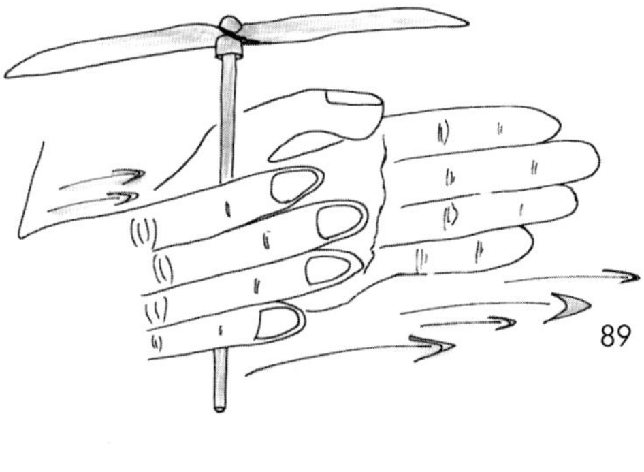

Stockreise

Ort:
in einer Halle oder auf einer Wiese

Dauer:
10–20 Minuten

Eignung:
für Gruppen von 8–18 Personen

Material:
Stäbe, Stöcke oder Schaumstoffschläger von 80 cm bis 1,50 m Länge entsprechend der Anzahl der Mitspielerinnen

Beschreibung des Spiels:

Jede Spielerin erhält einen Stab und die Gruppe stellt sich im Kreis auf. Alle Personen stellen ihren Stab vor sich auf den Boden und halten diesen mit ihrer rechten Hand fest. Die gemeinsame Herausforderung besteht nun darin, gleichzeitig den eigenen Stab loszulassen, einen Schritt im Kreis weiterzugehen und den Stab der Nachbarin zu ergreifen.

Ziel der Gruppe ist es, diese Wanderung so lange fortzusetzen, bis alle wieder ihren eigenen Stab in Händen halten, ohne dass einer der Stäbe zwischenzeitlich umgefallen oder mit einem anderen Stab in Berührung gekommen ist. Dabei dürfen die Stäbe grundsätzlich nur mit der rechten Hand berührt werden. Wird eine dieser Regeln verletzt, so muss die ganze Gruppe von vorne beginnen.

Vor Beginn des ersten auch weiterer Versuche ist es sinnvoll, der Gruppe etwas Zeit zur Besprechung einer Strategie zu geben.

Variante:

Bewältigt die Gruppe diese Aufgabe ohne größere Schwierigkeiten, so kann die Herausforderung in weiteren Runden noch gesteigert werden, z. B.:

- Zwischen dem Loslassen des alten Stabes und dem Ergreifen des neuen müssen alle einmal in die Hände klatschen.
- Statt des nächsten Stabes muss der übernächste ergriffen werden.
- Die Spielleiterin gibt abwechselnd, aber ohne erkennbare Regelmäßigkeit das Kommando „links“ oder „rechts“. Es muss dann jeweils der Stab auf der entsprechenden Seite ergriffen werden.

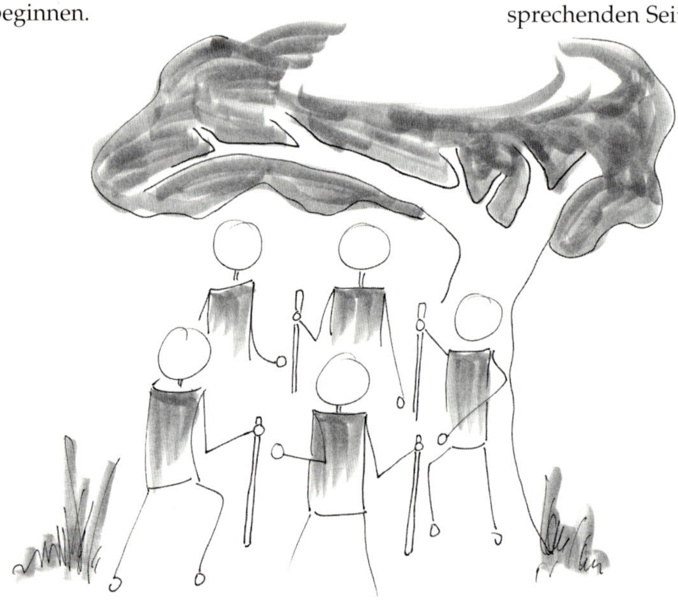

Murmelreise

Ort:
in einer Halle oder im Freien

Dauer:
20–30 Minuten

Eignung:
für Gruppen von 8–18 Personen

Material:
pro Spielerin eine Pappröhre, ca. 1 m lang und mit einem Durchmesser von mindestens 5 cm, 10 Murmeln

Beschreibung des Spiels:

Unter Zuhilfenahme der Pappröhren soll die Gruppe zehn Murmeln über eine Distanz von mindestens 20 m von einem Punkt A zu einem Punkt B transportieren.
Für den Transport der Murmeln gelten folgende Regeln:

- Die Murmeln dürfen nicht mit den Händen oder sonstigen Körperteilen berührt werden.
- Die Spielerinnen können sich mit ihren Pappröhren nur dann weiter bewegen, wenn sich keine Murmeln in ihrer Röhre befinden.
- Eine heruntergefallene Murmel bedeutet den Neubeginn des Murmeltransportes vom Ausgangspunkt.
- Während des Murmeltransportes dürfen die Spielerinnen nicht miteinander reden.
- Alle Spielerinnen müssen am Transport aller Murmeln beteiligt sein.

Vor Beginn der Murmelreise erhält die Gruppe eine Planungszeit in der sie eine Strategie für die Durchführungsphase verabreden kann.

Variante A:

Das Spiel wird mit nur drei Murmeln gespielt. Zusätzlich gilt allerdings, dass keine Murmel mit einer anderen in Berührung kommen darf und die letzte Murmel ebenfalls bereits unterwegs sein muss, bevor die erste abgeladen werden kann.

Variante B:

Die Spielerinnen haben während des Murmeltransportes die Augen verbunden, können allerdings während der gesamten Durchführung miteinander reden. A und B sollten bei dieser Variante nicht zu weit entfernt voneinander liegen.

Das Hexenhaus

Ort:
überall möglich

Eignung:
für Gruppen von 8–18 Personen

Dauer:
15–20 Minuten

Material:
ein Seil

Beschreibung des Spiels:

Wer kennt nicht die alte Aufgabe in einer einzigen Linienführung ein Hexenhaus zu zeichnen? Dieses Haus, das aussieht wie ein aufgeklappter Briefumschlag.
Die bekannte Papier- und Bleistift-Aufgabe soll hier in die Tat umgesetzt werden. Die Gruppe steht vor dem Problem, sich in der Form dieses Hauses aufzustellen. Dazu erhält sie ein langes Seil, das alle Personen von Anfang bis Ende des Spiels berühren muss. Obendrein sollen alle Mitspielerinnen einen festen Platz am Seil einnehmen, den die Spielerinnen nicht mehr verlassen sollen. Das bedeutet natürlich auch, dass die Gruppe von vorneherein planen muss, wer am Ende an welchen Eckpunkten stehen soll.
Und natürlich: Das Haus muss – wie bei der Originalaufgabe – von einem Eckpunkt aus betreten und dann in einer durchgehenden Linie erbaut werden.

Zwei Varianten sind denkbar, um die Aufgabe etwas komplexer zu gestalten:

Variante A:
Sobald eine Person das Haus betritt, muss sie eine Augenbinde aufsetzen, so dass am Ende alle blind sind. Dann nehmen alle Spielerinnen gemeinsam die Augenbinden ab, um das von ihnen gebaute Haus in Augenschein zu nehmen.

Variante B:
Die Hälfte der Gruppe ist während der Konstruktion des Hexenhauses blind und sobald eine Person das Haus betreten hat, darf sie nicht mehr mit den anderen sprechen.

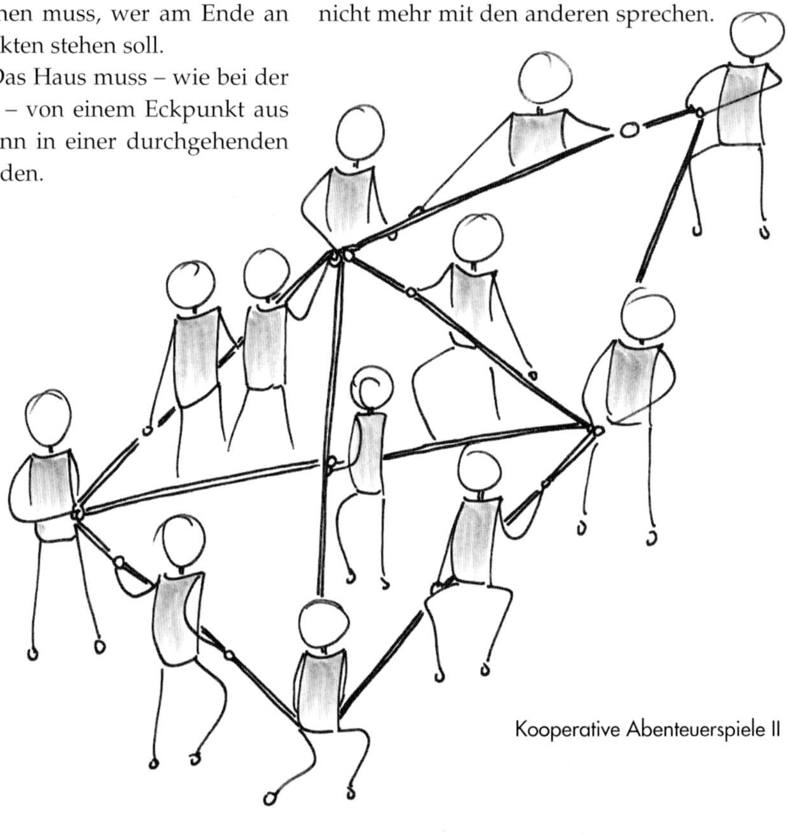

Wechselnde Identitäten

Ort:
vorzugsweise in einem Raum

Eignung:
für Gruppen von 12–16 Personen

Dauer:
10–30 Minuten

Material: –

Beschreibung des Spiels:
Die Spielgruppe wird in vier Kleingruppen aufgeteilt. Alle Personen eines Teams werden durch Tücher farblich gekennzeichnet. So entstehen vier verschiedenfarbige Kleingruppen. Auf eine Karteikarte schreibt jede Spielerin ihren eigenen Namen. Diese Karteikarten werden von der Spielleitung eingesammelt.
Die Spielerinnen setzen sich nun farbig abwechselnd auf quadratisch angeordnete Stühle. In diesem Stuhlquadrat befindet sich zusätzlich noch ein leerer Stuhl. Die Namenskärtchen werden gemischt und an jede Spielerin wird ein Kärtchen verteilt. Aufgabe der Gruppe ist es jetzt, die Plätze so lange zu wechseln, bis sich auf zwei Seiten des Quadrates nur noch Spielerinnen einer Farbe befinden.

Für den Wechsel gelten folgende Regeln:

- Die Spielerin, die rechts von dem leeren Stuhl sitzt, darf einen Namen nennen und die Person, die dieses Namenskärtchen besitzt, begibt sich auf den freien Platz.
- Die Spielerin, die gerufen wurde, und die Person, die gerufen hat, tauschen daraufhin ihre Namenskärtchen aus.
- Die Spielerin rechts des nun entstandenen leeren Platzes setzt das Spiel fort.
- Die Namenskärtchen sind immer verdeckt zu bewahren und dürfen nur von ihrer Besitzerin gelesen werden.

Knoten im Seil

Ort:
überall möglich

Dauer:
20–30 Minuten

Eignung:
für Gruppen von 8–18 Personen

Material:
Springseile von ca. 1,50 m Länge (entsprechend der Anzahl der TN)

Beschreibung des Spiels:

Die Aufgabe der Gruppe besteht darin, in ein Seil einen so genannten Sackstich-Knoten zu knüpfen, mit andern Worten den Anfangsknoten, den jede Spielerin vom Schuhebinden her kennt.

Die Ausgangssituation gestaltet sich folgendermaßen: Die Spielerinnen stehen in einer Reihe und zwischen ihnen befindet sich immer ein von beiden festgehaltenes Seilstück. Bis auf die Spielerinnen am Ende der Reihe halten also alle in jeder Hand ein Seilende fest. Dieses darf während des gesamten Knotenvorganges nicht losgelassen werden. So entsteht ein langes „Seil“ bestehend aus Menschen und Seilstücken.

Die Spielleiterin demonstriert mit einem kleinen Seilstück zu Beginn wie der Knoten aussieht.

Nach einer Beratungszeit von 10 Minuten soll die Gruppe versuchen diesen Knoten in alle Seilstücke zwischen je zwei Personen zu knüpfen.

Variante A:

Der Vorgang des Knotens soll stumm durchgeführt werden.

Variante B:

Ein kurzes Seilstück von ca. 3 m Länge wird irgendwo festgebunden. Daran wird ein langes Seil geknüpft, das alle Spieler in die Hand nehmen. Die Aufgabe bleibt die gleiche: einen Knoten zu knüpfen, ohne das Seil loszulassen – allerdings mit dem Ziel, dass sich der Knoten am Ende in dem kleinen Seilstück befindet. Während der gesamten Aktion darf dieses Seil von keiner Spielerin berührt werden.

Variante C:

Statt des Sackstiches kann auch ein anderer Knoten, zum Beispiel der Achterknoten, geknüpft werden.

Brücke nach Nirgendwo

Ort:
in einer Halle oder im Freien

Dauer:
20–30 Minuten

Eignung:
für Gruppen von 15–30 Personen

Material:
ein langes Seil (40–50 m)

Beschreibung des Spiels:
Bei dieser Aufgabe kann die Gruppe aus nur einem einzigen Seil „irgendwo" eine Brücke nach „Nirgendwo" bauen. Eine sehr wackelige Brücke allerdings, die nur unter Einsatz von viel „womenpower" überquert werden kann.
Die Teilnehmerinnen teilen sich in zwei gleich große Gruppen auf und bilden zwei sich gegenüberstehende Reihen. Zwischen den beiden Reihen wird das Seil in drei Strängen auf den Boden gelegt: Aufgabe der Gruppe ist es nun, diese Seilstränge als Netz übereinander gelegt, verdreht und verwunden aufzunehmen und anschließend straff zu spannen und gut festzuhalten.
Über diese Wackelbrücke können die TN dann nacheinander „spazieren". Köpfe und insbesondere Schultern dienen dabei den Wandernden als zusätzliche Haltepunkte. Wer die Brücke überquert hat, reiht sich unmittelbar wieder an einer Stelle ein, wo aktuell am meisten Bedarf nach einem Stützpfeiler besteht.

Kommentar:
Dieses Spiel kann eine Menge Spaß bereiten, aber es ist – wie man sich leicht vorstellen kann – auch sehr anstrengend und erfordert nicht nur den vollen Einsatz, sondern auch eine hohe Konzentration aller Beteiligten. Die Spielleitung muss sich daher aufmerksam eines umsichtigen Umgangs aller miteinander vergewissern.

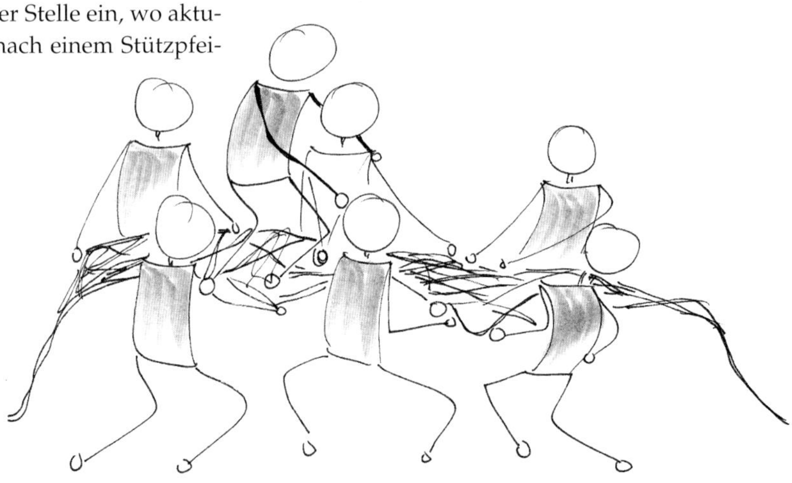

Lasersicherung

Ort:
in einem Raum oder engen Gang

Dauer:
30–45 Minuten

Eignung:
für Gruppen von 8–18 Personen

Material:
Schnüre, Gymnastikreifen, Trillerpfeife, Befestigungsmaterial
Für die Variante: UV-Lampen, reflektierende Materialien und schwarze Kleidung

Beschreibung des Spiels:

Die Aufgabe für die Gruppe besteht darin durch einen „lasergesicherten" Gang von einem Punkt A zu einem Punkt B zu kommen. Der Gang ist so konstruiert, dass alle Teilnehmerinnen darin gleichzeitig agieren können und enge Passagen sich mit etwas breiteren Zwischenräumen abwechseln. Die Laser werden durch Schnüre, Gymnastikreifen und andere geeignete Materialien dargestellt, der Gang selbst ebenfalls durch Schnüre.

Bei der Durchquerung dürfen diese Gegenstände durch die Mitglieder der Gruppe nicht berührt werden. Geschieht dies trotzdem, so muss je nach Komplexität die Gruppe als Ganzes wieder erneut beginnen, nur die berührende Spielerin oder aber alle Spielerinnen müssen jeweils ein Hindernis zurück.

Die Gruppe kann sich den gesicherten Gang vor der Durchquerung anschauen und eine entsprechende Strategie überlegen. Die eigentliche Passage findet dann allerdings lautlos statt. Die Berührung des Laserstrahles wird durch einen Pfiff mit der Trillerpfeife angezeigt.

Kommentar:

Die Entscheidung darüber, ob die Gruppe Kontakt mit den Laserstrahlen hatte, kann je nachdem sowohl von der Gruppe als auch von der Spielleitung oder von beiden getroffen werden.

Variante:

Eine besonders dramatische Variante dieses Spiels lässt sich im Schwarzlicht spielen. Dazu sollte der Raum abgedunkelt werden und die Spielerinnen sollten möglichst schwarz angezogen sein. Die Materialien für die Hindernisse wiederum werden dann so ausgewählt, dass sie im Schwarzlicht reflektieren.

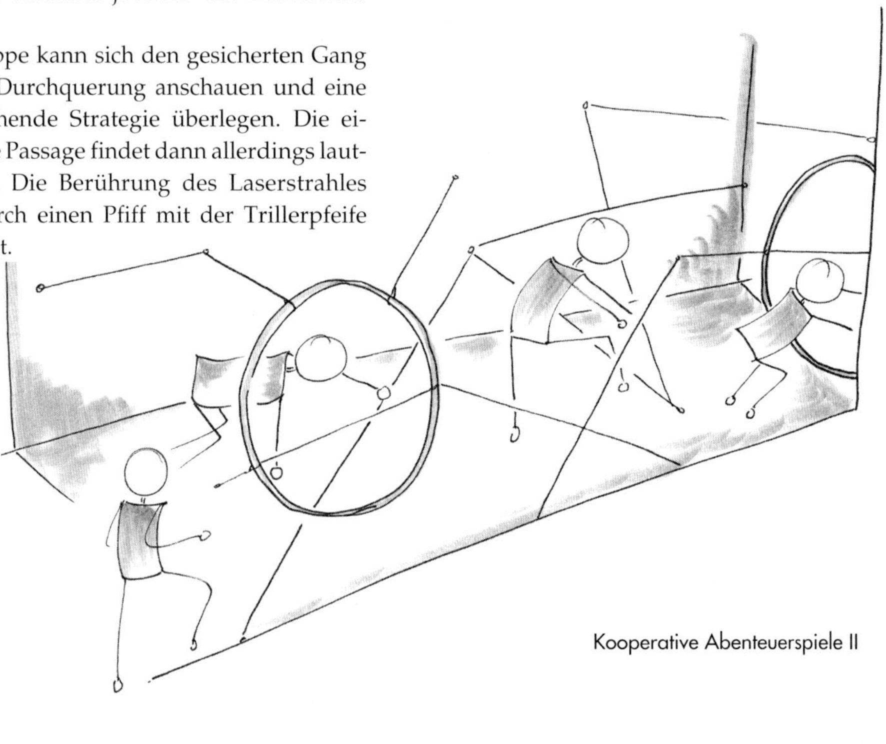

Zentimeterarbeit

Ort:
überall möglich

Dauer:
15–20 Minuten

Eignung:
für Gruppen von 8–18 Personen

Material:
ein Zollstock, diverse Kleinmaterialien (z. B. Dame-Spielsteine, Steinchen, Schrauben, Kastanien, Holzklötzchen usw.)

Beschreibung des Spiels:

Ein Zollstock wird an einigen Stellen geknickt auf den Boden gelegt. Darauf werden kleine Gegenstände gelegt. Dann hat die Gruppe die Aufgabe, den Zollstock hochzuheben und mit den Gegenständen darauf über eine bestimmte Hindernisstrecke zu transportieren. Bis auf zwei Spielerinnen sollten dabei immer alle Kontakt zu dem Zollstock haben.

Die Hindernisstrecke kann z. B. mithilfe von Holzblöcken markiert werden, die als Tore durchquert werden müssen.

Während des Transportes dürfen die Gegenstände von den Spielerinnen nicht berührt werden.

Fällt ein Gegenstand herunter, soll die Reise vom letzten überwundenen Hindernis aus wieder aufgenommen werden. Davor können die Spielerinnen alle Gegenstände, inklusive des heruntergefallenen, noch einmal sicher positionieren.

Kommentar:

Diese Aufgabe eignet sich besonders gut, wenn man in einem Haus mit vielen verwinkelten Durchgängen arbeitet. Aber auch ein künstlicher Parcours in einem einzigen Raum kann sich als sehr anspruchsvoll erweisen. Die Komplexität des Problems hängt sehr stark von der Größe und Schwere der Gegenstände ab, die auf dem Zollstock platziert werden. Je größer und schwerer diese sind, desto herausfordernder wird die Aufgabe.

Variante:

Das Spiel kann auch mit einigen „blinden" Mitspielerinnen gespielt werden.

Kostbares Wasser

Ort:
im Freien

Dauer:
20–30 Minuten

Eignung:
für Gruppen von 8–18 Personen

Material:
einige Wasserballons, Gymnastikreifen entsprechend der Anzahl der TN

Beschreibung des Spiels:
Ein mit Wasser gefüllter Ballon soll über eine längere Strecke von einem Punkt A zu einem Punkt B transportiert werden, ohne dabei den Boden zu berühren.

Alle Mitspielerinnen erhalten zu Beginn des Spieles einen Gymnastikreifen. Für den Transport des Ballons gelten folgende Regeln:

- Der Ballon darf von den Mitspielerinnen mit Armen und Händen nicht berührt werden.
- Wer mit dem Ballon in Kontakt ist, muss sich innerhalb seines auf dem Boden liegenden Gymnastikreifens befinden
- Alle können nur ihren eigenen Reifen als Transportzone benutzen.
- Während des Ballonkontakts darf der Boden außerhalb des Reifens nicht berührt werden. Der Reifen selbst darf zwar berührt, jedoch nicht mehr bewegt werden.
- Solange sich niemand im Inneren eines Reifens befindet, kann der jeweilige Reifen bewegt werden.
- Berührt der Ballon den Boden oder wird eine der anderen Regeln verletzt, so muss der Transport wieder vom Anfangspunkt aus gestartet werden.

Die Strecke, über die der Ballon transportiert wird, sollte sowohl ebene Passagen als auch Steigungen im Gelände beinhalten. Noch anspruchsvoller wird die Aufgabe, wenn der Ballon über oder durch Hindernisse transportiert werden muss.

Variante:
Bei einer kürzeren Strecke kann es auch darum gehen, eine möglichst große Anzahl von Ballons innerhalb einer vorgegebenen Zeit zu transportieren.

Kommentar:
Um zu vermeiden, dass der Ballon zu schnell platzt, empfiehlt es sich mit zwei Luftballons zu arbeiten: Vor dem Auffüllen mit Wasser wird der erste Luftballon in einen zweiten gesteckt. Am Ende werden die beiden nacheinander verknotet. So entsteht ein stabiler doppelwandiger Ballon. Angesichts möglicher „Unfälle" sollte eine begrenzte Zahl an Reserveballons zur Verfügung stehen.

Der Kanal

Ort:
im Freien

Dauer:
20–40 Minuten

Eignung:
für Gruppen von 8–18 Personen

Hilfsmittel:
2 oder mehr große, dünne Plastikplanen von 10 bis 20 m Länge, jede Menge Plastiktiere, Seile, Gymnastikreifen, 2 große Plastikwannen

Beschreibung des Spiels:
Die Aufgabe der Gruppe besteht darin, alle Wasserlebewesen (Plastiktiere) und das Wasser eines Teiches (erste Plastikwanne) mithilfe der Plastikfolien in den großen See (zweite Plastikwanne) zu befördern. Der markierte Weg zum See ist allerdings durch einige Hindernisse blockiert. Durch und über diese muss der zu bildende Kanal von der Gruppe gebaut werden.
Für den Transport gelten folgende Regeln:

- Alle Wasserlebewesen müssen selbstverständlich immer im Wasser bleiben und dürfen von den Spielerinnen nicht berührt werden.
- Zum Bau des Kanals dürfen von den Spielerinnen nur die Plastikfolien benutzt werden.
- Außer den Folien dürfen keine zusätzlichen Hilfsmittel verwendet werden.

Kommentar:
Bei der Folie sollte es sich um sehr dünne Tapezierfolie handeln, die es recht günstig im Baumarkt zu kaufen gibt. Das Spiel lebt entscheidend von der Spannung, ob die Folie hält oder zerreißt. Aus diesem Grund sollten die Hindernisse in ihrem Abstand zueinander und vor allem in ihrer Höhe so variiert werden, dass die Aufgabe nicht zu einfach, aber auch nicht zu schwer wird.

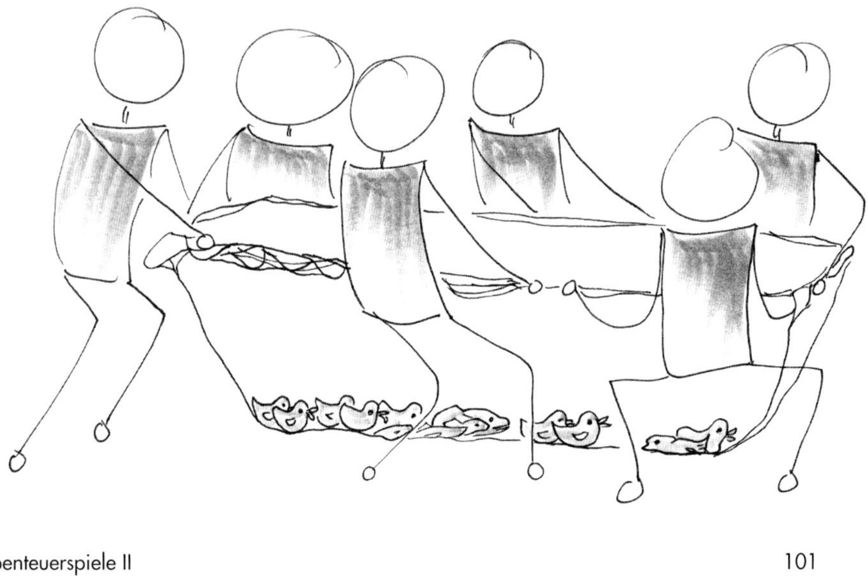

Goldregen

Ort:
in einer Halle oder unter einem Baum

Dauer:
10–15 Minuten

Eignung:
für Gruppen von 8–18 Personen

Material:
Eimer oder Tuch, Kordel oder Seil,
3 Tennisbälle pro Spielerin
Alternativ: Softbälle und andere weiche Materialien in entsprechender Anzahl

Beschreibung des Spiels:
Wer kennt nicht das Märchen vom Sterntaler? Jenem Mädchen, das versuchte Goldtaler aufzufangen, die vom Himmel fielen.
Bei diesem Spiel ist es allerdings nicht ein einziges Mädchen, sondern eine Gruppe von Spielerinnen, die versuchen soll, so viele „Goldtaler" (Tennisbälle) wie möglich aufzufangen. Wie im Märchen regnen die Bälle von oben auf die Gruppe hernieder. Dazu wird in 3–4 m Höhe über den Spielerinnen, an einem Ast oder an der Decke, ein Eimer oder ein Tuch befestigt und mit einem Seilzug versehen. Durch Betätigung des Zuges wird der „Goldregen" in Gang gebracht. Für das Auffangen der Tennisbälle darf alles benutzt werden, was die Teilnehmerinnen bei und an sich haben. Es dürfen aber keine zusätzlichen Hilfsmittel verwandt werden.

Vor dem ersten Regen wird jede Spielerin gebeten, einen Tipp abzugeben, wie viele Bälle die Gruppe wohl auffangen wird. Dann hat die Gruppe eine kurze Planungszeit, um eine entsprechende Strategie zu beraten. In weiteren Versuchen kann sie versuchen ihr Fangergebnis zu verbessern.

Balltransport

Ort:
in einer Halle oder im Freien

Dauer:
15–20 Minuten

Eignung:
für Gruppen von 10–30 Personen

Material:
eine größere Anzahl von Bällen verschiedener Art: Luftballons, Wasserballons, Wasserbälle, Softbälle, Tennisbälle etc.

Beschreibung des Spiels:

Es gilt eine größere Anzahl von Bällen unterschiedlichster Art über eine 10–15 m lange Strecke zu transportieren. Dabei sind folgende Regeln zu beachten:

- Es darf immer nur ein Ball nach dem anderen transportiert werden.
- Bei dem Transport müssen alle Mitspielerinnen mindestens einmal Kontakt mit dem Ball gehabt haben.
- Bei Ballkontakt ist es nicht möglich, sich von der Stelle zu bewegen.
- Auf der Strecke dürfen die Bälle nicht geworfen, festgehalten oder eingeklemmt werden.
- Ein Ball, der zu Boden fällt, geht verloren.

Für die Aufgabe stehen zur Verfügung:

- 10 Minuten Planungszeit, innerhalb derer die Gruppe Strategien überlegen und die verschiedenen Bälle ausprobieren kann, ohne allerdings die Transportstrecke zu betreten.
- 5 Minuten Durchführungszeit, innerhalb derer so viele Bälle wie möglich von A nach B transportiert werden sollen.

Kommentar:

Die beste Lösung für diese Aufgabe dürfte wohl sein, eine Art Fließband zu bilden, bei dem die Bälle über die Arme weitergereicht werden, was sich allerdings mit kleineren Bällen schwieriger gestaltet. Dem trägt die folgende Variante Rechnung:

Variante A:

Den Bällen werden unterschiedliche Punkte zugeordnet, die bei erfolgreichem Transport verbucht werden können, z. B. Luftballon 1 Punkt, Wasserball 2 Punkte, Tennisball 3 Punkte, Wasserballon 5 Punkte usw.
Die Gruppe muss dann zusätzlich entscheiden, ob sie lieber zahlreiche „leichte" oder weniger „schwere" Transporte durchführen will.

Variante B:

Zusätzlich zu den Bällen stehen noch weitere Gegenstände zum Transport bereit (z. B. Seil, Gummihuhn, Plastikschüssel usw.), die ihrer Schwierigkeit entsprechend hohe Punktzahlen einbringen. Dabei sollten allerdings harte und spitze Gegenstände wegen möglicher Verletzungsgefahren vermieden werden.

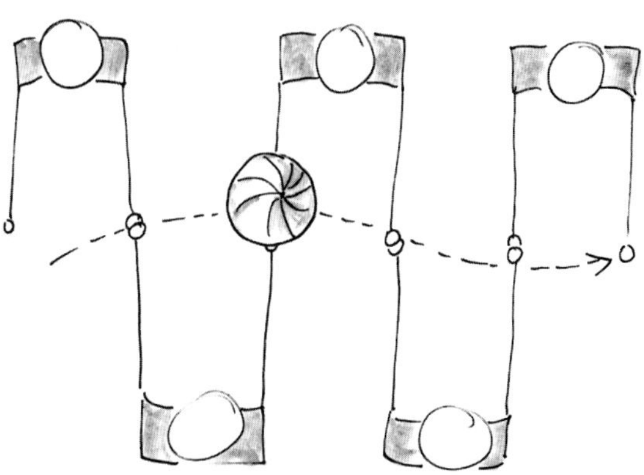

Das Luftballonbett

Ort:
in einer Halle

Dauer:
15–20 Minuten

Eignung:
für Gruppen von 8–18 Personen

Material:
Luftballons (pro Person ein Ballon plus einige Ersatzballons), evtl. Augenbinden

Beschreibung des Spiels:
Zu Beginn erhalten alle Mitspielerinnen einen Luftballon mit der Aufforderung diesen aufzublasen. Dann finden sich vier bis fünf Personen zu einer Kleingruppe zusammen.
Aufgabe dieser Kleingruppe ist es, eine Spielerin auf den gemeinsam zur Verfügung stehenden Luftballons so auszubalancieren, dass diese Person den Boden nicht mehr berührt und dabei auch von den Mitspielerinnen nicht mehr gestützt werden muss. Das Ganze sollte natürlich in vorsichtiger Art und Weise geschehen, damit die Ballons dabei nicht zerplatzen. Geschieht dies trotzdem, so bekommt die Gruppe natürlich einen Ersatzballon. Die Spielerin auf dem „Luftballonbett" sollte es sich zumindestens 5 Sekunden lang bequem machen können.
In einem zweiten Durchgang finden sich dann zwei Kleingruppen zusammen und es sollen nunmehr zwei Personen auf den gemeinsamen Luftballons ausbalanciert werden. Als weitere Steigerung kommt hinzu, dass beide Spielerinnen in irgendeiner Form übereinander liegen sollen. Was „übereinander liegen" bedeutet, entscheidet dabei jede Kleingruppe selbst.

Kommentar:
Da alle damit rechnen, dass die Luftballons sofort zerplatzen, entsteht in der Anfangsphase eine angespannte Atmosphäre. Es kann deshalb hilfreich sein, wenn der Gruppe zuerst die Aufgabe präsentiert und dann eine Beratungszeit eingeräumt wird, um erst im Anschluss daran die Luftballons zu überreichen.

Variante A:
Die auf den Ballons auszubalancierenden Personen sind „blind" und dadurch besonders auf die Unterstützung der Mitspielerinnen angewiesen.

Variante B:
Die Gruppe erhält vier Luftballons pro Spielerin und soll damit eine Unterlage konstruieren, die es allen erlaubt, sich darauf zu platzieren. Dabei sollen sich an zumindest einer Stelle drei Personen übereinander befinden und niemand darf den Boden berühren.

Der Ballonturm

Ort:
in einem Raum

Dauer:
15–20 Minuten

Eignung:
für Gruppen von 8–18 Personen

Material:
Ballons in größerer Anzahl, Gymnastikstäbe, Springseile, Zeitungspapier, Tesakrepp

Beschreibung des Spiels:

Binnen 15 Minuten soll ein hoher Turm aus Luftballons gebaut werden. Als Hilfsmittel zum Bau einer Struktur stehen zur Verfügung: Gymnastikstäbe, Springseile, Zeitungspapier und eine Rolle Tesakrepp. Zu berücksichtigen ist allerdings:

- Das Kreppband darf nicht in direktem Kontakt mit den Luftballons geraten.
- Alle Utensilien außer den Luftballons sind lediglich Hilfsmaterialien, d. h. der Turm muss vom Boden bis zur Spitze durchgängig aus Ballons bestehen. Seine Höhe bemisst sich an der Oberkante des obersten Ballons.
- Außer den zur Verfügung gestellten Hilfsmitteln dürfen keine weiteren Materialien verwendet werden.
- Nach Ablauf der 15 Minuten muss der Turm mindestens 5 Sekunden lang freistehend sein. Keine Spielerin darf dann mehr Kontakt zu den Ballons bzw. zur Hilfskonstruktion haben.

Bei größeren Gruppen bieten sich mehrere Regelergänzungen an:

Variante A:

Es werden zwei bis drei Untergruppen gebildet, die zunächst eine separate Planungszeit erhalten und dann zum Bau eines gemeinsamen Turmes zusammenkommen.

Variante B:

Zwei Untergruppen müssen sich beim Bau ergänzen: die Architekten (können sehen, aber nicht selbst bauen) und die Konstrukteure (können bauen, aber nichts sehen).

Variante C:

Entsprechend der vorhandenen Materialien werden mehrere Untergruppen gebildet (Ballongruppe, Zeitungsgruppe usw.). Die Mitglieder dieser Gruppen dürfen beim Bau des Turmes ausschließlich mit dem ihnen zugeordneten Material hantieren.

Variante D:

Es darf immer nur die Hälfte der TN am Turm arbeiten. Nach jeweils einer Minute findet ein Schichtwechsel statt. Die alte Schicht muss dann innerhalb von drei laut ausgezählten Sekunden alles stehen und liegen lassen, unabhängig davon ob eine Ablösung zur Stelle ist oder nicht.

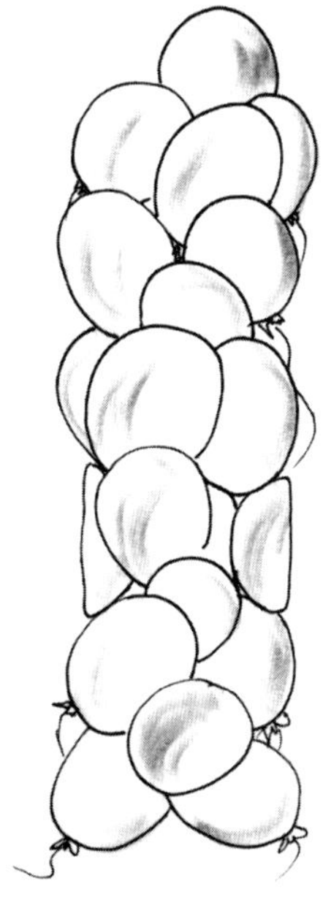

Die drei Bälle

Ort:
überall möglich

Dauer:
15–20 Minuten

Eignung:
für Gruppen von 8–18 Personen

Material:
3 verschiedenfarbige Soft- oder Jonglierbälle

Beschreibung des Spiels:
Die Gruppe erhält drei verschiedenfarbige Bälle. Ihre Aufgabe besteht darin, sich diese Bälle möglichst schnell nach folgenden Regeln zuzuspielen:

1. Alle sollen jeden Ball einmal berühren.
2. Niemand darf einen Ball zweimal berühren.
3. Niemand darf zwei oder drei Bälle gleichzeitig berühren.
4. Jeder Ball darf immer nur von einer Person gleichzeitig berührt werden.

Sobald die erste Spielerin einen Ball weitergibt, eröffnet sie den Versuch mit einem „Los" und die Spielleiterin startet die Zeitmessung. Wenn schließlich die letzte Spielerin alle Bälle berührt hat, ruft sie laut „Stopp" und die Zeit wird genommen.
In weiteren Durchgängen kann die Gruppe versuchen ihre Zeit zu verbessern.

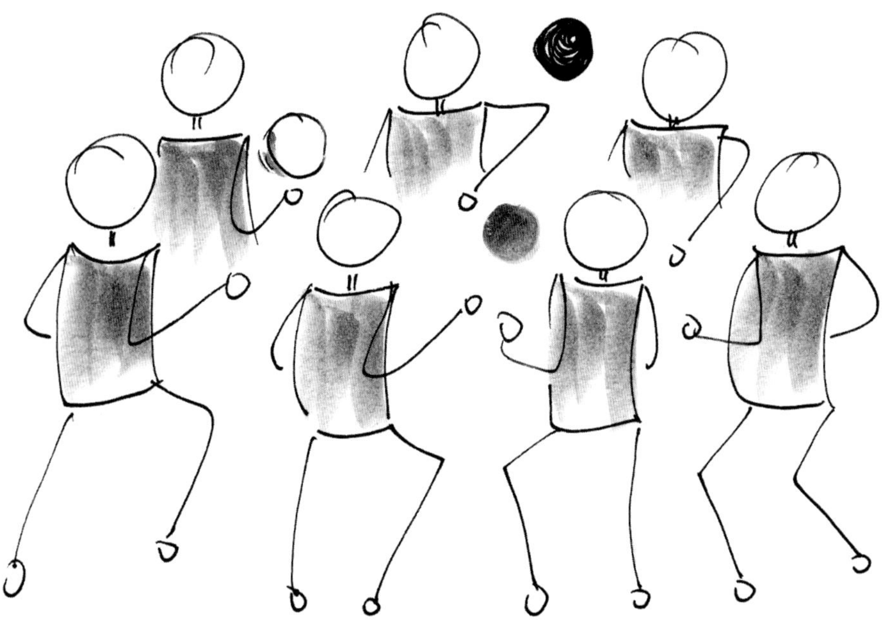

Kugellager

Ort:
in einer Halle oder auf einer ebenen Spielfläche

Dauer:
20–30 Minuten

Eignung:
für Gruppen von 8–18 Personen

Material:
Tennisbälle (mindestens 4 pro Person, besser jedoch mehr)

Beschreibung des Spiels:
Bei diesem Spiel geht es um Balance. Es wird in mehreren Runden gespielt.
Im ersten Durchgang hat jede Spielerin die Aufgabe sich auf einer möglichst geringen Anzahl von Tennisbällen für mindestens 10 Sekunden auszubalancieren ohne während dieser Zeit den Boden zu berühren.
Im zweiten Durchgang kommen jeweils zwei Teilnehmerinnen zusammen und versuchen nun gemeinsam für wiederum mindestens 10 Sekunden auf ihren Bällen ins Gleichgewicht zu kommen. Dabei haben sie die zusätzliche Herausforderung auf mindestens einen Ball, falls möglich auch auf mehrere Bälle, zu verzichten.
In weiteren Durchgängen kommen dann immer mehr Personen zusammen, stets mit der gleich bleibenden Vorgabe, sich auf ihren Tennisbällen für 10 Sekunden auszubalancieren und dabei so wenig Bälle wie möglich zu benutzen.
In einer letzten Runde dann versucht die ganze Gruppe, mit möglichst wenigen der noch verbleibenden Bälle die Aufgabe gemeinsam zu lösen.

Der Eiertanz

Ort:
in einer Halle

Dauer:
20–30 Minuten

Eignung:
für Gruppen von 8–18 Personen

Material:
Tennisbälle (pro Person 4), Besenstiele (1 Stiel pro 4 Personen) mit Gummipfropfen

Beschreibung des Spiels:

Die Aufgabe der Gruppe besteht darin, sich unter Zuhilfenahme von Bällen und Besenstielen über eine Strecke von 10 m von einem Anfangspunkt A zu einem Zielpunkt B, die jeweils durch eine Linie markiert sind, zu bewegen. Dabei gelten folgende Regeln:

- Während dieser Wanderung dürfen die Spielerinnen den Boden zwischen A und B nicht berühren.
- Sobald die erste Spielerin den Zielpunkt B erreicht hat, dürfen sich keine Personen mehr am Ausgangspunkt A aufhalten.
- Betritt eine der Spielerinnen während der Wanderung den Boden, so muss sie vom Anfangspunkt aus erneut beginnen. Sie darf dabei nur die Bälle bzw. Besenstiele mit zurücknehmen, die sie unmittelbar vor dem Bodenkontakt benutzt hatte.
- Tennisbälle dürfen einander zugerollt werden.
- Besenstiele dürfen nur überreicht werden.

Bevor die Gruppe mit ihrer Wanderung beginnt, erhält sie eine Planungszeit, um eine entsprechende Strategie zu überlegen.

Variante:

Zwei Teilgruppen starten an den gegenüberliegenden Ausgangspunkten einer relativ engen Passage. Dadurch bestehen zusätzliche Kooperationsmöglichkeiten, aber auch das Problem, in der Mitte aneinander vorbeizukommen.

Kommentar:

Insbesondere durch eine Reduzierung der Besenstiele kann die Schwierigkeit dieser Aufgabe beträchtlich gesteigert werden.

Tennisballberg

Ort:
in einer Halle oder im Freien

Dauer:
30–45 Minuten

Eignung:
für Gruppen von 8–18 Personen

Material:
Tennisbälle in sehr großer Anzahl (mindestens 100), alternativ Softbälle

Beschreibung des Spiels:

Eine Spielerin der Gruppe soll so viele Tennisbälle wie möglich auf und mit ihrem Körper tragen, festhalten und ausbalancieren, ohne dass die Bälle dabei herunterfallen und den Boden berühren.
Für das Tragen, Halten und Ausbalancieren der Tennisbälle gelten folgende Regeln:

- Die Tennisbälle dürfen nicht in Taschen oder in die Kleidung gesteckt werden.
- Die Tennisbälle dürfen zwar von den anderen Spielerinnen angereicht oder aufgelegt, aber nicht festgehalten werden.
- Die Tennisballträgerin darf höchstens mit ihren Füßen den Boden berühren.
- Der Tennisballberg soll mindestens 10 Sekunden ohne einzustürzen halten.

Zur Lösung des Problems bekommen die TN vorab eine Planungs- und Strategiezeit. Bevor die Gruppe dann mit der Umsetzung der Lösungsstrategie beginnt, soll jede Spielerin einen Tipp abgeben, aus wie vielen Tennisbällen der Berg am Ende besteht.

Kommentar:

Ein Reiz dieses Spieles liegt darin, dass ein Überdenken und Verändern der nahe liegenden Strategie enorme Auswirkungen auf das mögliche Resultat hat. Gegebenenfalls ist es daher sinnvoll, nach einem ersten Versuch Zeit zur einer erneuten Planung und Durchführung anzubieten.

Variante A:

Die Spielerin, die versucht alle Tennisbälle festzuhalten, darf mit keinem ihrer Körperteile den Fußboden berühren.

Variante B:

Zwei oder mehr Spieler können gemeinsam den „Berg“ bilden, auf dem die Bälle gelagert werden sollen.

Variante C:

Eine Mischung unterschiedlichster Bälle bzw. sonstiger weicher Gegenstände steht zum Bau des „Berges“ zur Verfügung. Je nach Größe und Handhabbarkeit zählen sie unterschiedlich viele Punkte.

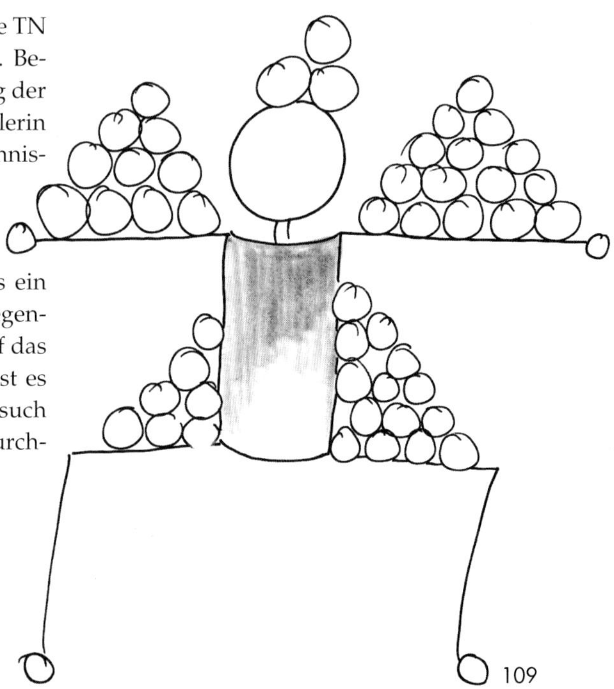

Hochstapler

Ort:
in einem Raum

Dauer:
15–20 Minuten

Eignung:
für Gruppen von 8–18 Personen

Material:
ein Eimer, Stifte und Papier, verschiedene Materialien zum Stapeln

Beschreibung des Spiels:

Auf einem Eimer sollen verschiedene Gegenstände stabil und so hoch wie möglich übereinander gestapelt werden. Alle zur Verfügung gestellten Gegenstände müssen dazu verwendet werden, aber nur maximal drei Gegenstände dürfen den Eimer selbst berühren. Das entscheidende Problem besteht zudem darin, dass der Aufbau innerhalb kürzester Zeit (2 Minuten) nach einem zeichnerisch vorher möglichst detailliert auszuarbeitenden und dann auch einzuhaltenden Plan erfolgen muss. Die Gruppe hat also zunächst eine Planungsphase (10 Minuten), während derer sie zwar alle Gegenstände betrachten, aber nicht berühren darf. Papier und Stifte stehen dafür reichlich zur Verfügung.

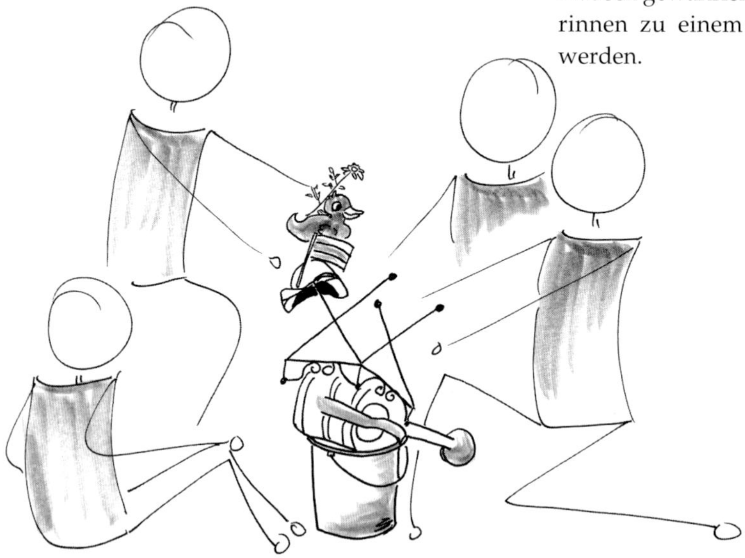

Kommentar:

Die Komplexität der Aufgabe ergibt sich aus der Auswahl der zur Verfügung gestellten Gegenstände. Es empfiehlt sich einen Probeaufbau vorzunehmen, um sicherzustellen, dass die Aufgabe mit dem ausgewählten Material auch realisierbar ist.

Variante:

Noch anspruchsvoller wird die Aufgabe, wenn pro Person ein Gegenstand ausgegeben wird, den nur die Person selbst vor dem eigentlichen Bau zu Gesicht bekommt. Die Gegenstände können dann zwar beschrieben und gezeichnet werden, aber es bleibt doch eine gehörige Portion Unsicherheit, wie sie am Ende wirklich aussehen. Ein weiterer Vorteil dieser Variante ist, dass dadurch automatisch gewährleistet ist, dass alle Mitspielerinnen zu einem Mindestmaß einbezogen werden.

Flipper

Ort:
in einem Raum

Dauer:
30–40 Minuten

Eignung:
für Gruppen von 8–18 Personen

Material:
größerer Tisch, Seil, Seilstücke, Klebeband, Tennisball, Holzklötze verschiedener Dicke, Stoppuhr

Beschreibung des Spiels:

Die Gruppe erhält die Aufgabe, die Reise eines Tennisballes über eine Tischplatte und durch einen Parcours so zu strukturieren, dass der Ball mindestens 12 höchstens 13 Sekunden benötigt, um von seinem Anfangspunkt zu seinem Zielpunkt zu gelangen.
Zur Konstruktion dieses Parcours stehen neben dem Tisch Seilstücke, eine Rolle Klebeband und verschiedene Holzklötze zur Verfügung. Anfangs- und Endpunkt der Reise werden von der Gruppe selbst genau festgelegt.
Sobald der Ball seine Reise angetreten hat, sich also bewegt, dürfen die Teilnehmerinnen nicht mehr aktiv ins Geschehen eingreifen, das bedeutet weder Ball noch Seil noch Klötze, noch Klebeband noch Tisch berühren.
Folgende Zeitstruktur wird vorgegeben:

- 10 Minuten Planungszeit (noch keine Konstruktionsversuche möglich).
- 10 Minuten Konstruktionszeit (noch keine Ballversuche möglich).
- 10 Minuten Test- und Optimierungszeit (beliebig viele Ballversuche und Konstruktionsveränderungen sind möglich).

Kommentar:

Durch zusätzliche Varianten können die Anforderungen an Absprache und Koordination noch erhöht werden:

Variante A:

Die Hälfte der Gruppe hat die Augen verbunden. Nur diese Personen dürfen Seil, Klötze und Klebeband berühren.

Variante B:

Jede Teilnehmerin hat über die gesamte Zeit hin lediglich die Möglichkeit, jeweils nur *eine* der zu Verfügung stehenden Materialarten (Tisch, Seil, Klötze, Band, Ball, Stoppuhr) zu berühren.

Variante C:

Ab der Konstruktionsphase ist nur noch eine nonverbale Verständigung möglich.

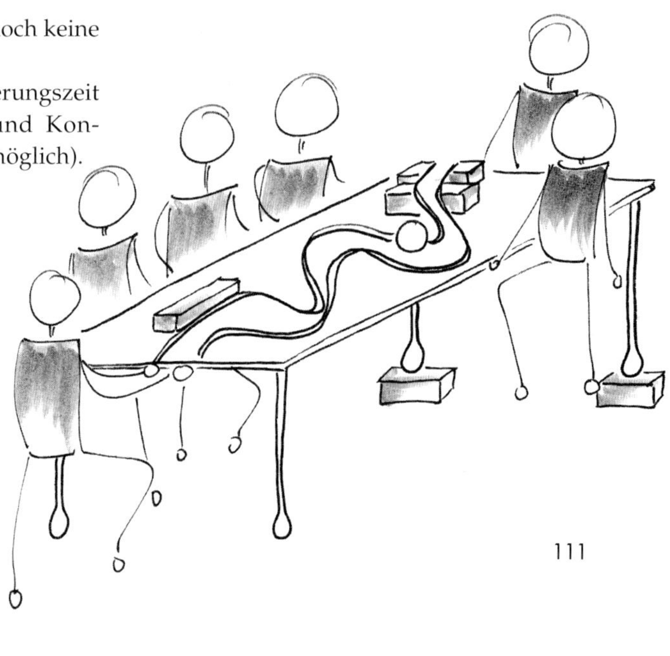

Der zerbrochene Krug

Ort:
überall möglich

Dauer:
20–30 Minuten

Eignung:
für Gruppen von 8–18 Personen

Material:
alter Blumentopf oder Vase, Tesafilm

Beschreibung des Spiels:

Alle Spielerinnen erhalten jeweils eine oder mehrere Scherben eines zerbrochenen Tontopfes. Die Aufgabe der Gruppe besteht nun darin, diesen Topf auf einem Tisch wieder zusammenzusetzen.
Für die Restaurierung gelten folgende Regeln:

- Jede Spielerin darf nur ihre eigenen Scherben festhalten.
- Es dürfen keine zusätzlichen Hilfsmittel benutzt werden.

Bevor die Gruppe mit ihrer Restaurierung beginnt, erhält sie von der Spielleitung eine Planungszeit, um eine entsprechende Strategie zu überlegen.
Für die Zusammensetzung des Topfes auf dem Tisch steht dann nur eine begrenzte Zeit zur Verfügung.

Kommentar:

Für dieses Spiel eignen sich sehr gut alte Blumentöpfe. Wenn sie mit einem Holzstock vorsichtig zerschlagen werden, entstehen auch keine Tonsplitter, sondern brauchbare Scherben. Diese lassen sich vorsichtig weiter zerkleinern und können in dem Spiel wieder gut zusammengesetzt werden.

Variante:

Die Gruppe soll den Topf mit seiner Öffnung nach unten auf dem Tisch zusammensetzen. Um die Schwierigkeit etwas zu reduzieren, erhält jede Spielerin neben ihren Scherben auch ein 5 cm langes Stück Klebeband, das als zusätzliches Hilfsmittel genutzt werden kann.

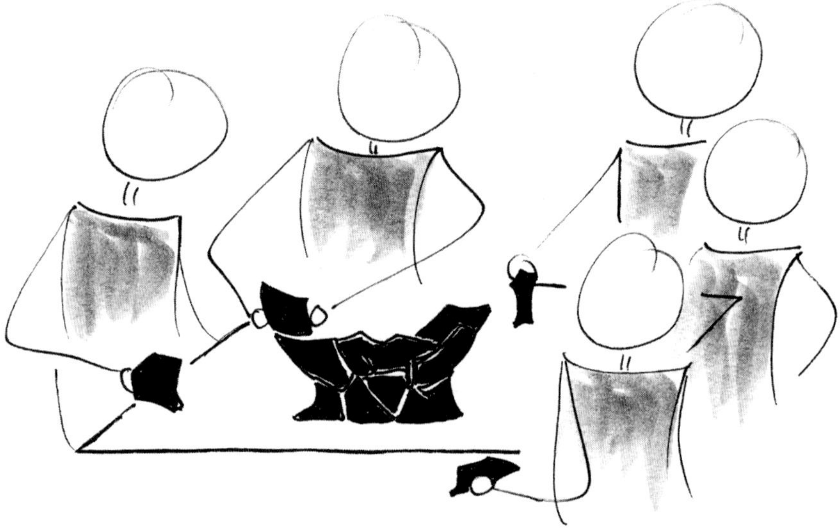

Das Schlupfloch

Ort:
überall möglich

Dauer:
10–20 Minuten

Eignung:
für Gruppen von 8–18 Personen

Material:
ein Expanderseil (ca. 1,50 m lang, an den Enden fest zu einem Ring verknotet), Augenbinden

Beschreibung des Spiels:

Die ganze Gruppe muss binnen kürzester Zeit durch ein „Schlupfloch". Dabei gilt es folgende Regeln zu beachten:

- Wer das Loch durchquert, darf das Seil nicht berühren.
- Das Seil darf von beliebig vielen anderen Gruppenmitgliedern gehalten werden, jedoch nie länger als 20 Sekunden und insgesamt nur fünfmal von jeder Spielerin.
- Verletzt eine Spielerin eine dieser Regeln, so muss sie für den Rest des Durchganges eine Augenbinde aufsetzen.

Zu Beginn und nach einem Versuch erhält die Gruppe eine Planungszeit, in der sie ihre Strategie beraten und entscheiden kann, ob sie ihre Zeit in einem erneuten Versuch verbessern will.

Variante A:

Die Person, welche das Loch durchquert, darf sich selbst dabei nicht *aktiv* bewegen, d. h. sie muss völlig steif in einer Körperhaltung verharren. Wiederum darf das Seil bei der Durchquerung nicht berührt werden, aber die Beschränkungen für die Mitspielerinnen entfallen hier.

Variante B:

Das Loch muss immer von zwei Personen, die in Körperkontakt zueinander stehen, gleichzeitig durchquert werden. Die Form des Kontaktes kann von den beiden frei gewählt werden, er darf jedoch während der Durchquerung nicht verändert werden und alle Paare müssen auf eine andere Art und Weise miteinander verbunden sein.

Variante C:

Während der gesamten Aufgabe müssen alle Gruppenmitglieder mit allen anderen körperlich in Kontakt stehen, d. h. es muss eine ununterbrochene Verbindung bestehen, in die alle jederzeit einbezogen sind.

Kommentar:

Über die Größe des Rings, zu dem das Seil verknüpft wird, lässt sich die Schwierigkeit dieser Aufgabe erheblich variieren. Da das Seil bei diesem Spiel unter erhebliche Spannung gerät, muss ein stabiler Knoten (z. B. Achterknoten) gewählt und zusätzlich genügend lange Seilenden gelassen werden. Außerdem muss betont werden, dass das Seil während einer Durchquerung nie unkontrolliert entspannt werden darf.

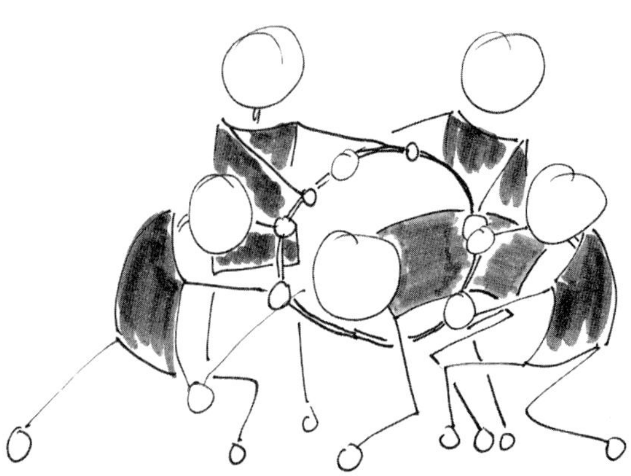

Auf engstem Raum

Ort:
überall möglich

Dauer:
15–20 Minuten

Eignung:
für Gruppen von 8–18 Personen

Material: –

Beschreibung des Spiels:
Die Gruppe erhält die Aufgabe, sich einen Raum zu suchen, in dem alle Mitspielerinnen Platz finden. Von allen zur Auswahl stehenden Räumen soll dies jedoch der kleinstmögliche sein. Der Begriff „Raum" hingegen kann hier weit verstanden werden, es kann sich also auch um den Teil eines größeren Raumes oder um einen natürlichen Raum handeln. Entscheidend ist nur, dass die Gruppe die Grenzen dieses „Raumes" vorher eindeutig festlegen kann. Auch die Verweildauer in dem gewählten Raum sollte von der Gruppe festgelegt werden.

Kommentar:
Diese Aufgabe ist eine ideale Fortführung eines Spiels, bei dem sich die Gruppe in einem mit künstlichen Hilfsmitteln geschaffenen Raum aufgehalten hat, z. B. „Platz ist in der kleinsten Hütte" (Band 1).

Die wachsenden Hürden

Ort:
im Wald

Eignung:
für Gruppen von 8–18 Personen

Dauer:
45–60 Minuten

Material:
1–2 Seile à 40–50 m, evtl. Karabiner und Schlingen

Beschreibung des Spiels:

Auf einem Beratungsplatz, von dem aus das Aktionsgelände nicht einzusehen ist, wird der Gruppe folgende Aufgabe präsentiert: Eine Reihe von Hürden mit wachsender Schwierigkeit ist gemeinsam zu überqueren. Wie viele davon geschafft werden sollen, entscheidet die Gruppe selbst. Es gilt dabei, einige Bedingungen zu berücksichtigen:

- Die Hürden dürfen nicht berührt werden.
- Von Anfang bis Ende muss zwischen allen Gruppenmitgliedern Körperkontakt bestehen, d. h. jede muss mit jeder anderen direkt oder via „Zwischenstationen" verbunden sein.
- In Sichtweite der Hürden darf nicht gesprochen werden.
- Wird eine der drei obigen Regeln verletzt, muss die Gruppe vor die zuletzt von allen überquerte Hürde zurückkehren.
- Jegliche Form von Sprüngen oder Absprüngen ist verboten.
- Die Bäume können als Kletterhilfe genutzt werden, weitere Hilfsmittel sind untersagt.
- Die Gruppe hat eine Aktionszeit von 30 Minuten, davor eine Planungszeit von 15 Minuten und zwei mögliche Auszeiten von jeweils 3 Minuten.
- Vor Beginn der Planung kann die Hürdenstrecke kurz besichtigt, dabei aber noch keine Hürde überquert werden.

Vorbereitung:

In einem ebenen Waldstück mit wenig Unterholz und relativ dicht beieinander stehenden Bäumen wird das Seil zunächst in ca. 50 cm Höhe zwischen zwei Bäumen verspannt. Von einem der Bäume wird es dann in ca. 60 cm Höhe zu einem dritten Baum gespannt, von dort in ca. 70 cm Höhe zum nächsten Baum usw. Dadurch sollte sich eine fortlaufende Strecke mit allmählich wachsenden Hürden ergeben. Die höchste Hürde sollte 1,50 m nicht überschreiten. Bäume, die Äste und Verdickungen im Stamm als Kletterhilfe bieten, sind zu bevorzugen. Der Abstand der Bäume sollte idealerweise zwischen 2 und 4 m betragen.

Kommentar:

Im Grunde ist dieses Spiel eine komplexe Variante des Klassikers „Kleine Mauer". Der Akzent wird hier auf die (wegen der schweigenden Überquerung notwendigen) Planung und auf die Auseinandersetzung mit einem realistischen Anspruchsniveau gelegt. Für Gruppen, die mit diesem Konzept wenig vertraut sind, kann ein Anreiz dadurch gesetzt werden, dass jede Hürde eine bestimmte Anzahl Punkte einbringt, die Differenz zwischen der geschätzten und der tatsächlich erreichten maximalen Hürde dagegen einen Punktabzug.

Der Transportring

Ort:
in einer Halle oder auf einer Wiese

Eignung:
für Gruppen von 8–18 Personen

Dauer:
20–30 Minuten

Material:
ein Metallring von 4–5 cm Umfang, verbunden mit 8–18 Schnüren von 1,50–2 m Länge, Tennisbälle, 2 Eimer

Beschreibung des Spiels:

Mittels einer vorbereiteten Apparatur aus einem Ring und daran befestigten Schnüren sollen Tennisbälle über eine 10–15 m lange Strecke hinweg von einem Eimer in einen anderen transportiert werden. Zu beachten ist dabei:

- Die Tennisbälle und der Ring dürfen einzig in dem ersten Eimer berührt werden, um einen Ball auf den Ring aufzulegen.
- Die Schnüre dürfen nur am Ende und immer nur mit einer Hand festgehalten werden. Jede TN kann nur eine Schnur halten.
- Bälle, die unterwegs vom Ring fallen, sind verloren.
- Die Gruppe hat 10 Minuten zur Verfügung. Zusätzlich kann sie sich bei Bedarf fünf Auszeiten von jeweils 2 Minuten nehmen.

Variante A:

Mehrere Zieleimer stehen zur Auswahl. Aufgrund verschiedener Hindernisse sind sie unterschiedlich schwer zu erreichen. Bälle, die in diese Eimer transportiert werden, zählen entsprechend unterschiedlich viele Punkte. Für Bälle, die unterwegs verloren gehen, wird jeweils ein Punkt abgezogen.

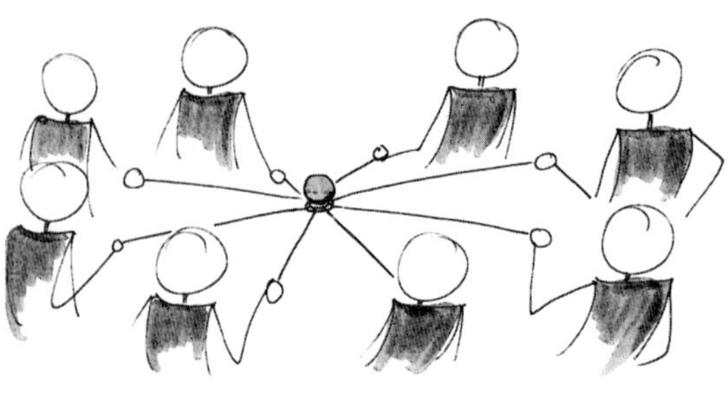

Die folgenden beiden Varianten eignen sich insbesondere für größere Gruppen:

Variante B:

Alle 60 Sekunden wird das Signal für einen Schnurwechsel gegeben. Alle TN müssen dann sofort die Schnur, die sie gerade halten, an jemand anderes übergeben.

Variante C:

Spielerinnen, welche die Schnur halten, müssen eine Augenbinde aufsetzen und entsprechend dirigiert werden.

Variante D:

Die Handschrift der Gruppe

Mittels Tesakrepp wird ein dickerer Filzstift in dem Ring befestigt. In der Mitte der Spielfläche wird ein großes Papier am Boden festgeklebt. Alle Spielerinnen erhalten mehrere Karteikarten, auf denen jeweils ein Buchstabe abgebildet ist. Diese dürfen nicht aus der Hand gegeben werden. Innerhalb von 15 Minuten soll nun ein möglichst langer sinnvoller Text, bestehend aus den vorhandenen Buchstaben, zu Papier gebracht werden. Für jeden geschriebenen Buchstaben muss eine entsprechende Buchstabenkarte abgelegt werden.

Alternativ stehen auf den Karten Wörter (z. B. Sonne, Auto, Haus, etc.). Innerhalb der zur Verfügung stehenden Zeit sollen möglichst viele dieser Dinge gezeichnet werden.

Extrabreit

Ort:
auf einer großen Wiese

Dauer:
20–30 Minuten

Eignung:
für Gruppen von 10–30 Personen

Material:
ein Seil, verschiedene Objekte, die geborgen werden sollen, Augenbinden

Beschreibung des Spiels:

Am Rande einer Wiese versammeln sich die Spielerinnen in einem durch ein Seil markierten Kreis. In größerem Abstand von dieser Basis sind acht verschiedene gut sichtbare Objekte ausgelegt worden. Aufgabe der Gruppe ist es, diese Objekte zu bergen und in die Basis zu bringen. Dabei gilt es Folgendes zu beachten:

- Alle TN müssen zu jeder Zeit Kontakt zur Basis halten. Das ist nur dergestalt möglich, dass über eine geschlossene Menschenkette Körperkontakt zu einem anderen Gruppenmitglied, welches sich in der Basis befindet, besteht.
- Jeglicher Aufenthalt außerhalb der Basis ist auf genau 60 Sekunden beschränkt.
- Wird diese Zeit überschritten oder reißt die Kette, so müssen alle Beteiligten sofort zur Basis zurückkehren. Eventuell bereits erreichte Objekte müssen zurückgelassen werden.
- Pro Versuch darf immer nur ein Objekt geborgen werden.

Die Gruppe hat insgesamt 30 Minuten zur Verfügung. Die Zahl der Bergungsversuche ist auf 15 begrenzt.

Variante A:

Die Bergungsversuche sind unbegrenzt, aber TN, die sich länger als 60 Sekunden außerhalb der Basis aufhalten oder den Kontakt verlieren, müssen in den folgenden 3 Minuten eine Augenbinde aufsetzen.

Variante B:

Neben den größeren werden auch verschiedene kleinere Objekte, die von der Basis aus nur schwer oder gar nicht zu erkennen sind, ausgelegt. Über die Anzahl der Objekte wird die Gruppe im Unklaren gelassen.
Eine ähnliche Situation ergibt sich, wenn die Wiese sich an einem Waldrand befindet und die Objekte dort verteilt werden. Obendrein ist hier die Länge der Kette angesichts zahlreicher Hindernisse für die Gruppe schwerer zu kalkulieren.

Variante C:

Jegliche Form einer geschlossenen Kette zur Basis ist erlaubt. Neben unmittelbarem Körperkontakt ist also auch die Nutzung anderer Gegenstände möglich. Der Zugang von der Basis zu dem der Wiese abgewendeten Gelände ist nicht beschränkt. Dort dürfen beliebige andere Ressourcen zur Bildung einer Kette gesammelt werden. Seil oder Kordel sollten möglichst nicht erreichbar sein.

Kommentar:

Der Reiz dieser Aufgabe hängt entscheidend von einer angemessen anspruchsvollen Platzierung der zu bergenden Objekte ab.

Auf schwankenden Pfaden

Ort:
in einer Halle oder auf einer Wiese

Dauer:
20–30 Minuten

Eignung:
für Gruppen von 8–18 Personen

Material:
Holzblöcke (ca. 20 x 30 x 4 cm) entsprechend der Anzahl der TN
Alternativ: Tennisringe oder Teppichfliesen (ca. 30 x 30 cm)

Beschreibung des Spiels:
Die Grundidee dieser Aufgabe ist einfach: Die Gruppe muss eine Strecke von A nach B zurücklegen, der Boden darf jedoch nicht berührt werden und als einzige Hilfsmittel stehen eine größere Anzahl von Klötzen zur Verfügung. Insgesamt ist jedoch ein Klotz weniger vorhanden, als sich TN in der Gruppe befinden. Die Klötze dürfen unterwegs abgelegt, betreten und auch wieder aufgenommen werden. Es ist jedoch nicht möglich, einen Klotz zu bewegen, wenn ein oder mehrere Personen darauf stehen. Berührt eine Teilnehmerin versehentlich den Boden, so muss sie zum Ausgangspunkt zurückkehren.

Variante A:
Die Funktionalität der Klötze ist an einen ununterbrochenen Personenkontakt gebunden. Klötze, die ohne Kontakt am Boden liegen, gehen daher unmittelbar verloren.

Variante B:
Der Weg kann nur in eine Richtung begangen werden. Eine Rückkehr ist nicht möglich. Die Konsequenz einer Bodenberührung besteht bei dieser Variante darin, dass ein Klotz verloren geht. Es steht im Ermessen der Gruppe, welchen Klotz sie abgibt. Erst wenn das entschieden ist, kann die Reise fortgesetzt werden.

Variante C:
Angesichts der toxischen Beschaffenheit des Bodens ist die Haltbarkeit der Klötze nur von begrenzter Dauer: Alle 30 Sekunden muss ein Klotz, der bereits auf dem Boden liegt, abgegeben werden. Wiederum entscheidet die Gruppe, welchen Klotz sie abgeben will. In dieser Variante befindet sich die Gruppe in einem Wettrennen mit der Zeit. Natürlich hat sie zu Beginn dafür eine Reihe überzähliger Klötze.

Kommentar:
Die Komplexität dieser Aufgabe kann durch die Länge der zurückzulegenden Strecke sowie durch die Anzahl und Größe der zur Verfügung stehenden Klötze erheblich variiert werden. Unter Umständen kann in Betracht gezogen werden, Klötze relativ unterschiedlicher Größe zur Verfügung zu stellen. Auch alternative Hilfsmittel, welche die Überquerung wackeliger (Tennisringe) oder stabiler (Teppichfliesen) machen, kommen infrage. Möglich ist schließlich noch:

Variante D:
Die Gruppe verfügt über eine Sammlung von Hilfsmitteln unterschiedlichster Natur vom Stuhl bis zum Medizinball.

Auf schwankendem Boden

Ort:
in einer Halle oder auf einer Wiese

Dauer:
15–30 Minuten

Eignung:
für Gruppen von 8–18 Personen

Material:
Holzklötze (ca. 20 x 30 x 4 cm) entsprechend der Anzahl der TN

Beschreibung des Spiels:

Alle Mitspielerinnen erhalten einen Holzklotz und versammeln sich damit im Kreis. Der Abstand zueinander sollte so dicht sein, dass jede ihren Nachbarinnen um die Schulter fassen kann. Dann stellen sich alle auf ihren eigenen Klotz. Die Herausforderung besteht jetzt darin, dass nacheinander möglichst viele TN ihren Klotz in die senkrechte Position bringen und dann darauf stehen. Andere Klötze können zwischenzeitlich natürlich betreten werden, niemand darf jedoch in Kontakt mit dem Boden kommen.

Variante A:

Zur Einstimmung und zum Warmwerden kann man die Gruppe erst mal eine Runde auf den Klötzen drehen lassen. Ohne zwischendurch abzusteigen müssen alle am Ende wieder auf ihrem eigenen Klotz ankommen.

Variante B:

Zum Abschluss lässt sich die Aufgabe anschließen, schrittweise einzelne Klötze abzugeben, um schließlich als gesamte Gruppe auf möglichst wenigen Platz zu finden. Allerdings dürfen die Klötze zu diesem Zweck natürlich wieder in die waagerechte Position gebracht werden.

Schiffbruch

Ort:
auf einer Wiese oder in einer Halle

Dauer:
20–30 Minuten

Eignung:
für Gruppen von 8–18 Personen

Material:
Holzklötze oder Teppichstücke, ca. 15/20 x 30/40 cm, entsprechend der Anzahl der TN; Gegenstände unterschiedlichster Art und Größe, etwa 5 Stück pro TN, Augenbinden

Beschreibung des Spiels:
In stürmischer See hat die Gruppe Schiffbruch erlitten und befindet sich nun einigermaßen verstreut in kleinen Gruppen auf den umhertreibenden Wrackteilen (Holzklötze). Zum Glück ist eine kleine Felseninsel (markierter Bereich) am Horizont zu erkennen. Ebenfalls überall verstreut auf dem Wasser treibt das Hab und Gut der Besatzung. Anlässlich eines herannahenden Taifuns, der in relativ genau 10 Minuten den Standort der Gruppe erreicht haben dürfte, ergibt sich nun folgendes Ziel:

a) Rettung der gesamten Crew auf die Felseninsel;

b) Bergung und Mitnahme möglichst vieler lebenswichtiger Gegenstände.

Dabei gilt es zu berücksichtigen:

- Die Wrackteile können nicht über das Wasser (Boden) geschleift werden. Die einzige Möglichkeit der Fortbewegung besteht im Aufnehmen und erneuten Ablegen eines Wrackteils.
- Jeglicher (auch Hand-)Kontakt mit dem eiskalten Wasser ist zu vermeiden. Findet er dennoch statt, erleidet die betreffende Spielerin unmittelbar einen Kälteschock (2-minütiger Verlust der Sehfähigkeit).
- In einigen (markierten) Zonen, in denen ebenfalls Gegenstände auf dem Wasser treiben, ist der Seegang so hoch, dass die Eindringenden jegliche Sicht verlieren (Augenbinden aufsetzen müssen).
- Vor der Aktion steht eine 5-minütige Planungszeit zur Verfügung.

Kommentar:
Die Schwierigkeit des Spieles hängt entscheidend davon ab, wie die Holzklötze am Anfang platziert sind. In jedem Fall sollten einige Spielerinnen in der Lage sein, die Wrackteile von Nachbarinnen mit einem Schritt zu erreichen, andere sollten darauf angewiesen sein, dass Mitspielerinnen ihnen zunächst zu Hilfe eilen. Durch Reduzierung oder Erhöhung der Anzahl der Wrackteile kann die Schwierigkeit natürlich ebenfalls entsprechend gesteigert bzw. erniedrigt werden.

Variante:
Es werden anfangs deutlich mehr Wrackteile ausgelegt. In regelmäßigen Intervallen – z. B. alle 30 Sekunden – muss dann aber ein unbrauchbar gewordenes Wrackteil ihrer Wahl von den TN abgegeben werden. Dadurch wird die Planung unüberschaubarer und risikobehafteter.

Privatgrundstücke

Ort:
in einem größeren Raum oder auf einer ebenen Fläche im Freien

Dauer:
30–45 Minuten

Eignung:
für Gruppen von 8–18 Personen

Material:
vorbereitete Teppichfliesen und/oder unterschiedlich große Stücke einer zerschnittenen Plastikplane, Zahlenkarten (entsprechend der Anzahl der Mitspielerinnen)

Beschreibung des Spiels:

Mittels der „Grundstücke" – Teppichfliesen und/oder Stücken einer zerschnittenen Plane – wird ein ausgedehnterer Parcours ausgelegt, bei dem man relativ bequem von einem Grundstück zum anderen gelangen kann. Alle Grundstücke haben eine Eigentümerin, was durch auf den Grundstücken angebrachte Zahlen vermerkt ist. Diese entsprechen den Zahlen, die zuvor mittels Zahlenkarten an die Mitspielerinnen vergeben worden sind. Alle TN besitzen mehrere Grundstücke, die mehr oder weniger über den Parcours verteilt sind. Ziel der Gruppe ist es, über den gesamten Parcours hinweg auf die andere Seite zu gelangen. Dabei gelten folgende Regeln:

- Die TN dürfen alle Grundstücke betreten, die ihnen gehören, d. h. auf denen ihre Zahl markiert ist.
- Andere Grundstücke dürfen nur dann betreten werden, wenn die Eigentümerin sich selbst darauf befindet. Sie müssen entsprechend wieder verlassen werden, bevor die Eigentümerin sie verlässt.
- Der Boden zwischen den Grundstücken darf nicht betreten oder berührt werden. Geschieht dies trotzdem einmal, muss die betreffende Spielerin wieder zurück zum Anfang des Parcours.
- Die Gruppe hat eine etwa gleich lange Aktions- und Planungszeit zur Verfügung.

Variante A:

Die Gruppe erhält zusätzlich einige „Jokergrundstücke", die sie nach ihrem Ermessen auf dem Parcours ablegen kann. Allerdings muss jeder dieser „Joker" vorher einer Besitzerin zugeordnet werden und kann nach Ablegen auch nicht mehr verrückt werden.

Variante B:

Der Parcours kann nur in eine Richtung begangen werden, d. h. es ist nicht möglich zu einem Grundstück in Richtung Ausgangspunkt zurückzukehren. Die Gruppe kann lediglich beschließen, zusammen zurückzukehren und einen neuen Versuch zu unternehmen, falls die Lösung der Aufgabe aus der aktuellen Stellung heraus nicht mehr möglich erscheint. Die Planungszeit kann bei dieser Variante in verschiedene Intervalle aufgeteilt, also auch nach einem erfolgten Versuch wieder aufgenommen werden.

Kommentar:

Die Schwierigkeit dieser Aufgabe kann durch die Menge, Größe und Lage der Grundstücke erheblich variiert werden. Sie sollten so verteilt werden, dass die TN gezwungen sind, in immer wieder wechselnden Konstellationen miteinander zu kooperieren. Bei größeren Gruppen können einzelne Grundstücke auch mehreren Eigentümerinnen zugeordnet werden.

Falsche Adresse

Ort:
in einer Halle oder auf einer Wiese

Dauer:
20–30 Minuten

Eignung:
für Gruppen von 8–28 Personen

Material:
Teppichfliesen (ca. 30 x 30 cm) entsprechend der Anzahl der TN, Karteikarten, Stifte, Kreppband

Beschreibung des Spiels:

Die Herausforderung bei diesem Spiel besteht darin, die eigene „Adresse" zu finden und sich dorthin zu begeben.
Zu diesem Zweck sind Fliesen und Karteikarten mit Zahlen beschriftet worden: Auf jeder Fliese und auf jeder Karte steht eine Zahl, die einander entsprechen. Zunächst werden die Fliesen gemischt und – mit den Zahlen auf der Unterseite – in Form eines Quadrates oder Rechteckes von (je nach Zahl der TN) 9, 12, 16, 20, 25 oder 30 Teilen ausgelegt. Dann erhalten alle Spielerinnen aus dem gemischten Stapel eine Karteikarte und heften sich diese an. Alle TN begeben sich nun auf eine Fliese, wobei eine, zwei oder drei beliebige Fliesen frei bleiben. Das eigentliche Spiel kann jetzt beginnen und natürlich sind dabei einige Regeln zu beachten:

- Nur eine Fliese, auf der niemand steht, kann herumgedreht werden.
- Bevor eine Fliese betreten wird, muss die Zahl wieder verdeckt werden.
- Auf einer Fliese kann immer nur eine Person zur Zeit stehen.
- „Züge" sind immer nur horizontal oder vertikal möglich, nicht jedoch diagonal.
- Es muss immer ein „Zug" nach dem anderen ausgeführt werden.

Die Aufgabe ist gelöst, wenn alle auf ihrer Nummer angekommen sind.

Kommentar:

Die Schwierigkeit dieser Aufgabe kann über die Anzahl der freien Plätze entscheidend variiert werden. Außerdem kann das Spiel so der jeweiligen Gruppengröße angepasst werden.

Der geheime Code

Ort:
in einer Halle oder auf einer Wiese

Eignung:
für Gruppen von 10–30 Personen

Dauer:
20–30 Minuten

Material:
30–50 Teppichfliesen (ca. 30 x 30 cm), 1 Seil

Beschreibung des Spiels:

Die Gruppe hat einen geheimdienstlichen Auftrag, bei dem die Schwierigkeit in der Überwindung einer Sicherheitssperre besteht, deren Code in kürzester Zeit geknackt werden muss. Folgendes ist im Einzelnen zu beachten:

Die Gruppe kann *an* der Sperre jedes Mal maximal 2 Minuten verbringen. Es darf dort nicht gesprochen werden. Es darf sich immer nur eine TN zur Zeit *innerhalb* der Sperre befinden. Vor dem eigentlichen Durchbruchversuch besteht die Möglichkeit, die Zahlenkombination auszuspionieren. Jede TN kann dabei maximal drei Codeblöcke kurz umdrehen und sich einprägen. Diese dürfen den anderen TN aber nicht direkt gezeigt werden. Beim eigentlichen Versuch muss die Zahlenkombination in numerischer Reihenfolge durch Berührung ausgelöst werden. Jede TN muss mindestens einen und darf höchstens drei Codeblöcke auslösen, d. h. in der richtigen Reihenfolge herumdrehen. Jede Regelverletzung hat 10 Strafsekunden zur Folge. Die Gruppe muss ihre Zeit selbst kontrollieren. Ist die Aufgabe nach 2 Minuten nicht gelöst, muss sie sich wieder von der Sperre zurückziehen und hat maximal zwei weitere Versuche. Die Planungszeit ist nicht begrenzt.

Vorbereitung:

Die Teppichfliesen müssen zunächst durchnummeriert werden, die Zahlen werden gut lesbar auf die *Unterseite* der Fliesen geschrieben. Mit dem Seil wird ein größeres Rechteck gebildet, in dem die Fliesen dann bunt durcheinander gewürfelt verteilt werden. Das ist die Sicherheitssperre. Sie ist vom Ausgangspunkt der Gruppe aus nicht einsehbar.

Variante A:

Einige Fliesen werden auf der Unterseite mit Blitzen gekennzeichnet. Wird ein Blitz herumgedreht, muss der jeweilige Versuch sofort abgebrochen werden.

Variante B:

Die Gruppe bestimmt zwei oder drei TN, die im Wechsel in die Sperre eindringen. Die anderen Gruppenmitglieder können sie dabei lediglich dirigieren.

Variante C:

Statt Zahlen befinden sich Buchstaben auf den Fliesen. Ein Lösungswort muss gefunden und entsprechend geknackt werden.

Verborgene Pfade

Ort:
in einem größeren Raum oder auf einer ebenen Fläche im Freien

Dauer:
30–60 Minuten

Eignung:
für Gruppen von 8–18 Personen

Hilfsmittel:
100 vorbereitete Teppichfliesen (ca. 30 x 30 cm), eine vorbereitete Skizze (Wegeplan), Tesakrepp, Karteikarten (Sicherungskarten), evtl. CD-Player und CD

Beschreibung des Spiels:
Die Gruppe steht vor der Aufgabe in relativ kurzer Zeit (20 Minuten) ein unwegsames Gelände zu durchqueren. Dieses Gelände besteht aus äußerlich völlig identischen Feldern, die in Form eines Quadrates angeordnet sind. Konkret stellt sich das Problem folgendermaßen:

- Der Pfad muss im Gehen erforscht werden: Will man ein Feld betreten, so wird dieses zunächst herumgedreht, auf der Unterseite befindet sich dann ein Symbol, welches anzeigt, ob die entsprechende Fliese Teil des Pfades ist. Fliesen ohne Symbol sind unwegsames Gelände.
- Entdeckt man ein Stück Pfad, so kann man die Fliese betreten und die Suche von da aus fortsetzen. Sie muss allerdings sofort wieder herumgedreht werden. Der Pfad bleibt also während des gesamten Spieles unsichtbar.

- Deckt man ein Stück „unwegsames Gelände" zum ersten Mal auf, so wird dieses zunächst mit einem Stück Tesakrepp markiert, wieder umgedreht und die Person muss unverrichteter Dinge das Spielfeld verlassen.
- Bereits identifiziertes „unwegsames Gelände" sollte auf keinen Fall erneut aufgedeckt werden. Geschieht dies doch, so verliert die Gruppe eine ihrer insgesamt zehn „Sicherungskarten". Sind bereits alle Karten verbraucht, so muss eine TN für den Rest des Spieles eine Augenbinde aufsetzen.
- Von einem Feld geht der Weg potenziell seitwärts oder auch diagonal weiter, also in max. acht Richtungen.
- Es kann sich immer nur eine Person zur Zeit auf dem Spielfeld befinden. Sobald diese auf „unwegsames Gelände" trifft, muss sie mindestens einen Versuch einer anderen Person abwarten, ehe sie selbst wieder das Feld betreten kann.
- Weder auf dem Feld noch außerhalb dürfen Markierungen oder Notizen vorgenommen werden. Die Gruppe ist bei der Durchquerung also ganz auf ihr kollektives Gedächtnis angewiesen.
- Die Aufgabe ist gelöst, wenn alle TN das Feld einmal durchquert haben. Die Länge einer Durchquerung ist nicht festgelegt, einzige Bedingung ist, dass Eingang und Ausgang nicht identisch sein dürfen.
- Sobald die erste Spielerin das Feld betritt, kann die Gruppe sich nur noch nonverbal verständigen. Vorher steht ihr jedoch eine Planungszeit von unbegrenzter Dauer zur Verfügung.

Vorbereitung:

Das quadratische Feld sollte man anhand eines vorher aufgezeichneten Planes so aufbauen, dass zwischen den einzelnen Fliesen etwas Platz bleibt. Die Kennzeichnung des Pfades erfolgt am besten durch auf die Fliesen aufgeklebte bunte Karteikarten.

Variante:

Bei größeren Gruppen und motorisch aktiven TN empfiehlt es sich, die Gruppe in zwei, drei oder vier Untergruppen aufzuteilen, die dann von verschiedenen Seiten aus ihre Erforschung des Feldes beginnen. Von jeder Untergruppe darf sich jeweils eine TN gleichzeitig auf dem Feld befinden. Auch die Sicherungskarten werden auf die Untergruppen aufgeteilt. Die *gemeinsame* Aufgabenstellung ist allerdings auch hier, dass alle TN einmal das Feld durchqueren.

Kommentar:

Bei diesem Spiel handelt es sich um eine recht anspruchsvolle Aufgabe, die u. a. eine hohe Konzentration und Ausdauer sowie auch ein gewisses Maß an Selbstkontrolle voraussetzt. Auch in der Variante mit vier Untergruppen sind ja immer höchstens vier Teilnehmerinnen auf dem Feld aktiv. Andererseits hängt der Erfolg der Gruppe entscheidend davon ab, inwieweit die Spielerinnen am Rande mitdenken und sich mit Zeichensprache untereinander und mit den gerade unterwegs befindlichen Teilnehmerinnen verständigen. Hat die Gruppe eine offensichtlich unzureichende Planung vorgenommen, ist in Erwägung zu ziehen, zwischenzeitlich noch einmal eine Auszeit anzubieten.

Grundsätzlich kann die Aufgabe durch Verkleinerung (z. B. 8 x 10, 8 x 8) oder Vergrößerung (z. B. 10 x 12, 12 x 12) des Feldes beliebig vereinfacht bzw. erschwert werden.

Passend zu einer Geschichte, in welche die Aufgabe evtl. eingekleidet worden ist (z. B. Überquerung eines Salzsees in der Wüste, Durchquerung einer elektronisch gesicherten Passage) kann Musik eingespielt und das Ganze dadurch atmosphärisch verdichtet werden.

Der Brückenbau

Ort:
vorzugsweise in einem Raum

Dauer:
45–60 Minuten

Eignung:
für Gruppen von 8–12 Personen

Material:
2 Tische, ein großes Tuch oder Fallschirm, Holzbrett (15 x 6 cm), 4 leere Joghurtbecher, 8 Rundhölzer (ca. 20 cm lang und 1 cm Durchmesser), 2 Rollen Tesafilm, 20–30 verschiedene Legosteine, Papier und Bleistift, Wörterbuch der Stadt (2x)

Beschreibung des Spiels:
Zwischen zwei benachbarten Städten (Tische) soll eine Brücke gebaut werden, damit die Begegnung unter den Menschen wieder einfacher möglich wird. Beide Städte liegen am Rande einer tiefen unzugänglichen Schlucht (10 cm Abstand der Tische voneinander), deren Durchquerung sehr mühsam ist. Geschichten erzählen, dass über die Schlucht schon einmal eine Brücke führte. Zu jener Zeit sprachen die Menschen in den beiden Städten auch noch die gleiche Sprache. Mit der Zeit entwickelten sich allerdings für verschiedene Wörter unterschiedliche Bedeutungen in beiden Sprachen.
Die Fahrbahn (Holzbrett) für die Brücke ist bereits von den Vereinten Nationen geliefert worden, aber die Brückenköpfe müssen noch in Eigenleistung erstellt werden. Die Brücke soll auch durch ihr Aussehen symbolisieren, dass ein gegenseitiges Verstehen angestrebt wird. Baukolonnen beider Städte (zwei Gruppen) haben die Aufgabe, jeweils einen Brückenkopf zu errichten. Beide Brückenköpfe sollen so ähnlich wie möglich aussehen, im Idealfall sind sie Spiegelbilder der anderen Seite.
Erschwerend kommt für den Brückenbau hinzu, dass genau in der Mitte der Schlucht eine Nebelwand (Tuch) steht, die jegliche Sicht auf die andere Seite unmöglich macht.

Vorbereitungen:
Die Tische werden nebeneinander aufgestellt. Die Tafel oder das Tuch soll als Sicht-

schranke zwischen den beiden Tischen befestigt werden. Auf beiden Tischen werden die gleichen Bau- und Hilfsmittel bereitgelegt. Weitere Materialien als die angegebenen dürfen nicht verwendet werden.

Anweisungen für die Wörterbücher:
Die Bauleute der Stadt A sprechen folgende Sprache:
Das Wort *vorne* ist unbekannt. Stattdessen sagen sie *unten*.
Das Wort *neben* ist unbekannt. Stattdessen sagen sie *rechts*.
Ein Lachen bedeutet *oben*.

Die Bauleute der Stadt B sprechen folgende Sprache:
Das Wort *links* ist unbekannt. Stattdessen sagen sie *kurz*.
Das Wort *parallel* ist unbekannt. Stattdessen sagen sie *gekreuzt*.
Die Zunge herauszustrecken bedeutet *wie viel*.

Es versteht sich von selbst, dass die Bewohnerinnen beider Städte während der gesamten Bau- und Planungszeit ihren Heimatdialekt sprechen. Es liegt in der Verantwortung aller, einzelne Mitglieder ihrer Gruppe sofort auf Aussprachefehler aufmerksam zu machen.

Zeitstruktur:
Es folgen dreimal hintereinander im Wechsel:

- 7 Minuten Beratungs- bzw. Arbeitszeit in der Kleingruppe. Ein Kontakt zur anderen Gruppe ist in dieser Zeit nicht möglich.
- 5 Minuten gemeinsame Beratungszeit an einem anderen Ort. Dazu versammeln sich alle TN, aber nur jeweils *eine* von ihrer Gruppe zu bestimmende Sprecherin darf reden. Alle anderen dürfen lediglich nonverbal kommunizieren und sich evtl. Notizen machen. Für jede der drei Runden müssen die beiden Gruppen eine neue Sprecherin bestimmen.

Nach der letzten gemeinsamen Besprechungsrunde stehen beiden Gruppen noch einmal 7 Minuten Bauzeit zur Verfügung. Dann lichtet sich der Nebel (das Tuch wird entfernt) und die Fahrbahn wird aufgelegt, ohne dass die Tische verschoben werden können.

Kommentar:
Durch die Auswahl der für den Bau zur Verfügung gestellten Materialien und die Anzahl der Wörter, die in einem eigenen „Dialekt“ ausgesprochen werden müssen, lässt sich die Schwierigkeit dieser Aufgabe erheblich variieren.

Mühle

Ort:
in einem größeren Raum oder auf einer ebenen Fläche im Freien

Dauer:
30–45 Minuten

Eignung:
für Gruppen von 12–18 Personen

Hilfsmittel:
Seile, Tesakrepp oder Kreide (zur Markierung des Spielplans), farbige Bänder oder Tücher (zur Kennzeichnung von 2 Teams)

Beschreibung des Spiels:
Das klassische Mühlespiel wird in Szene gesetzt. Dazu muss zunächst der bekannte Spielplan mit 24 Kreuzungs- oder Eckpunkten und insgesamt 32 Wegen aufgebaut werden. Die TN teilen sich dann in zwei gleich große Gruppen auf und versammeln sich an gegenüberliegenden Seiten des Spielfeldes. Den Mühleregeln entsprechend besetzen sie zunächst abwechselnd das Spielfeld und versuchen dann dort durch die Bildung von Mühlen die gegnerische Mannschaft zu verdrängen. In Erweiterung des Brettspieles kommt dabei den außerhalb des Feldes stehenden Personen eine wichtige Rolle zu: Nur sie dürfen sich unterhalten und sie entscheiden auch, welche „Figur" ihrer Mannschaft sich als Nächstes wie bewegt. Sind alle Personen auf dem Spielfeld, dann muss die Mannschaft nonverbal über den nächsten Zug beraten. Für jeden Zug stehen maximal 30 Sekunden zur Verfügung. Hat ein Team nach Ablauf dieser Zeit nicht gezogen, dann darf die andere Mannschaft *deren* Zug ausführen! Die gesamte Spielzeit ist auf 20 Minuten begrenzt. Die Mannschaft, die dann mehr „Figuren" auf dem Brett hat, hat gewonnen. Zu Beginn haben beide Teams 10 Minuten Planungszeit.

Kommentar:
Bei diesem Spiel muss die Leiterin als Zeitnehmerin fungieren. Ruhiger, vollständig kooperativ angelegt und bei neun Spielerinnen auf beiden Seiten anspruchsvoll ist folgende

Variante:
Die Untergruppen platzieren sich zu Beginn auf den Feldern gegenüberliegender Spielfeldseiten. Ihre *gemeinsame* Aufgabe ist es nun, wiederum entsprechend der Mühleregeln, die Plätze zu tauschen. Der Platzwechsel findet nonverbal statt. Abgesehen von den in der Ausgangsposition bestehenden Mühlen hat jede neu entstehende Mühle die sofortige Bewegungsunfähigkeit aller an der Mühle beteiligten „Figuren" zur Folge. Sind diese noch nicht am anderen Ende des Brettes angekommen, so muss ein Feld geopfert werden. Die am Bau der Mühle Beteiligten können dieses Feld selbst bestimmen. Es muss in direktem Kontakt zu ihrer Mühle liegen, wird markiert und kann fortan nicht mehr betreten werden.

Halma

Ort:
in einem größeren Raum oder auf einer ebenen Fläche im Freien

Dauer:
30–45 Minuten

Eignung:
für Gruppen von 12–30 Personen

Material:
Seile, Tesakrepp oder Kreide (zur Markierung des Spielplans), farbige Bänder oder Tücher (zur Kennzeichnung von 2–6 Teams)

Beschreibung des Spiels:

Das Szenario für dieses Spiel ist das alte Brettspiel Halma. Zunächst muss ein entsprechendes Spielfeld mit genügend Bewegungsfreiheit zwischen den einzelnen Feldern markiert werden, wobei eine etwas verkleinerte Version mit jeweils sechs bzw. zehn Feldern als „Häusern" sich bewährt hat. Dann teilen sich die TN in zwei oder drei möglichst gleich große Mannschaften auf. Bei 12, 18, 20 und 30 TN können auf diese Weise Häuser wie beim Originalspiel vollständig gefüllt werden. Bei anderen Zahlenverhältnissen werden entsprechend Plätze frei gelassen. Abwechselnd wird nun gezogen, d. h. eine „Figur" darf sich entweder auf ein benachbartes Feld begeben oder eigene und/oder fremde „Figuren" überspringen, wobei auch mehrere Sprünge in Folge erlaubt sind, wenn die Konstellation das zulässt. Natürlich darf sich immer nur eine „Figur" zur Zeit bewegen – ziehen zwei „Figuren" einer Mannschaft gleichzeitig, so verfällt für diese Runde deren Zug. Gewonnen hat das Team, welches als erstes das gegenüberliegende Haus erreicht.

Variante A:

Eines der Probleme für die TN ist es, das Kommunikationschaos, welches sich bei vielen Menschen auf so engem Raum schnell entwickelt, zu bewältigen. Interessant ist es daher, den Spielerinnen im Anschluss einen Vergleich mit einer sehr unterschiedlichen Erfahrung zu ermöglichen: Alle Kommunikation auf dem Brett muss nonverbal erfolgen.

Variante B:

In einem anderen oder weiteren Schritt kann die Konkurrenz bei diesem Spiel ausgeschaltet werden: Alle Teams arbeiten dann an der *gemeinsamen* Aufgabe, so schnell wie möglich die jeweils gegenüberliegenden Häuser zu erreichen. Wenn die letzte „Figur" ihr Ziel erreicht hat, wird die Zeit für alle gestoppt.

Variante C:

In Ergänzung zu Variante B kann die Aktionszeit sehr knapp bemessen und als Ausgleich dazu eine ausgiebige Planungszeit zur Verfügung gestellt werden.

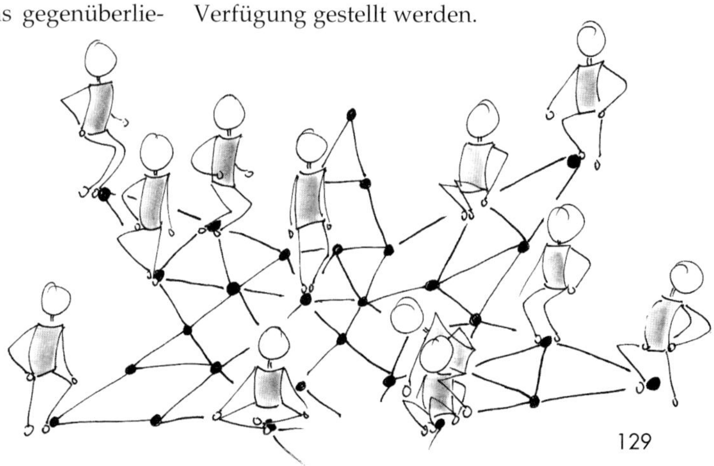

Wasserbecher und Wasserflasche

Ort:
in einer Halle oder auf eine Wiese

Dauer:
30–60 Minuten

Eignung:
für Gruppen von 8–18 Personen

Material:
Wasser, Joghurtbecher, Trinkflasche (idealerweise mit einem Kippverschluss), Kordelstücke (4–8 m lang), ein kürzeres Seil

Beschreibung des Spiels:

Die Gruppe hat die Aufgabe unter Zuhilfenahme von Schnüren einen Becher mindestens halb voll mit Wasser zu füllen und diesen zu einem in ca. 5 m Entfernung befindlichen Tisch zu transportieren.

Dazu stehen zu Beginn eine gefüllte Flasche Wasser und ein leerer Hartplastikbecher auf einem Tablett. Dieses Tablett steht auf dem Fußboden und befindet sich in der Mitte eines 3 m Durchmesser umfassenden, mit einem Seil markierten Kreises.

Jeweils zwei Personen erhalten als Hilfsmittel ein 4 m langes Kordelstück. Die Kordelenden dürfen während des gesamten Spieles nicht mehr aus der Hand gegeben werden und auch ein Wechsel der Kordel von der rechten in die linke Hand ist nicht erlaubt.

Für das Einschenken gelten weiterhin folgende Regeln:

- Der innere Kreis mit dem Tablett darf von den Spielerinnen nicht betreten werden.
- Flasche oder Becher müssen immer auf dem Tablett stehen.
- Der Becher darf das Tablett erst verlassen, wenn er gefüllt ist.
- Becher und Flasche dürfen nur mit den Schnüren berührt werden.
- Verlorenes Wasser kann nachgefüllt werden.

Bevor die Gruppe mit der Lösung der Aufgabe beginnt, erhält sie eine Beratungszeit, in der eine Strategie zur Lösung des Problems ausgearbeitet werden kann.

Variante A:

Statt einer geöffneten Flasche kann eine Flasche mit einem Kippverschluss verwandt werden. Die Spielerinnen müssen dann diesen Verschluss erst öffnen, bevor das Wasser in den Becher gefüllt werden kann.

Variante B:

Die Positionen, welche die Spielerinnen um den Tisch herum einnehmen, sind fix und dürfen von diesen nicht mehr verlassen werden. Dafür dürfen die Seilenden untereinander weitergereicht werden.

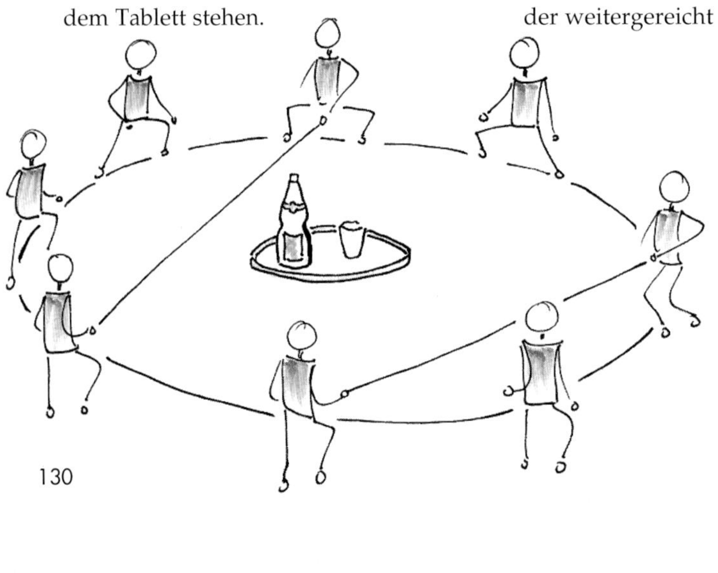

Die Ballonexpedition

Ort:
in einer Halle

Eignung:
für Gruppen von 10–30 Personen

Dauer:
20–30 Minuten

Material:
Luftballons (pro TN ein Ballon plus einige Extraballons), mehrere längere Seile, einige Springseile

Beschreibung des Spiels:

Auf vier Gruppen verteilt, finden sich die TN an den vier Eingängen eines ausgedehnten Labyrinths wieder. Sie haben nun die Aufgabe, eine größere Anzahl von Ballons sicher zu einem anderen Ausgang des Labyrinths zu transportieren. Für diesen Transport gelten folgende Regeln:

- Die Ballons müssen sich von kurzen Berührungen abgesehen immer in der Luft befinden.
- Die Pfade dürfen auf keinen Fall verlassen werden.
- Bevor die erste TN das Areal wieder verlässt, müssen sich alle anderen TN im Spielfeld befinden.
- Wird eine der obigen Regeln verletzt, so müssen alle TN von vorne beginnen.
- Alle TN dürfen alle Ballons berühren.
- Die besonders markierten Punkte des Labyrinths müssen von allen Mitspielerinnen durchquert werden.
- Zu Beginn und vor jedem weiteren Versuch können die Gruppen sich eine Beratungszeit nehmen.

Vorbereitung:

Das Labyrinth wird mithilfe von Seilen so ausgelegt, dass zahlreiche schmale Pfade sich häufiger kreuzen. Drei bis vier dieser Kreuzungen werden mittels Springseilen besonders markiert. Die Eingänge befinden sich an den jeweils gegenüberliegenden Seiten des Labyrinths. Die Schwierigkeit der Aufgabe kann durch mehrere Faktoren dosiert werden: die Ausdehnung des Labyrinths, der Breite der Pfade, der Abstand zwischen den Pfaden (Abgründe, über denen ein Ballon von niemandem mehr gerettet werden kann), die Lage der markierten Kreuzungspunkte, die Anzahl der insgesamt zu transportierenden Luftballons.

Kommentar:

Die Aufgabe ist wesentlich einfacher zu lösen, wenn die vier Gruppen untereinander kooperieren. Je nach Intention kann die gemeinsame Erreichung des Ziels (alle Ballons erreichen sicher einen anderen Ausgang) explizit gemacht oder offen gelassen werden.

Variante:

Bei kleineren Gruppen kann man sich auch auf zwei oder drei Untergruppen beschränken.

Training am Nürburgring

Ort:
in einer Halle oder auf einer Wiese

Eignung:
für Gruppen von 8–18 Personen

Dauer:
45–60 Minuten

Material:
4 Seile, Augenbinden, Trillerpfeife

Beschreibung des Spiels:

Auf dem Gelände ist eine Trainingsstrecke ausgelegt worden. Sie besteht aus zwei durch Seile begrenzten ca. 1,50 m breiten und ca. 30 m langen Fahrspuren, die im Abstand von etwa 2 m parallel zueinander verlaufen. Die Strecken sind überwiegend gerade, haben jedoch auch zwei bis drei Kurven mit einem Winkel von bis zu 90 Grad.

Auf diesen Trainingsstrecken gilt es nun für das Team, eine möglichst gute Zeit herauszufahren. Das besondere an diesem Rennen wird jedoch sein, dass die Pilotinnen völlig instrumentengesteuert fahren müssen. Konkret bedeutet das:

- Die Fahrerinnen müssen eine Augenbinde aufsetzen.
- Das Team muss für jede Fahrt ein Steuerungs- und Sicherheitssystem etablieren, insbesondere um ein Abkommen von der Spur zu verhindern, d. h. Absprachen müssen getroffen werden!
- Kommt eine Fahrerin trotzdem von der Spur ab, so endet deren Versuch augenblicklich.

Alle Fahrerinnen haben auf jeder der beiden Teststrecken nur jeweils einen Fahrversuch. Die gesamte Trainingsphase beträgt 30 Minuten.

Vor Beginn der ersten Testfahrt geben alle eine individuelle Schätzung der erreichbaren Rekordzeit ab. Unmittelbar darauf wird das Training freigegeben.

Kommentar:

Auf der individuellen Ebene ist dieses Spiel durch die Erfahrung des blinden Laufens spannend.

Bezüglich des Steuerungssystems gibt es sehr viele Möglichkeiten und für den Gruppenprozess ergibt sich eine Spannung insbesondere aus dem gleichzeitigen Vorhandensein von Gestaltungsfreiheit, Zeitdruck (keine separate Planungszeit) und Begrenzung der individuellen Aktionsmöglicheiten (zwei Versuche). Aus Sicherheitsgründen sollte die Gruppe nachdrücklich auf die Notwendigkeit klarer Absprachen hingewiesen werden.

Das olympische Feuer

Ort:
in einem größeren Raum oder einer Halle

Dauer:
20–30 Minuten

Eignung:
für Gruppen von 8–18 Personen

Material:
eine Schachtel mit langen Streichhölzern, 2 Eimer Wasser, ein Lappen, eine Spritzpistole, eine Kerze, eine Wunderkerze, Augenbinden, Tesakrepp, evtl. Pappe oder Matten

Beschreibung des Spiels:

Der Gruppe ist die ehrenvolle Aufgabe übertragen worden, das olympische Feuer in einer nächtlichen Aktion zum Hafen von Piräus zu tragen, von wo aus es zum Ort der kommenden Olympiade eingeschifft wird. Bekanntlich handelt es sich dabei um eine Art Staffellauf. Ziel ist es, am Ende der Kette in Piräus die Wunderkerze zu entzünden.
Alle TN erhalten zunächst eine Augenbinde und ein langes Streichholz. Dann begeben sie sich an die festgelegten Wechselplätze zwischen Olymp und Piräus (Ausgangs- und Endpunkt der Strecke). Auf den jeweiligen Teilstrecken geht es nun darum, die Flamme mit dem Streichholz an die jeweils nächste Läuferin zu übergeben. Vom Zeitpunkt der Übernahme bis zur Übergabe des Feuers müssen alle Staffelläuferinnen allerdings ihre Augenbinde tragen! Eine TN übernimmt daher die Aufgabe, Lauf und Übergabe der Flamme zu koordinieren. Eine weitere TN erhält eine geladene Wasserpistole mit der Aufgabe, die Flammenträger unmittelbar zu begleiten und die Flamme bei Gefahr sofort auszuschießen. Eine dritte TN ist mit Eimer und nassem Lappen ebenfalls für Sicherheit zuständig. Diese beiden dürfen jedoch nur im Notfall sprechen. Die Gruppe hat zunächst die Aufgabe, ein System zu entwickeln, welches sicher stellt, dass alle Spielerinnen einmal in jeder Rolle gewesen sind (Transport der Flamme, Dirigieren, Spritzpistole, Wassereimer).
Für den gesamten Lauf stehen ihr dann 20 Minuten zur Verfügung. Erlischt die Flamme zwischenzeitlich, kann sie mittels eines neuen Streichholzes erneut sehend von der Kerze bis zum letzten erreichten Punkt transportiert werden.

Vorbereitung:

Der Weg vom Olymp (brennende Kerze) nach Piräus (Wunderkerze) wird mithilfe des Kreppbandes am Boden markiert (ca. 1 m breit). Er sollte in zahlreiche, etwa gleich lange Abschnitte unterteilt sein, an deren Ende sich jeweils eine 90-Grad-Kurve befindet. Bei empfindlichen Böden sollte der Weg zusätzlich mit Pappe oder Matten ausgelegt werden.

Kommentar:

Ein besonderer Reiz dieser Aufgabe ist das normalerweise verbotene Spiel mit dem Feuer. Es versteht sich von selbst, dass sie ein hohes Maß an Vertrauen innerhalb und zu der durchführenden Gruppe voraussetzt.

Flucht durch das Netz

Ort:
in einer Halle

Dauer:
30–45 Minuten

Eignung:
für Gruppen von 8–18 Personen

Material:
Kordel oder Seil, elastische Schnüre, mindestens 4 sichere Ankerpunkte

Beschreibung des Spiels:

Durch einen „Sicherheitstrakt" in Form eines waagerecht aufgespannten Netzes muss die Gruppe auf die andere Seite gelangen. Es stellen sich dabei folgende Probleme:

- Der Trakt kann nur durch Durchsteigen eines Loches im Netz (siehe Vorbereitung) von oben nach unten betreten und durch Durchsteigen eines weiteren Loches von unten nach oben wieder verlassen werden. Von dort aus gilt es dann, allerdings ohne weitere Netzdurchquerungen, sicheren Boden auf der anderen Seite zu erreichen. Der Bereich zu beiden Seiten des Netzes ist nicht durchquerbar.
- Hat eine Spielerin einmal den Fuß durch ein Loch hindurch auf den Boden gesetzt bzw. sich in einem Loch aufgerichtet, so ist dieses Loch als persönliches Einstiegs- bzw. Ausstiegsloch festgelegt.

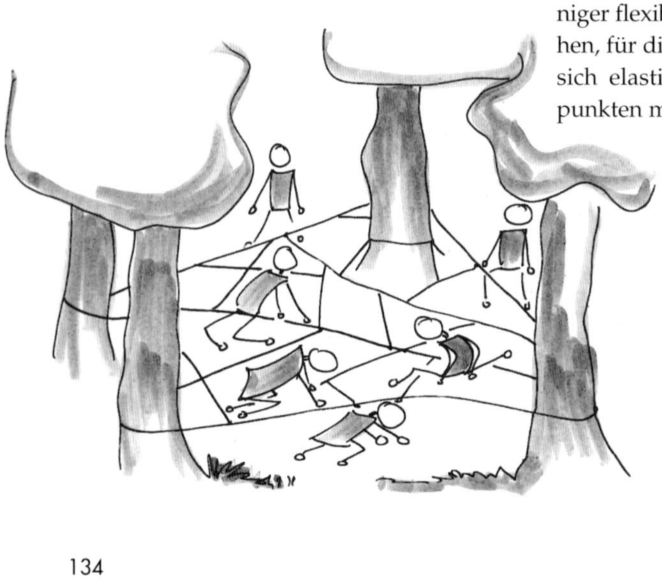

- Jedes Loch kann nur von einer Spielerin durchquert werden. Danach wird es durch eine Lasersperre versiegelt, die nur dann wieder entsichert wird, wenn die Person auf umgekehrtem Wege durch das Loch zurückkehrt.
- Das Netz selbst ist durch ein elektronisches Warnsystem gesichert und darf daher auf keinen Fall berührt werden. Geschieht dies doch, müssen *alle* Spielerinnen sofort wieder zur Ausgangsseite zurück. In diesem Fall sind alle Löcher wieder frei.

Vorbereitung:

Das Netz, welches mehr als doppelt so viele begehbare Löcher in unterschiedlicher Größe haben muss wie Spielerinnen teilnehmen, wird in ca. 75 cm vom Boden waagerecht aufgespannt. Der äußere Rahmen sollte aus weniger flexiblerer Kordel oder einem Seil bestehen, für die restliche Konstruktion empfehlen sich elastische Schüre, die an den Schnittpunkten miteinander verknotet werden.

Abgehoben

Ort:
vorzugsweise in einem Raum

Dauer:
20–40 Minuten

Eignung:
für Gruppen von 8–18 Personen

Material:
eine Rolle Paketklebeband, 2 Holzklötze, Kisten oder Kastenteile, mehrere Scheren

Beschreibung des Spiels:

Die Spielerinnen erhalten zur Lösung dieser Aufgabe eine Rolle Paketklebeband, zwei Holzklötze und mehrere Scheren. Die Aufgabe der Gruppe besteht nun darin, mit diesen Hilfsmitteln ein Mitglied der Gruppe so an die Wand zu kleben, dass diese Person den Boden nicht mehr berührt. Zusätzlich soll die Person dabei pantomimisch durch ihre Hände entweder nichts hören, nichts sehen oder stumm sein ausdrücken.

Zu Beginn der Aktivität stehen die Holzklötze noch als Hilfsmittel zur Verfügung. Nach Befestigung der Person an der Wand sollen die Klötze allerdings unter ihr entfernt werden, um zu sehen, ob das Ankleben auch wirklich funktioniert hat. Die Person soll dann mindestens 5 Sekunden an der Wand kleben, ohne den Fußboden zu berühren.

Variante:

Die Gruppe erhält die Aufgabe diese Aktivität so zu planen, dass nach Anbringen des ersten Klebestreifens nicht mehr miteinander gesprochen werden kann und keine weitere Zerkleinerung des Klebebandes möglich ist.

Kommentar:

Die Spielleitung sollte die Wand vor der Aktion daraufhin testen, ob das Klebeband einerseits gut hält und andererseits keine bleibenden Spuren hinterlässt.

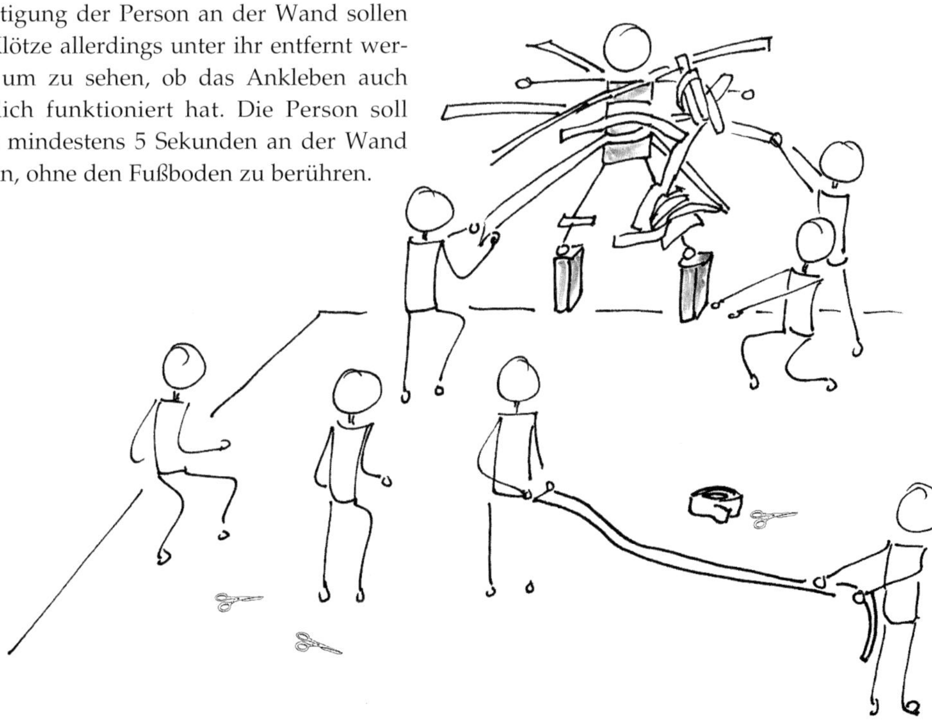

Zu Tisch

Ort:
auf einer ebenen Fläche mit möglichst weichem Untergrund

Eignung:
für Gruppen von 8–12 Personen

Dauer:
30–60 Minuten

Material:
2 stabile Tische, Balken, Kisten oder Kästen, Holzblöcke, Matten

Beschreibung des Spiels:

Zur Vorbereitung des Spieles werden zwei stabile Tische mit ihren Längsseiten zueinander im Abstand von ca. 30 cm aufgestellt. Die Breite der Tische sollte ca. 1 m betragen. Zusätzlich werden die Tischplatten an der Seite so abgesichert, dass sie nicht umkippen können. Für diese Sicherung eignet sich eine Konstruktion aus stabilen Holzkisten, Balken und Holzblöcken. In Turnhallen ist dies auch sehr gut mit Kästen, Kastenteilen und Turnmatten zu bewerkstelligen.
Die Gruppe soll sich nun auf die beiden Tische und die Sicherungselemente verteilen. Ihre Aufgabe ist es, jeder Mitspielerin, die dies möchte, zu ermöglichen, unter den Tischen von einer auf die andere Seite zu gelangen, ohne dabei den Fußboden zu berühren.

Für diese Kletterpartie gelten folgende Regeln:

- Zum Zeitpunkt der Aktion darf niemand den Boden unter oder neben den Tischen berühren.
- Es dürfen keine zusätzlichen Hilfsmittel benutzt werden.
- Berührt eine Spielerin während des Transportes den Boden, so kann sie einen zweiten Versuch wagen.

Die Hilfe der übrigen Mitspielerinnen ist ausdrücklich erlaubt.

Kommentar:

Bei dem Spiel ist sehr genau darauf zu achten, dass die benutzten Tische durch die auf ihnen befindlichen Personen nicht überlastet werden.
Der Schwierigkeitsgrad des Spieles lässt sich durch die Anzahl der angebauten Kisten, Balken oder Kästen, auf denen sich die Helferinnen aufhalten können, variieren. Vor allem lässt sich die Ab- und Aufstiegssituation so vereinfachen.

Gulliver

Ort:
in einer Halle oder auf einer Wiese

Dauer:
30–60 Minuten

Eignung:
für Gruppen von 8–16 Personen

Material:
Baumwollgarn 1,50 m und Holzdübel 10 mm nach Anzahl der TN, ein Gymnastikreifen

Beschreibung des Spiels:

Jede Spielerin erhält einen ca. 1,50 m langen Baumwollfaden und zwei Holzdübel. Mithilfe dieser Materialien soll nun eine Spielerin über eine bestimmte Strecke transportiert werden. Zu Beginn ihrer Reise liegt diese mit dem Gesicht nach unten bäuchlings auf dem Boden.

Sie soll während ihrer Reise einen aufgehängten oder aufgestellten Gymnastikreifen durchqueren.

Für ihren Transport gelten folgende Regeln:

- Die zu befördernde Spielerin (Gulliver) soll während des Transportes den Boden zwischen Anfangs und Endpunkt ihrer Reise nicht berühren.
- Alle Transporteure dürfen, sobald Gulliver den Boden nicht mehr berührt, nicht mehr miteinander reden.
- Gulliver darf von den Mitspielerinnen während des Transportes nicht unmittelbar berührt werden.
- Hals und Kopf dürfen nicht mit dem Baumwollgarn in Berührung kommen.
- Die Schnüre dürfen untereinander nicht verknotet werden.
- Der Reifen soll nicht berührt werden.

Vor dem Transportversuch erhält die Gruppe eine 10-minütige Planungszeit.

Kommentar:

Von der Spielleitung ist unbedingt darauf zu achten, dass Hals und Kopf nicht durch abrutschende Fäden verletzt werden können.

Variante:

Statt der Baumwollfäden kann in der Weihnachtszeit auch Lametta verwandt werden, um eine Person (z. B. Nikolaus) von A nach B zu transportieren. Die Transportposition der zu befördernden Spielerinnen ist bei dieser Variante völlig in das Belieben der Gruppe gestellt. Jeglicher Körperkontakt untereinander sollte allerdings auch hier vermieden werden.

Die Marsexpedition

Ort:
in einer Halle

Dauer:
45–60 Minuten

Eignung:
für Gruppen von 8–18 Personen

Material:
Pedalos, Rollbretter und Skateboards, Medizinbälle und Tennisringe, Besenstiele oder Turnstäbe sowie darauf passende Gummipfropfen (Stoßdämpfer), Kästen, Matten, Stifte, Papier

Beschreibung des Spiels:
Die Gruppe ist auf dem Mars gelandet. Ihr Auftrag: die Erforschung einiger festgelegter Landschaftspunkte. Ihr Problem: Jeglicher Kontakt mit der Marsoberfläche außerhalb der Landezone und der Ziellandschaften ist zu vermeiden, da von z. T. hochgefährlichen Giftstoffen auszugehen ist. Ihr Zeitlimit: 40 Minuten. Sind zu diesem Zeitpunkt nicht alle Mitglieder des Expeditionsteams zurück am Landeplatz, ist die Unternehmung gescheitert. In der Zwischenzeit gilt es mittels des zur Verfügung stehenden Materials so viele Landschaftspunkte wie möglich *mit dem gesamten Expeditionsteam* zu erreichen und dann dort noch anzufertigende Flaggen zu hinterlassen. Findet abgesehen von dem marsbodentauglichen Equipment eine Berührung mit dem Boden statt, muss die jeweilige Person sofort zurück zum letzten erreichten Landschaftspunkt.

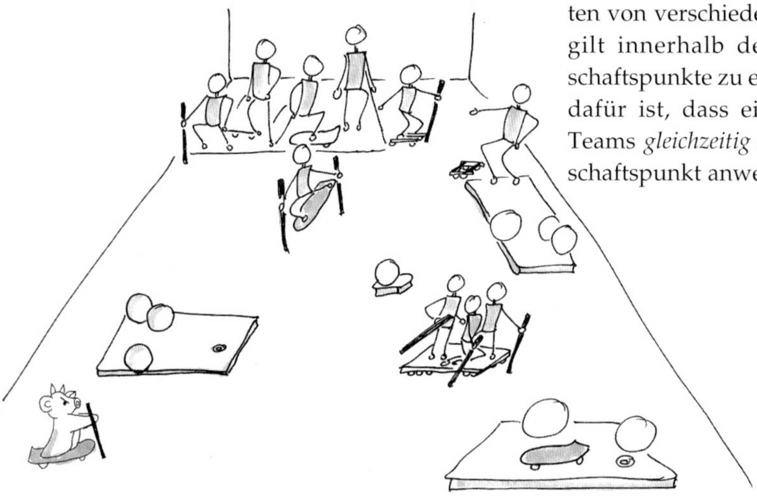

Vorbereitung:
An einem Rand der Halle (Landeplatz) werden einige Pedalos, Rollbretter und Skateboards (Marsvoyager) sowie mit „Stoßdämpfern" versehene Stöcke (Stabilisatoren) als Ausgangsausrüstung deponiert. Jenseits einer Linie beginnt die eigentliche Marslandschaft. Matten, Kästen und sonstige Geräte (zu erforschende Landschaftspunkte) sind dort über das gesamte Feld verteilt. Auf einigen befinden sich Überbleibsel vergangener Expeditionen, die nun ebenfalls zur Erschließung weiterer Landschaftspunkte eingesetzt werden können: weitere „Marsvoyager" sowie Medizinbälle als mobile Elemente und Tennisringe als Elemente, die nach einem ersten Bodenkontakt dort verbleiben müssen, wo sie sind.

Variante:
Zwei (oder mehr) Expeditionsgruppen starten von verschiedenen Landeplätzen aus. Es gilt innerhalb des Zeitlimits, alle Landschaftspunkte zu erschließen. Voraussetzung dafür ist, dass ein Mitglied beider (aller) Teams *gleichzeitig* auf dem jeweiligen Landschaftspunkt anwesend ist.

Die Höhle des Drachen

Ort:
in einer Halle

Dauer:
30–45 Minuten

Eignung:
für Gruppen von 8–18 Personen

Material:
eine große Anzahl Pappkartons (idealerweise alle von einer Sorte), 2 Kombi-Klettergurte, 2 HMS Karabiner, 2 Seile, diverse Gegenstände als „Schätze"

Beschreibung des Spiels:

In einer Höhle, die von einem Drachen bewacht wird, befinden sich legendäre Schätze aus längst vergangener Zeit. Zum Glück ruht der Drache meist in einem leichten Schlaf. Das Problem: Bei der Höhle besteht eine gewisse Einsturzgefahr und das geringste Geräusch von herabstürzenden Felsbrocken würde den Drachen sofort alarmieren.

Der Gruppe stellt sich somit die Aufgabe, mittels der vorhandenen Kletterausrüstung mehrere TN in die Höhle abzuseilen und sie dann wieder hochzuziehen, um so den Schatz nach und nach zu bergen. Eine TN kann immer nur einen Gegenstand aus der Höhle mitbringen.

Vorbereitung:

Senkrecht unter einer soliden Verankerung an der Decke wird eine Fläche von etwa 1,50 m Durchmesser mithilfe der Pappkartons bis auf eine Höhe von ca. 3 m umbaut. Vorher werden in dieser Höhle des Drachens noch einige Schätze deponiert.

Kommentar:

Die Schwierigkeit bei dieser Aufgabe besteht darin, beim Hochziehen und Ablassen der TN zu verhindern, dass diese gegen die Höhlenwand stoßen. Dazu ist ein Ausbalancieren mit dem zweiten Seil erforderlich. Es ist also immer eine größere Anzahl von Spielerinnen gleichzeitig bei einer Bergung in Aktion. Eine besondere Dramatik und Ernstsituation ergibt sich durch die Tatsache, dass die Höhle, einmal eingestürzt, nicht mehr ohne weiteres aufzubauen ist.

Schatz ohne Schlüssel

Ort:
ein Gelände mit 4 stabilen Bäumen mit einer freien Fläche im Zentrum

Dauer:
30–60 Minuten

Eignung:
für Gruppen von 8–18 Personen

Material:
20–30 m Seil (11 mm), eine Schatztruhe mit Schloss, 4 Schlüssel, Kordel, 4–8 Schlauchbänder, 4 Karabiner, genügend Markierungsmaterial

Beschreibung der Aktion:
Um vier Bäume herum ist auf dem Boden im Abstand von ca. 1 m eine Markierung angebracht. In diesen Bäumen wird ein Karabiner mit einem Schlauchband zu einem stabilen Ankerpunkt in ca. 2 m Höhe installiert. Im Zentrum des durch die Bäume begrenzten Geländes steht eine Schatztruhe in einem etwas größeren, ebenfalls markierten Feld. Der Abstand dieser markierten Fläche zu den Bäumen sollte idealerweise jeweils 7–10 m betragen.
Alle TN versammeln sich in dem Feld mit der Schatztruhe. Ihre Aufgabe besteht nun darin, das Schloss an der Truhe zu öffnen.
Der dazu notwendige Schlüssel ist in einem der vier Bäume zu finden. In den anderen drei Bäumen ist jedoch ebenfalls ein Schlüssel deponiert, die allerdings nicht passen.
Welcher Schlüssel ins Schloss passt, ist der Gruppe unbekannt.
Als Hilfsmittel zur Lösung des Problems erhält die Gruppe ein Seil. Außer dem Seil dürfen keine weiteren Materialien benutzt werden.

Drei Rollen mit unterschiedlichen Aufgaben müssen zunächst verteilt werden: Schlüsselholerinnen, Seiltransporteurinnen und Schatzbewacherinnen.
Für die einzelnen Gruppen und Materialien gelten folgende Regeln:

- Die Schlüsselholerinnen sind die einzigen, die außerhalb des um die Schatztruhe markierten Bereiches einen Schlüssel berühren dürfen. Jede Schlüsselholerin darf allerdings nur einen Schlüssel berühren. Sie kann den Weg zwischen Schatzbereich und Markierung um die Bäume nur ohne Bodenkontakt überwinden. Berührt der Schlüssel oder die Spielerin den Boden, so kann dieser Schlüssel zum Öffnen der Truhe nicht mehr verwendet werden.
- Seiltransporteurinnen dürfen überall den Boden berühren. Sie dürfen aber die Schlüsselholerinnen nicht berühren. Geschieht dies trotzdem, so müssen beide ohne Schlüssel (der kommt wieder in den Baum) zurück zur Schatztruhe.
- Die Schatzbewacherinnen dürfen den markierten Bereich um die Truhe nicht verlassen.
- Das Seil darf weder die Schlüssel, noch die Bäume, sondern nur lediglich Karabiner und Spielerinnen berühren.
- Wenn die Schlüsselholerinnen das Seil berühren, muss dieses Kontakt zum Karabiner haben.
- Schlauchband und Karabiner dürfen nicht entfernt werden.

Drama am Mount McConfidence

Ort:
auf einem ausgedehnteren Außengelände

Eignung:
für Gruppen von 10–30 Personen

Dauer:
60–90 Minuten

Material:
vorbereitete Karteikarten, Augenbinden

Beschreibung der Aktion:

Auf ihrer Expedition zum Mt. McConfidence ist die Gruppe in ein Unwetter geraten, in dessen Folge sich eine Kette verheerender Ereignisse abgespielt hat: Die TN sind überall am Berg verstreut und sind durch verschiedene Unfälle in ihren Handlungsmöglichkeiten beeinträchtigt. Jetzt stellt sich die Frage, ob es ihnen gelingen wird, alle TN sicher ins Basislager zurückzubringen.
Konkret sieht das Szenario so aus:
Auf den Karteikarten stehen Handicaps, die unter den TN aufgeteilt werden müssen. Es gibt Schneeblinde (Augenbinden), Lahme (können nicht selber gehen), Fußverletzte (können nur auf einem Fuß gehen), Armverletzte (können nur einen Arm benutzen) und Stumme, denen es die Sprache verschlagen hat. Die Gruppe hat dann eine Planungszeit, bevor alle in kleinen Gruppen an vorbereitete Plätze geführt werden, von denen aus sie vor Ausbruch des nächsten Unwetters (45 Min.) wieder zum Basislager zurückfinden muss.

Kommentar:

Die Schwierigkeit dieser Aufgabe steht und fällt mit der Variation von drei Aspekten:

- die Anzahl und Entfernung der Geländepunkte, an denen die TN verteilt werden;
- die Zusammensetzung der Teams an den jeweiligen Orten;
- die Gesamtzahl und relative Verteilung der Handicaps.

Variante:

Zusätzlich können auch noch Ausrüstungsgegenstände der TN (Rucksäcke, Matten, Schlafsäcke, Taschenlampen, Seile etc.) an verschiedenen Orten des Geländes deponiert werden. Diese müssen dann ebenfalls in der zur Verfügung stehenden Zeit gefunden und zum Basislager gebracht werden, wodurch sich weitere Handlungsmöglichkeiten auch für Gehandicapte ergeben.

Tausend Bilder aus einer Nacht

Ort:
in einer abdunkelbaren Halle

Dauer:
90–120 Minuten

Eignung:
für Gruppen von 10–30 Personen

Material:
300–400 m Seil oder Schnur, evtl. Schlingen und Karabiner, Gymnastikreifen in 4 Farben, Matten und diverse Turngeräte, vorbereitete Pappen und Zettel, Bildkarten, Fallschirm, Augenbinden

Beschreibung der Aktion:

Bei dieser Aktion wird die Turnhalle in eine Abenteuerlandschaft verwandelt: in einen Tempel, dessen wertvolle Kunstschätze vor einer unmittelbar bevorstehenden Flutkatastrophe gerettet werden müssen.

Die labyrinthartigen Gänge des Tempels sind durch Seile markiert, zahlreiche Türen durch Reifen, verschiedene Säle mittels Matten und Turngeräten. Eine sich unter dem Fallschirm befindliche „Höhle des Flüsterns" ist der einzige Ort, an dem leise gesprochen werden darf.

Im ganzen Labyrinth liegen Kunstschätze in Form von Bildkarten und Teile von Zahlenkombinationsschlüsseln in Form von Zetteln mit jeweils zweistelligen Zahlen aus. Etwa zehn verschiedene Ausgangstore sind an den auf Pappe aufgemalten Zahlenschlössern mit sechsstelligen Kombinationen zu erkennen.

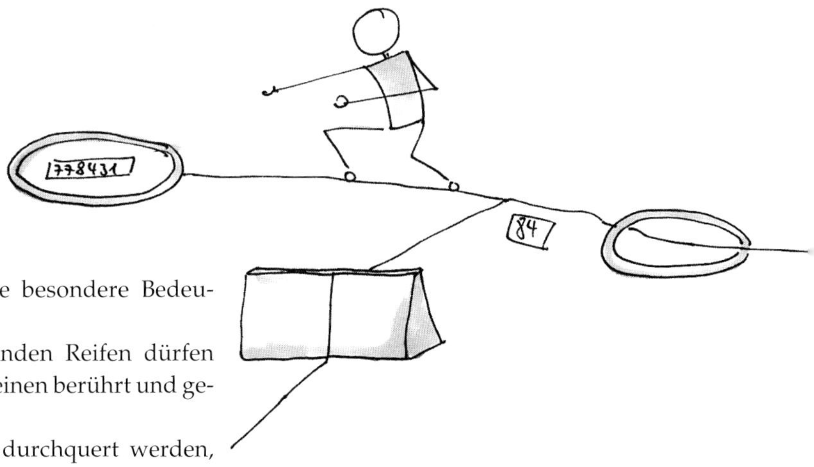

Den Türen kommt eine besondere Bedeutung zu:

- Die am Boden liegenden Reifen dürfen nur mit Füßen und Beinen berührt und gehalten werden.
- Ein Reifen darf nur durchquert werden, wenn er von mindestens einer anderen Person „aufgehalten" wird.
- Blaue Reifen müssen von mindestens zwei anderen Personen gehalten werden.
- Gelbe Reifen müssen blind passiert werden. Erst nach der erneuten Durchquerung dieses oder eines anderen Reifens ist es möglich, wieder zu sehen.
- Rote Reifen erlauben immer nur einer Person zur gleichen Zeit sich in der dahinter liegenden Passage aufzuhalten

Insgesamt befinden sich ca. 30 Schlüsselteile und ca. 60 Kunstschätze im Tempel. Es ist nicht möglich, mehr als drei Schlüsselteile und mehr als sechs Kunstschätze gleichzeitig zu transportieren. Allerdings können geborgene Teile auch wieder an anderen Orten abgelegt werden.

Ziel der Gruppe ist es, in einer vorgegebenen Zeit möglichst alle Kunstschätze zu bergen, das einzige Ausgangstor ausfindig zu machen, das sich mit den Kombinationsschlüsseln öffnen lässt und es *gemeinsam* mittels des aus drei Teilen bestehenden richtigen Schlüssels zu „öffnen". Nach Ablauf der Zeit dringen die Fluten in den Tempel ein!

Die Bilder auf den Karten sollten möglichst anregend und vielfältig sein. Sie können in einer anschließenden Reflexion genutzt werden, um Stimmungen während des Verlaufs darzustellen.

Vorbereitung:

Der Aufbau eines interessanten Labyrinths nimmt relativ viel Zeit in Anspruch. Es sollte für die TN zunächst unüberschaubar sein und viele Kreuzungspunkte aufweisen. Diese müssen (z. B. durch Festkleben des Seiles am Boden) so beschaffen sein, dass sie sich nicht während der Nutzung verschieben.

Mittels der Turngeräte können interessante Passagen (kriechen, klettern, springen usw.) errichtet werden. Insbesondere sollten sich hinter gelben und roten Reifen anspruchsvolle Herausforderungen, z. T. auch Sackgassen befinden. Immer wenn ein Gang sich zu einem Saal öffnet, ist darauf zu achten, dass dessen Grenzen klar definiert sind.

Neben der Komplexität des Aufbaus trägt eine Abdunklung der Halle viel zur angestrebten Atmosphäre bei.

Variante:

Noch mehr Dramatik kann in die Aktion gebracht werden, wenn die Halle mit fortschreitender Zeit zunehmend abgedunkelt wird und in der letzten Phase in völlige Nacht gehüllt wird. Einige wenige Taschenlampen sollten dann ebenfalls im Labyrinth versteckt sein.

Von Baum zu Baum

Ort:
im Wald

Eignung:
für Gruppen von 8–18 Personen

Dauer:
30–60 Minuten

Material:
Stöcke, eine Pfeife pro TN, evtl. verschiedene Klanginstrumente

Beschreibung der Aktion:

Die Gruppe bewegt sich nachts in Form einer langen Kette durch den Wald. Die erste TN startet und stellt sich nach etwa 10–15 m hinter einen Baum. Dort beginnt sie mit dem Stock ein Geräusch zu machen. Die zweite Person startet und läuft – sich an dem Geräusch orientierend – in Richtung dieses Baumes. Sobald sie ihn passiert hat, übernimmt sie selbst die Führung im Dunkel, wobei sie die Richtung geringfügig verändern kann, sich aber möglichst weiter von der Gruppe zu entfernen versucht. Nach wiederum 10–15 Metern bleibt sie ebenfalls hinter einem Baum stehen und beginnt dort ihrerseits ein gelegentliches Geräusch mit dem Stock zu machen. Nach und nach startet so die ganze Gruppe. Wenn die letzte Person sie passiert hat, setzt sich die erste TN, nunmehr selbst den Geräuschen folgend, wieder in Bewegung. Zwei Wanderer versuchen immer einen Abstand zwischen sich zu lassen, der so groß ist, dass sie sich möglichst nicht sehen. Während der gesamten Aktion schweigt die Gruppe. Wenn die Gruppe auf diese Weise sicher voran kommt, können die Abstände von Baum zu Baum auch allmählich erhöht und/oder die Frequenz der Klopfzeichen verringert werden.

Kommentar:

Auf keinen Fall darf irgendeine Form künstlichen Erschreckens, wie manche sie aus zurückliegenden Erfahrungen in Freizeiten vielleicht noch erinnern, in diese Aktion eingebaut werden. Ihre Herausforderung besteht darin, als Gruppe einen Rhythmus zu finden, der alle eine Mischung aus sicherer Orientierung und spannendem Kribbeln in der Dunkelheit erleben lässt. In jedem Fall sollte vereinbart werden, dass jede TN die Aktion durch einen Pfiff unmittelbar stoppen kann. Alle versammeln sich dann bei der Person, die gepfiffen hat und besprechen die Situation. Ansonsten versuchen sich die Leiterinnen so leise und unauffällig wie möglich in nicht allzu weiter Entfernung an der Gruppe entlang zu bewegen.

Variante:

Alle TN erhalten einfache Instrumente mit leicht unterschiedlichen Klängen. Das erleichtert das Erkennen von Personen und kann eine zusätzliche ästhetische Qualität in die Aktion bringen.

Die Barfußwanderung

Ort:
in einem landschaftlich interessanten und abwechslungsreichen Gelände

Dauer:
15–60 Minuten

Eignung:
für Gruppen von 10–30 Personen

Material:
evtl. eine Karte (1:25.000)

Beschreibung der Aktion:
Die Gruppe wählt eine Strecke aus, die sie barfuß zurücklegen will. Dies kann anhand der Karte oder anhand der sichtbaren landschaftlichen Gegebenheiten geschehen. Ziel sollte es sein, dass die TN möglichst vielfältige Sinneserfahrungen auf dieser Wanderung machen können. Im Sinne einer Gruppenaufgabe sollte vor Beginn der Wanderung aber auch ein angestrebtes Ziel bzw. die Dauer der Wanderung oder die Länge der Strecke festgelegt werden: Die Wanderung beginnt, wenn alle barfuß sind und sie endet, wenn die Gruppe das vereinbarte Ziel erreicht hat bzw. wenn die *erste* Teilnehmerin wieder in ihre Schuhe schlüpft.

Alternativ oder auch zusätzlich sind Wanderungen mit anderen Handicaps möglich:

Variante A (Bachwanderung):
Die ganze Gruppe soll sich eine vorher selbst festzulegende Strecke oder Zeit lang ausschließlich in einem Bachbett fortbewegen.

Variante B (stumme Wanderung):
Eine bestimmte, landschaftlich möglichst reizvolle Strecke soll in völligem Schweigen zurückgelegt werden. Vorher muss sich die Gruppe auf ein einfaches Ritual einigen, mit dem der „Schweigemarsch“ begonnen und beendet wird.

Mit dem Kopf durch den Wald

Ort:
im Gelände

Dauer:
15–45 Minuten

Eignung:
für Gruppen von 8–18 Personen

Material:
Karte (Maßstab 1:25000), Lineal und Bleistift, evtl. Kompass

Beschreibung der Aktion:

Der allseits bekannte Versuch mit dem Kopf durch die Wand zu gehen wird bei dieser Aktion einmal in den Wald verlegt.
Anhand der Karte wählen die TN eine Strecke zwischen zwei eindeutig identifizierbaren Geländepunkten aus, die sie in einer vollständig geraden Linie zurücklegen wollen. Diese Strecke tragen sie mit Bleistift und Lineal auf der Karte ein. Dann versuchen sie, diese Wanderung in die Wirklichkeit umzusetzen. Abweichungen von bis zu einem Meter, also z. B. die Umgehung von Bäumen, können unmittelbar nach dem Hindernis wieder ausgeglichen werden. Darüber hinausgehende Kursabweichungen haben einen Fehler zur Folge, der nicht mehr korrigiert werden kann, d. h. die Gruppe muss versuchen die nunmehr eingeschlagene Linie möglichst weiter geradeaus zu verfolgen. Die Aktion endet, wenn der angepeilte Geländepunkt erreicht oder passiert wird bzw. wenn die Gruppe angesichts von äußeren oder inneren Hindernissen beschließt, die Aufgabe abzubrechen.

Kommentar:

Diese Aktion eignet sich gut als Element im Rahmen einer ausgedehnteren Wanderung. Sie ist wesentlich schwieriger als es zunächst den Anschein hat. Ökologische Aspekte müssen sorgfältig bedacht und thematisiert werden. Auch bzgl. der Durchquerung von Feldern und fremden Grundstücken sind klare Grenzen zu setzen.
Im Rahmen der Auswertung können insbesondere das eigene Anspruchsniveau, der Umgang mit Frustrationen und Entscheidungsprozesse in der Gruppe thematisiert werden. Die Übung hat natürlich auch eine metaphorische Qualität, denn es wird mehr als deutlich, wie unsinnig, kräfteraubend und auf Dauer unmöglich es ist, nach einem vorgefertigten Plan kompromisslos nur noch eine einmal eingeschlagene Richtung zu verfolgen.

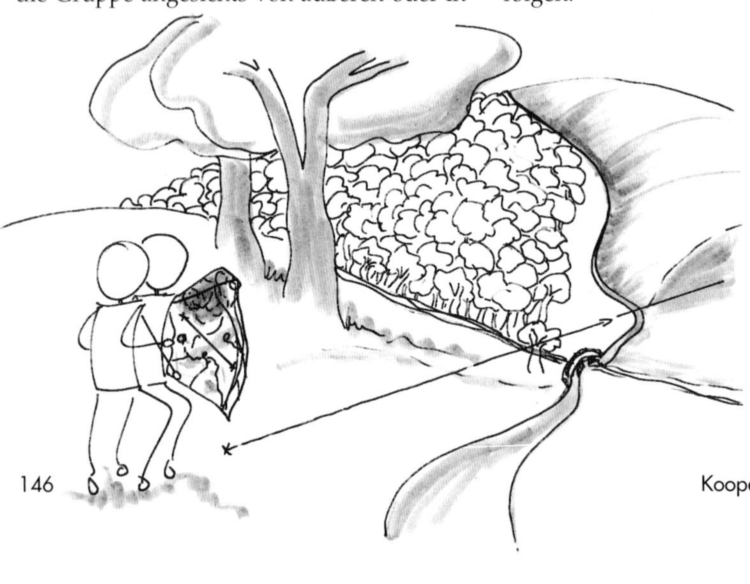

Call Ya

Ort:
im Gelände

Dauer:
2–5 Stunden

Eignung:
für Gruppen von 10–30 Personen

Material:
2 Handys, topographische Karten, Kompasse

Beschreibung der Aktion:

Im Vorfeld werden zwei etwa gleich lange Routen zu einem gemeinsamen Zielpunkt ausgewählt. Die Routen werden auf topographischen Karten eingezeichnet und wichtige Informationen werden in Form einer Wegbeschreibung festgehalten.

Zu Beginn der Aktion teilen sich die TN in zwei etwa gleich große Gruppen auf. Die Gruppen werden mit einem entsprechenden Tagesgepäck zu den Ausgangspunkten der Routen gefahren und erhalten dort Wegbeschreibung und Karte der *anderen* Gruppe sowie Kompass und ein Handy. Aufgabe beider Gruppen ist es nun, innerhalb einer vorgegebenen Zeit am gemeinsamen Zielpunkt anzukommen. Auch die Kommunikationsmöglichkeiten unterliegen durch eine Obergrenze der zur Verfügung stehenden Telefoneinheiten einer zeitlichen Beschränkung.

Variante A:

Statt am Ende der Wanderung treffen die Gruppen sich in der Mitte. Die erste Hälfte der Wanderung verläuft wie beschrieben. Am Treffpunkt müssen dann aber alle Karten und Notizen abgegeben werden, so dass beide Gruppen für den zweiten Teil auf die Exaktheit der Erinnerungen der jeweils anderen Gruppe angewiesen sind.

Variante B:

Es werden mehrere kleinere Strecken für drei bis fünf Untergruppen vorbereitet. Karten und Informationsmaterial werden so verteilt, dass zunächst Unklarheit darüber herrscht, wessen Unterlagen sich in wessen Händen befinden.

Kommentar:

Klassischerweise wird diese Aktion mit Funkgeräten durchgeführt, jedoch ist die Beschaffung von Handys heutzutage im Allgemeinen praktikabler. In beiden Fällen sollten die Empfangsgegebenheiten allerdings vorher getestet werden.

Auch sonst steht und fällt die Aktion mit der Sorgfalt bei den Vorbereitungen. Die Wegbeschreibungen müssen einerseits nachvollziehbar, dürfen andererseits nicht zu einfach sein. Vielfältige Variationen in der Art und Länge der Strecke und in den zur Verfügung gestellten Informationen sind hier möglich.

Der magische Wald

Ort:
in einem größeren, landschaftlich reizvollen Waldstück

Dauer:
2–3 Stunden

Eignung:
für Gruppen von 8–18 Personen

Material:
6–8 Seile (40–50 m), Springseile, 30–40 kleinere Gegenstände (bunte Tücher, Spielzeuge, Gebrauchsutensilien), Kordel, Augenbinden, vorbereitete Zettel

Beschreibung der Aktion:

Ein alter und vergessener Teil des Waldes soll bereist werden. Zahlreiche Schätze sind dort versteckt und warten darauf, geborgen zu werden. Allerdings ist die Reise nicht ganz ungefährlich. Durch den Wald schlängelt sich ein schmaler Pfad, der an machen Orten plötzlich unterbrochen ist. Seitenverzweigungen laden zur Erforschung ein, manche davon enden im Nichts, andere mögen sich als einzige Möglichkeit, den Weg fortzusetzen, entpuppen. Der magische Wald aber schluckt alle Geräusche, so dass die Reisenden sich nur an wenigen „Orten des Flüsterns" verständigen können. Und jenseits des Pfades herrscht völlige Dunkelheit. Der Eingang des Waldes schließlich ist den Reisenden verschlossen, sobald sie die ersten Meter des Pfades hinter sich gelassen haben. Nicht der Pfad selbst, sondern einzig das Auffinden und Entschlüsseln einer geheimen Botschaft führt sie dann zu einem neuen Ausgang.

Konkret bedeutet das:

- Entlang des Pfades (der Seile) soll der Wald erforscht werden. Nur ein direkter

Kontakt zum Seil erlaubt der betreffenden Person zu sehen. Ohne Seilkontakt ist eine Augenbinde aufzusetzen.

- Die an den Bäumen des Waldes befindlichen Schätze (die Gegenstände) sollen eingesammelt und die damit verbundenen Teile der geheimen Botschaft (Zettel) richtig zusammengesetzt und entschlüsselt werden.
- Nur innerhalb der „Orte des Flüsterns" (mit Springseilen markierte Kreise) ist eine stimmliche Verständigung möglich und auch das nur flüsternd mit den Personen im Kreis selbst.
- Die Aufgabe ist gelöst, wenn alle Schätze eingesammelt worden sind und die Gruppe entsprechend der Anweisungen der geheimen Botschaft den Wald gemeinsam wieder verlassen hat.

Vorbereitung:

Der Aufbau dieser Aktion nimmt einige Zeit in Anspruch. Die Seile werden etwa in Hüfthöhe zwischen den Bäumen verspannt, was einfacher ist, wenn Schlingen und Karabiner in größerer Menge vorhanden sind. Zwischen den Seilen werden Abstände unterschiedlicher Länge gelassen, max. aber so weit, dass das nächste Seil von irgendeinem Punkt des vorherigen Seils aus gesehen werden kann. Nach dem gleichen Prinzip werden die Springseile an zwei oder drei Orten, wo kleinere Bäume relativ dicht beieinander stehen, kreisförmig zusammengebunden. Schließlich werden, ebenfalls in unterschiedlichem Abstand zu den Seilen, aber immer von irgendeiner Passage aus sichtbar, die Gegenstände mit Schnüren an Ästen und Sträuchern aufgehängt. An diesen Gegenständen sollten die Zettel, aus denen sich die Botschaft zusammensetzt, im Vorfeld bereits befestigt worden sein. An jedem Gegenstand befindet sich also ein Zettel und die Gruppe weiß, wie viele Schätze insgesamt zu bergen sind.

Die geheime Botschaft:

Die geheime Botschaft hat die Form eines Reims. Auf jedem Zettel steht ein einzelnes Wort.

Die Wörter einer Zeile sind jeweils in einer Farbe geschrieben. Die Farbabfolge orientiert sich am Regenbogen. Eine relativ anspruchsvolle Botschaft aus 40 Teilen könnte etwa so lauten:

Ein sichrer Weg führt nur
Zurück aus Wald und Flur
In euer Haus
Wo dann die Reise aus
Wenn einer nur wird sehen
Von allen dann beim Gehen
Und wahret auch des Waldes Schweigen
Macht seine Stimmung euch zu eigen.

Kommentar:

Bedingt durch die vielen Ungewissheiten, was Weg, Schätze und Botschaft angeht, und durch die Ruhe kann eine sehr spannende und dichte Atmosphäre bei dieser Aktion aufkommen. Sie ermöglicht zum anderen ein harmonisches Zusammenspiel von individuellem und gemeinsamen Handeln sowie viele Nuancen von „challenge by choice": Wer möchte, kann sich von einer Entdeckungsreise auf die nächste begeben, ohne die Hilfe anderer ist dies jedoch fast aussichtslos. Andererseits ist es auch möglich, sich auf wenige blinde Passagen im Schutz der Gruppe zu beschränken.

Kartenkunst

Ort:
in einem abwechslungsreichen Gelände

Eignung:
für Gruppen von 8–18 Personen

Dauer:
2–3 Stunden

Material:
Papier in den unterschiedlichsten Größen, Stifte und Wachsmalkreide

Beschreibung der Aktion:
Zwei etwa gleich große Untergruppen werden von einem gemeinsamen Ausgangspunkt aus von den Leiterinnen in entgegengesetzter Richtung zu jeweils etwa 500 m bis 1 km entfernten Zielpunkten quer durch den Wald geführt. Dort erhalten sie die Aufgabe, eine Karte zu zeichnen, anhand derer es der anderen Gruppe gelingen kann, auf genau dem gleichen Weg zu diesem Zielpunkt zu gelangen. Dazu haben sie eine Stunde Zeit, dafür können sie sich in dem gesamten Gebiet zwischen Start- und Zielpunkt aufhalten. In dieser Zeit darf aber keinerlei Kontakt zu der anderen Gruppe aufgenommen werden. Außer einer Legende darf die Karte keinerlei Buchstaben oder Zahlen enthalten.
Anschließend werden die Karten gegenseitig übergeben und beide Gruppen versuchen sich damit in dem neuen Gelände zu orientieren. Schließlich erfolgt eine dritte und gemeinsame Ortsbegehung, bei der die Gruppen voneinander erfahren, wie es ihnen mit den Karten ergangen ist.

Kommentar:
Diese Aktion bedarf einer abwechslungsreichen Landschaft, die nicht zu leicht überschaubar sein sollte. Entsprechend den lokalen Gegebenheiten und den Fähigkeiten der Gruppe können die Entfernungen variiert werden. Die Gebiete der beiden Gruppen sollten idealerweise durch einen Weg eindeutig getrennt sein.

Netzkarte

Ort:
in einer Landschaft mit zahlreichen Wirtschafts- und Forstwegen

Dauer:
2–3 Stunden

Eignung:
für Gruppen von 8–18 Personen

Material:
pro TN ein Fahrrad und Helm, einige Kilometerzähler, Papier in unterschiedlichen Formaten, Stifte in mehreren Farben, eine detaillierte topographische Karte

Beschreibung der Aktion:

An einem Kreuzungspunkt mehrerer Wege bezieht die Gruppe ihr Ausgangsquartier. Sie erhält nun die Aufgabe, innerhalb einer vorgegebenen Zeit ein umfassendes und möglichst maßstabsgetreues Netz der mit dem Fahrrad fahrbaren Wege im Umkreis dieses Quartiers aufzuzeichnen. Straßen dürfen immer nur kurzfristig als Verbindungsstücke zwischen zwei Wegen befahren werden.
Anlässlich der Auswertung kann die Karte mit einer topographischen Karte der Region verglichen werden.

Kommentar:

Diese Aufgabe ermöglicht den TN einerseits ein hohes Ausmaß an individueller Bewegungsfreiheit, verlangt aber andererseits auch detaillierte Absprachen und einen guten Informationsaustausch, um einigermaßen erfolgreich bewältigt werden zu können. Die Dimension des Umkreises um den Treffpunkt der Gruppe wird bewusst offen gelassen.
Ein allzu gebirgiges Gelände eignet sich weniger gut für diese Aktion.

Fahrrad ohne Straße

Ort:
in einer Landschaft mit vielen Wirtschafts-, Forst- und Fahrradwegen

Dauer:
4–8 Stunden

Eignung:
für Gruppen von 10–30 Personen

Material:
pro TN: Fahrrad, Helm, Tagesgepäck
1x pro Untergruppe: vorbereitete Kartenausschnitte, Kilometerzähler, Fotoapparat oder Sofortbildkamera

Beschreibung der Aktion:

Die Gruppe erhält die Aufgabe mit dem Fahrrad das Gebiet zwischen den gemeinsamen Ausgangs- und Zielpunkten zu erforschen. Dabei gilt es allerdings, eine wichtige Einschränkung zu berücksichtigen:
Keine TN darf mehr als zehn Prozent ihrer Fahrstrecke außerhalb geschlossener Ortschaften auf (Bundes-, Land- oder Kreis-) Straßen zurücklegen.
Die Gruppe ist also auf die Erkundung und Nutzung von Fahrrad-, Forst- und Wirtschaftswegen angewiesen. Sie kann sich in kleinere Untergruppen aufteilen, jede davon muss allerdings aus mindestens drei Personen bestehen. Zur Bearbeitung des umfangreichen Aufgabenpaketes steht eine vorgegebene Zeit zur Verfügung. Nach Ablauf dieser Zeit treffen sich alle an einem vorgegebenen Zielpunkt. Vor dem Start hat die Gruppe eine längere Planungszeit.

Kommentar:

Fahrradtouren gehören zu den risikobehafteteren Unternehmungen, da die TN – im Gegensatz zu vielen anderen Abenteueraktionen – die dabei vorhandenen objektiven Gefahren meist subjektiv geringer einschätzen. Mit dieser Aufgabenstellung werden die verkehrsbedingten Risiken einerseits deutlich minimiert, andererseits wird die Tour ziemlich anspruchsvoll, weil ein Netz aus befahrbaren Wegen meist nur in einer Kombination aus sorgfältigem Kartenstudium und spannenden Erkundungsfahrten zu erschließen ist.

Variante:

Statt sich wie in nebenstehendem beispielhaften Aufgabenpaket auf die Ortschaften zu konzentrieren, können unterwegs Botschaften versteckt werden. Diese Variante setzt allerdings relativ intensive Vorbereitungen vor Ort voraus.

Aufgabenpaket zur Fahrradexpedition

1. Besucht alle eingezeichneten Siedlungen (1–20), die auf eurem Weg liegen, und findet heraus, wie sie heißen.

2. Macht in jeder Siedlung ein Bild, das eine Expeditionsteilnehmerin vor dem eurer Meinung nach schönsten Gebäude der Siedlung zeigt.

3. Findet heraus, wie viele Einwohner jede der Siedlungen hat.

4. Findet die Namen der ältesten Bewohnerin und des jüngsten Bewohners heraus.

5. Findet heraus, wo das älteste Haus der Region steht und macht ein Bild davon.

6. Entdeckt alte Landmaschinen und fotografiert sie.

7. Findet heraus, wie viele religiöse Führer bzw. Führerinnen in der Region leben und welche Religion sie vertreten.

8. Findet heraus, ob in der Region Künstler leben und was sie machen.

9. Findet heraus, welche Handwerker es gibt.

10. Findet heraus, was in den einzelnen Siedlungen für Jugendliche geboten wird.

11. Zählt alle Geschäfte auf, die ihr in der Region finden könnt.

12. Findet heraus, welche Unterkunftsmöglichkeiten es für Fremde gibt.

13. Sammelt die Namen möglichst vieler Nutztiere, die ihr auf den Höfen und Weiden entdecken könnt.

14. Findet heraus, welche Siedlungsbewohner die am weitesten entferntesten Arbeitsplätze haben.

15. Macht in einer Siedlung ein Foto, auf dem alle anwesenden Bewohner und Bewohnerinnen abgebildet sind.

Die Löschräder

Ort:
in einer überschaubaren Ortschaft

Dauer:
2–3 Stunden

Eignung:
für Gruppen von 9–18 Personen

Material:
in Einzelteile zerlegte alte Fahrräder und Fahrradteile mit entsprechendem Werkzeug, alte Lappen und Petroleum, Holzstücke, Alu- und Plastikfolien, Tücher, Helme, Eimer, Schläuche, Becher, Kanister, Pfeifen, Hupen, Pappe, Papier, Stifte, Kordel, Klebeband, etc.

Beschreibung der Aktion:

Drei Teams stehen vor einer identischen Aufgabe: Aus einer Sammlung von Teilen alter Fahrräder, Holzstücken, Eimern, Folie, Tüchern und diversen anderen Materialien soll jeweils ein „Löschrad" zusammengebaut werden. Die Materialdepots der drei Gruppen befinden sich an unterschiedlichen Stellen eines überschaubaren Dorfes. Keines dieser Depots enthält allerdings alle Materialien, die zur Lösung dieser Aufgabe erforderlich sind: Manches ist im Überfluss vorhanden, anderes gar nicht und eine Reihe von Materialien ergeben erst auf den zweiten oder dritten Blick einen Sinn. Verhandlungen und Tausch von Material mit anderen Gruppen sind möglich, allerdings nur an einem eigens dafür vorgesehenen zentralen Platz und nur unter Beachtung bestimmter zeitlicher Beschränkungen. In jedem Materialdepot liegt schließlich eine Skizze des Dorfes aus, welches in drei Bereiche aufgeteilt worden ist. Jede Gruppe hat die Möglichkeit, in ihrem Teil des Dorfes evtl. weitere nützliche Materialien zu besorgen. Nach Ablauf einer festgelegten Zeit finden sich alle „Löschmannschaften" mit ihren Rädern zu einer Präsentation an dem zentralen Platz ein. Der abschließende Höhepunkt der Aktion ist dann die Bekämpfung eines künstlich angelegten Brandherdes. Dazu wird jeweils ein alter Stofflappen mit Duftpetroleum getränkt und angezündet. Ausgerüstet mit ihrem Löschrad fahren die drei Teams nacheinander einen Einsatz zur Löschung dieses Testbrandes.

Kommentar:

Ein Reiz dieser Aktion liegt darin, dass technische, kreative und kommunikative Fähigkeiten der Teilnehmerinnen gleichermaßen gefragt sind. Je nach Gruppe und Zielsetzung kann jeder dieser Aspekte besonders betont

werden, etwa durch die Bereitstellung reparaturbedürftiger Teile, durch eine bunte Mischung von Verkleidungsutensilien bzw. durch Beschränkung des zur Verfügung stehenden Materials und der Verhandlungsmodalitäten.

Reaktivierung der Löschräder

Im Rahmen massiver Einsparungsmaßnahmen sind auch der Freiwilligen Feuerwehr von Gründorf die Mittel gekürzt worden. Auf einer Krisensitzung wurde beschlossen, wieder verstärkt auf Energie sparende Löschmethoden zurückzugreifen. Große Hoffnungen setzt die Gemeinde jetzt auf die Reaktivierung der vor vielen Jahren stillgelegten Löschräder. Leider sind die Räder inzwischen in einem ziemlich trostlosen Zustand und es findet sich niemand mehr, der noch mit der Technologie und Bedienung vertraut wäre.

Zusammen mit zwei weiteren Teams habt ihr den Auftrag erhalten, jeweils ein altes Löschrad zu reaktivieren und in einen einsatzfähigen Zustand zu versetzen. Im Einzelnen kommen folgende Aufgaben auf euch zu:

- Versetzt das Löschrad in einen *fahrbereiten Zustand*.
- Entwickelt eine *transportable Löschvorrichtung*, mit der ihr in der Lage seid, einen Kleinbrand unverzüglich zu löschen.
- Stattet das Löschrad mit einem *akustischen* und mit einem *optischen Warnsignal* aus. Beide Signale müssen auch während eines längeren Einsatzes betriebsbereit sein.
- Rüstet das Rad für einen *Zweipersoneneinsatz* aus. Neben der Fahrerin oder dem Fahrer muss also noch eine Löschtechnikerin oder ein Löschtechniker auf dem Rad Platz finden. Aus Gründen der Gleichstellung fordert die Gemeinde darüber hinaus, dass das Löschrad gemischtgeschlechtlich besetzt sein muss.
- Gebt dem Fahrzeug einen *Namen* und tragt diesen als deutlich lesbaren *Schriftzug* auf dem Rad auf.
- Konzipiert eine *einheitliche Uniform* und kleidet euer gesamtes Team damit ein.
- Schreibt eine *detaillierte Bedienungsanleitung*, die es notfalls auch fremden Löschteams erlauben würde, einen Einsatz mit dem Löschrad zu fahren.

Zur Verfügung stehen euch die Materialien, welche die Freiwillige Feuerwehr auf die Schnelle zusammentragen konnte. Falls ihr weitere Materialien benötigt, stehen euch folgende Möglichkeiten offen:

- Ihr könnt mit den beiden anderen Teams in Verhandlung treten. Ein direkter Besuch in deren Werkstätten ist allerdings nicht möglich, da zu hohe Fahrtkosten entstehen würden. Auf dem Ortsplan ist jedoch ein Treffpunkt eingezeichnet, an dem ihr euch zu Besprechungen zusammenfinden könnt. Besprechungen sind natürlich teuer. Daher hat euch die Gemeinde *maximal 15 Minuten Besprechungszeit* eingeräumt. Außerdem dürft ihr immer nur ein Mitglied eures Teams zu den Besprechungen schicken.
- Weiterhin steht es euch frei, bei der Gründorfer Bevölkerung weitere Materialien zu besorgen. Hierfür dürfen allerdings keinerlei finanzielle Ausgaben getätigt werden. Um faire Bedingungen zu schaffen, wurde jedem Team ein Ortsteil zugewiesen, innerhalb dessen ihr agieren könnt. Dienstreisen über diesen Bereich hinaus sind grundsätzlich ausgeschlossen.

Aus Gründen der Rationalisierung wurde darüber hinaus folgende Vorgabe gemacht: *Alle Materialien, die sich in der Werkstatt befinden bzw. dort zusammengetragen wurden, müssen zum Bau des Löschrades auch verwendet werden!*

Die Freiwillige Feuerwehr wird eine *Einweihungsveranstaltung* organisieren, auf der alle drei Teams die technischen Daten ihres Löschrades präsentieren und anschließend einen ersten Probeeinsatz fahren sollen.

Labyrinth der Wege

Ort:
in einem Wald mit ausgedehntem Wegenetz

Dauer:
60–90 Minuten

Eignung:
für Gruppen von 10–30 Personen

Material:
1 Fahrrad und Helm pro Person
Für die Varianten: Kartenausschnitte bzw. Taschenlampen und Kordel (mehrere 100 m)

Beschreibung der Aktion:

In einem Waldstück sind – von den Wegen aus mehr oder weniger gut sichtbar – verschiedene Gegenstände in den Bäumen aufgehängt worden. An jedem Gegenstand befindet sich ein Teil einer Botschaft aus der z. B. die weitere Strecke der Fahrradtour hervorgeht. Aufgabe der Gruppe ist es, innerhalb einer begrenzten Zeit das Gebiet mit dem Fahrrad zu durchkämmen, die versteckten Gegenstände dabei ausfindig zu machen und daraus schließlich die Botschaft zu entschlüsseln.

Kommentar:

Das Niveau der Herausforderung hängt bei dieser Aufgabe entscheidend von der Beschaffenheit und Größe des ausgewählten Waldstückes ab. Es muss einerseits einigermaßen eindeutige Grenzen haben und sollte andererseits über ein Wegenetz verfügen, das kompliziert genug ist, sich gründlich zu verirren, wenn keine hinreichenden Planungen und Absprachen vorgenommen werden. Ein allzu steiles Terrain eignet sich nicht.

Variante A:

Die Gruppe erhält Kartenausschnitte, auf denen das Netz der Wege, an denen sich Teile der Botschaft befinden, eingezeichnet sind. Dadurch muss das Terrain nicht mehr eindeutig begrenzt werden.

Variante B:

Die Aufgabe wird ohne Fahrräder durchgeführt, dafür aber in der Nacht. Die Gruppe erhält dazu eine begrenzte Anzahl an Taschenlampen und eine größere Menge Kordel. Mittels der Kordel müssen alle Bäume, an denen sich Gegenstände befinden, miteinander verbunden werden, bevor die Botschaft entschlüsselt werden kann. Hierfür wird ein vergleichsweise kleines und überschaubares Waldstück benötigt.

Treibgut

Ort:
auf einem See oder Teich

Dauer:
60–90 Minuten

Eignung:
für Gruppen von 8–18 Personen

Material:
Kanus, Luftmatratzen in verschiedenen Größen, Paddel, Augenbinden, Schwimmwesten (1 pro Person), 30–50 kleine schwimmende Gegenstände, 2–3 schwimmende Inseln, improvisierte Netze, Fang- und Greifgeräte

Beschreibung der Aktion:

Die schwimmenden Inseln werden mittels Kordel mit einem Ankerstein versehen und vom Kanu aus auf dem Wasser ausgesetzt. Dann wird das Treibgut an mehreren Stellen über Bord geworfen.

Ihrerseits ausgestattet mit ein oder zwei Kanus, mehreren Luftmatratzen und einer begrenzten Anzahl von Paddeln hat die Gruppe nun die Aufgabe, das Treibgut innerhalb einer begrenzten Zeit wieder einzusammeln. Dabei sind folgende Regeln zu beachten:

- Der See kann ausschließlich mittels eines Wasserfahrzeuges befahren werden. Niemand darf schwimmen.
- Treibgut kann nur mittels der eigens dafür bereitgestellten Fang- und Greifwerkzeuge geborgen werden. Direkter Kontakt mit den Händen ist zu vermeiden.
- Wer ein Paddel in der Hand hält, muss gleichzeitig eine Augenbinde aufsetzen.
- Sämtliches Treibgut ist unmittelbar auf den schwimmenden Inseln zwischenzulagern. Ein Wasserfahrzeug darf – zunächst – immer nur ein einzelnes Treibgut zur Zeit transportieren.
- Die schwimmenden Inseln mit dem gesammelten Treibgut müssen schließlich innerhalb der vorgegebenen Zeit an Land gebracht werden. Sobald die erste Insel von einem Wasserfahrzeug geborgen wurde, darf kein Treibgut mehr eingesammelt werden.
- Alle Fahrzeuge samt Besatzung müssen innerhalb der vorgegebenen Zeit wieder an Land sein.

Vor dem Start erhält die Gruppe 20 Minuten Planungszeit. Diese darf auch zur Erprobung der Fahrzeuge und Bergungsinstrumente genutzt werden.

Kommentar:

Die Zeit für diese Aufgabe ist abhängig von der Größe des Gewässers und insbesondere auch von den Windverhältnissen. Stärkerer Wind erschwert nicht nur die Bergung von Treibgut, sondern kann auch für Überraschungen und zusätzliche Spannung sorgen, wenn bereits auf den Inseln gelagerte Teile wieder über Bord geweht werden.

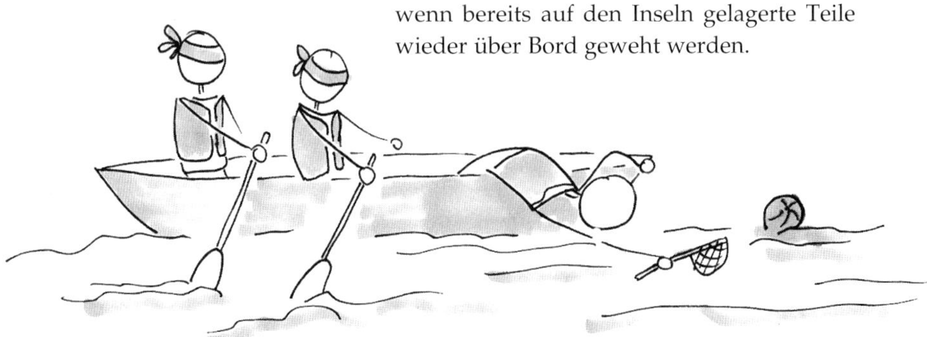

Der Schiffstransport

Ort:
an und auf einem See oder Teich

Dauer:
2–3 Stunden

Eignung:
für Gruppen von 12–30 Personen

Material:
Paddel, Schwimmwesten (für alle TN), große Luftmatratzen, Seile
Transportgut: Tennisbälle, Softbälle, Filmdöschen, Flaschen
Konstruktionsmaterial: Papier, Karton, Styropor, Luftballons, Holz, Klebeband, Kordel, Scheren, Messer, u. a.

Beschreibung der Aktion:

Die TN teilen sich in drei Gruppen auf und versammeln sich an den dafür mithilfe der Seile abgegrenzten Plätzen. Dort haben sie die Aufgabe, eine Konstruktion zu bauen, mithilfe derer wertvolles Transportgut an das andere Ufer des Sees verschifft werden kann. Etwa gleich weit von allen Gruppen entfernt wird ein Versammlungsplatz markiert. Im Einzelnen steht den Gruppen zur Verfügung:

- Paddel und Schwimmwesten und 1–3 große Luftmatratzen
- verschiedene Transportgüter
- zahlreiche Materialien zur Konstruktion eines Transportschiffes

Die TN selbst dürfen den See ausschließlich auf den Matratzen überqueren. Für das Transportgut hingegen muss ein eigenes Schiff gebaut werden, das nicht mit den Matratzen in Berührung kommen darf, sondern die Reise als Begleitfahrzeug schwimmend mindestens 2 m von den Matratzen entfernt zurücklegen muss.

Transportgüter und Konstruktionsmaterialien werden *ungleich* auf die Gruppen verteilt. Jede Gruppe erhält dazu eine vollständige Liste aller insgesamt zur Verfügung stehenden Güter und Materialien. Andere Materialien sind nicht zugelassen.

Jeweils ein Gruppenmitglied zur Zeit darf am Versammlungsplatz mit Vertretern anderer Gruppen zusammentreffen und verhandeln. Auch Güter und Materialien dürfen dazu mitgenommen werden. Gebaut werden darf aber nur innerhalb der eigenen Konstruktionsplätze. Diese dürfen von Vertretern anderer Gruppen zu keinem Zeitpunkt betreten werden.

Ziel jeder Gruppe ist es, innerhalb einer vorgegebenen Maximalzeit möglichst viele Güter *trocken* an das andere Ufer zu transportieren. Gleichzeitig muss von der Gesamtgruppe eine Mindestpunktzahl erreicht werden. Entsprechend ihrem Gewicht und ihrer Größe erhalten die Güter unterschiedliche Werte (z. B. Filmdöschen 1 P., Flasche 10 P.). Es bleibt den Gruppen überlassen, den Transport in einer einzigen oder in mehreren Fahrten zu machen. Nasse Güter gelten als verdorben und gehen nicht in die Wertung ein.

Kommentar:

Ein Reiz dieser Aufgabe liegt in dem versteckten Spannungsfeld von Konkurrenz und Kooperation zwischen den Gruppen. Durch die Art der zur Verfügung gestellten Materialien kann die Schwierigkeit erheblich variiert werden.

Das Luftballonfloß

Ort:
auf einem See oder Teich

Dauer:
2–3 Stunden

Eignung:
für Gruppen von 8–18 Personen

Material:
8 Kanthölzer (6 x 8 x 350 cm), 10–20 Dachlatten à 3 m, 200 Luftballons, 300 m Kordel, Seile und Seilstücke (ca. 100 m), 3 Plastikplanen (1 Stück 6 x 4 m und 2 Stücke 3 x 4 m), 24 festere Plastikmüllsäcke, eine Rolle Klebeband, 2 Scheren, Schwimmwesten (für alle TN)

Beschreibung der Aktion:
Die Gruppe steht vor der Aufgabe mit dem spärlich vorhandenen, angeschwemmten Treibgut (Seile, Luftballons, Kordel, Planen und Latten) ein Floß zu konstruieren, um damit die trostlose Insel, auf die sie durch ein Schiffsunglück verschlagen wurde, wieder zu verlassen.
Außer dem Treibgut kann die Gruppe keine weiteren Hilfsmittel benutzen. Es versteht sich von selbst, dass alle Spielerinnen auf dem Floß Platz finden müssen, um die Insel gemeinsam zu verlassen. Die Überfahrt soll so gestaltet werden, dass niemand dabei nass wird oder gar ins Wasser fällt.
Das Ziel der Überfahrt ist das Festland, welches von der Insel aus schon zu sehen ist.

Kommentar:
Der Bau eines Luftballonfloßes und die Fahrt darauf ist eine sehr eindrucksvolle Aktion, die allerdings leider einen recht hohen Materialverschleiß (Luftballons, Müllsäcke) mit sich bringt. Um eine übermäßige Müllproduktion zu vermeiden, sollte man sich bereits im Vorfeld überlegen, in welchem Zusammenhang die Ballons anschließend noch gebraucht werden können und wie sie evtl. zu transportieren und zu lagern sind. Auch die Säcke sollten möglichst noch einmal verwertet werden.

Floßbau mit beschränkten Mitteln

Ort:
an einem Teich oder Fluss

Dauer:
2–3 Stunden

Eignung:
für Gruppen von 8–18 Personen

Material:
alte Reifenschläuche, Plastikplanen, Müllsäcke, Schnüre, Kordel, Paketklebeband, verschiedene kleinere Holzstangen und -bretter, Säge, Hammer und Nägel, Seile, Schwimmwesten

Beschreibung der Aktion:
Am Ufer eines Teiches oder kleineren Flusses werden zahlreiche Materialien ausgelegt (s. o.). Aus diesen Materialien soll die Gruppe ein oder mehrere Wasserfahrzeuge bauen. Mithilfe derer alle sicher und möglichst trocken ans andere Ufer gelangen können. Schwimmen ist nur im Notfall möglich und die Seile können nicht als Baumaterial verwendet werden.

Kommentar:
Ein Reiz dieser Aufgabe liegt darin, dass der Bau eines Floßes aus den vorhandenen Materialien zunächst alles andere als selbstverständlich erscheint. Es sollte andererseits genug Material für mehrere parallele Bauprojekte vorhanden sein.
Die Überquerung eines Flusses ist angesichts der Strömung anspruchsvoller als eine Fahrt über einen Teich.

Sommersonnenwende auf dem Titicacasee

Ort:
auf einem See

Dauer:
3–5 Stunden

Eignung:
für Gruppen von 8–18 Personen

Material:
4 Boote, Paddel, Schwimmwesten, wasserdichte Säcke, Tonnen, Bretter, Balken, Schnüre, Seile, Kordel, Iglu-Zelt, Papier, Stifte, (Schmink-)Farben, Musikinstrumente, Federn, Tücher u. a.

Beschreibung der Aktion:

Zum Einstieg in die Aktion werden den Spielerinnen die vorher zusammengestellten Materialien inkl. der Bootsausrüstung mit folgenden Worten überreicht:
„Ihr seid eine Gruppe von Hohen Priesterinnen der Inka-Kultur. Vor euch liegt eines der wichtigsten Ereignisse des Jahres: Die Vorbereitung und Leitung des Sommersonnwendfestes auf dem Titicacasee. Dieses Fest soll mitten auf dem See auf einer schwimmenden Insel stattfinden. Auf dieser Insel müsst ihr die heilige Hütte erbauen, den symbolischen Ort, an dem nach eurem Glauben vor langer Zeit die Sonne zum ersten Mal erschienen ist." Vor oder in der Hütte sollen dann folgende Zeremonien abgehalten werden:

- Die Überreichung symbolischer Geschenke
- Die feierliche Entrollung des Sonnen-Totems
- Die Verlesung der Sonnenprophezeiung für das neue Jahr

Fehlendes Material kann von der Gruppe nach Bedarf und Möglichkeiten noch ergänzt werden.

Kommentar:

Dies ist eine äußerst komplexe Aufgabe, die sowohl technische (Aufbau eines Zeltes auf einem Floß!) als auch kreative (Gestaltung eines Totems, Verkleidungen, Texte und Geschenke) Kompetenzen und Interessen erfordert. Sie eignet sich als Höhepunktaktion für eine Gruppe, die bereits verschiedene nicht ganz so anspruchsvolle Aufgaben vergleichbarer Art bewältigt hat.

Ein Tag im Leben eines Bahnhofs

Ort:
an einem größeren Bahnhof

Dauer:
5–8 Stunden

Eignung:
für Gruppen von 10–30 Personen

Material:
Fotoapparate, Diktiergeräte, evtl. Videokamera

Beschreibung der Aktion:

Die Gruppe erhält die Gelegenheit, einige Stunden lang gemeinsam einen größeren Bahnhof zu besuchen, verbunden mit der Herausforderung, dabei möglichst umfassende Informationen über das Leben auf dem Bahnhof und über die Hintergründe seines Funktionierens zu sammeln. Im Einzelnen kann es z. B. gehen um

- die Fahrgäste: Wo kommen sie her? Wo reisen sie hin? Warum sind sie mit dem Zug unterwegs?
- andere Bahnhofsbesucher: Was machen sie dort? Wie oft kommen sie hierher?
- das Bahnhofspersonal: Welche Aufgaben und Berufe gibt es hier? Wie sieht ein Tagesablauf des Zugpersonals aus?
- Technik und Logistik: Wie werden Züge angetrieben und gesteuert? Welche Sicherheitssysteme gibt es? Wie funktionieren die Fahrpläne und wer macht sie?
- die Infrastruktur des Bahnhofs: Was wird hier alles geboten? Zu welchen Zeiten? usw.

Diese Fragen werden nur als Anregungen eingegeben. In einer längeren Vorbereitungsphase entscheidet die Gruppe selbst, was sie herausfinden und wie sie dabei vorgehen will. Im Anschluss an die Aktion können die Informationen neben der gruppeninternen Auswertung für eine Ausstellung oder Präsentation aufgearbeitet werden.

Kommentar:

Ein Reiz dieser Aufgabe liegt in der Ungewissheit, zu welchen Informationen man auf dem Bahnhof tatsächlich Zugang bekommen wird. Insbesondere Kreativität und der Mut, mit fremden Menschen in Kontakt zu treten, sind hier gefragt.

Variante:

Der Rhythmus des Bahnhofs über die gesamte Spanne eines Tages hinweg soll untersucht werden. Dazu reist die Gruppe so an und ab, dass sie tatsächlich 24 Stunden auf dem Bahnhof verbringt: Eine relativ extreme Aufgabenstellung, deren Rahmen vom Leitungsteam sehr sorgfältig geplant werden muss.

Abenteuer-Triathlon

Ort:
in einer ansprechenden Landschaft

Dauer:
mehrere Tage

Eignung:
für Gruppen von 8–18 Personen

Material:
Fahrräder und Packtaschen, Kanus, Paddel, Schwimmwesten, wasserdichte Säcke und Tonnen, Rucksäcke, Schlafsäcke, Matten, Zelte oder Planen, Kochgeschirr, Karten

Beschreibung der Aktion:

Eine längere Strecke, idealerweise ein Rundkurs, soll mit drei unterschiedlichen Fortbewegungsmitteln zurückgelegt werden: mit Kanus, mit Fahrrädern und zu Fuß. Festgelegt sind lediglich die Orte, an denen ein Wechsel der Fortbewegungsmittel stattfindet. Dort wird auch die Ausrüstung für die jeweils nächste Etappe deponiert. Ansonsten wird die Expedition völlig eigenständig von der Gruppe geplant. Für Lebensmittel und Getränke steht ein Budget zur Verfügung, das auf Einkäufe am Anfang bzw. an den beiden Etappenstationen aufgeteilt werden kann. Dazwischen sollte die Gruppe versuchen, sich autonom von der Zivilisation fortzubewegen.

Kommentar:

Dies ist eine sehr aufwändige Aktion, die umfangreiche Planungen und Vorbereitungen eines größeren Leitungsteams erfordert. Es gilt eine Strecke ausfindig zu machen, die der physischen und psychischen Leistungsfähigkeit der TN gerecht wird und bei der die Gruppe sich möglichst weit weg von den Ablenkungen der Zivilisation bewegt.

Wegbegleiter

Ort:
überall möglich

Eignung:
für Gruppen von 10–30 Personen

Dauer:
15–30 Minuten

Material:
Karteikarten und Stifte

Einsatzmöglichkeiten:
Zielfindung und Zwischenreflexionen

Einstieg/Zielfindung:
In der Anfangsphase des Seminars oder Projekts werden alle TN gebeten, sich drei individuelle Ziele und drei Ziele im Hinblick auf die Gruppe zu überlegen. Diese Ziele sollen dann in Form eines Stichwortes und eines erläuternden Satzes gut lesbar auf Karteikarten geschrieben werden. Die Karten mit den individuellen Zielen werden unmittelbar eingesteckt und die Karten mit den Gruppenzielen werden in der Mitte ausgelegt und nach Stichworten sortiert. Die Mitspielerinnen sollen sich nun auf sieben Ziele, die sie gemeinsam verfolgen wollen, einigen. Die entsprechenden Karten werden dann, ebenso wie die individuellen Karten, zu ständigen Wegbegleitern, d. h. die TN haben dafür Sorge zu tragen, dass die Karten immer griffbereit sind. Die übrig gebliebenen Karten nimmt das Leitungsteam an sich und hält sie ebenfalls für kommende Zwischenreflexionen bereit.

Variante:
In Gruppen, die anfangs mit einer relativ unklaren Vorstellung ihrer eigenen Erwartungen in die gemeinsame Arbeit starten, kann auch mit weniger Zielen (z. B. nur jeweils ein individuelles und ein Gruppenziel aufschreiben, drei gemeinsame Ziele auswählen) begonnen werden. In den Zwischenreflexionen können dann neue Erkenntnisse in zusätzlichen Karten Niederschlag finden.

Zwischenreflexionen:
In der Folge können die Karten im Anschluss an einzelne Spiele und Aktionen, aber auch anlässlich einer Spielunterbrechung, zu Reflexionen darüber genutzt werden, inwieweit das, was geschieht, mit dem übereinstimmt, was die Einzelnen und die Gruppe sich vorgenommen bzw. gewünscht haben. Dazu werden zunächst – nach Art der Karten gemeinsam oder jede für sich – alle Karten in einem Kontinuum ausgelegt, von dem ein Pol „völlige Verwirklichung“ bedeutet und der andere „totale Vernachlässigung“. Dieses Bild dient dann als Grundlage für ein Gespräch, wie zufrieden die TN mit dem sind, was zur Zeit passiert und was entsprechend verändert werden könnte. Da Ziele nichts Statisches sind, sollte in jeder Zwischenreflexion außerdem die Möglichkeit gegeben werden, eine Zielkarte auszutauschen, wobei bzgl. der Gruppenziele insbesondere auf die ursprüngliche Sammlung zurückgegriffen werden kann.

Veränderungen

Ort:
überall möglich

Eignung:
für Gruppen von 10–30 Personen

Dauer:
1x 20 Minuten
1x 45 Minuten

Material:
Papier und Stifte

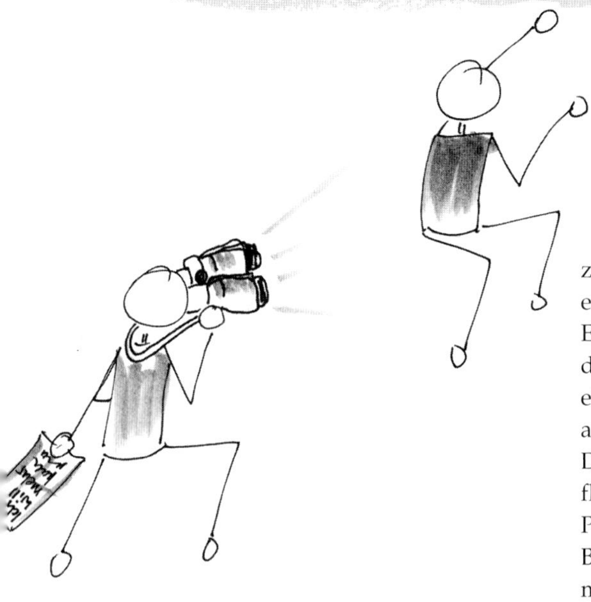

Einsatzmöglichkeiten:
Zielklärung, Feedback und Zwischenreflexion

Die erste Phase dieser Übung besteht darin, dass alle TN sich ein persönliches Vorhaben überlegen, das sie in der Gruppe realisieren wollen. Dieses Vorhaben sollte in Zusammenhang mit dem stehen, was sie hier über sich gelernt haben und eine konkrete Veränderung des bisherigen Verhaltens in der Gruppe beinhalten. Diesen Plan fassen alle in wenigen Sätzen auf einem Zettel zusammen. Die Zettel werden mit dem eigenen Namen versehen, gefaltet, gemischt und neu verteilt. Jede sollte nun den Zettel eines anderen Gruppenmitglieds haben und es sollte zunächst geheim gehalten werden, um wen es sich jeweils dabei handelt.
Einen Tag lang haben nun alle die Aufgabe, die Person, deren Zettel sie gezogen haben, ebenso aufmerksam wie unauffällig zu beobachten.
Dann kommt die Gruppe wieder zu einer Reflexionsphase zusammen und die jeweiligen Paare tauschen sich über ihre Vorhaben bzw. Beobachtungen aus. Da die Person, welche man beobachtet hat, in der Regel nicht mit derjenigen identisch ist, von der man selbst beobachtet wurde, bedarf es eines relativ flexiblen Wechsels der Paare. Im Plenum kann anschließend ein genereller Austausch über die Erfahrungen bei dieser Übung erfolgen.

Kommentar:
Die Stärke dieser Übung ist gleichzeitig ihre Schwäche. Sie belässt die Verantwortung, sich über Veränderungen Gedanken zu machen und diese Gedanken in die Tat umzusetzen, da wo sie hingehört – bei den Teilnehmerinnen selbst. Sie macht daher auch nur in solchen Gruppen Sinn, in denen es klar ist, dass die TN von sich aus an eigenen Lernzielen arbeiten wollen. Zusätzlich setzt die Übung eine relativ hohe Beobachtungs- und Kommunikationskompetenz voraus.

Der verwunschene Kreis

Ort:
in einer Halle oder auf einer Wiese

Eignung:
für Gruppen von 8–18 Personen

Dauer:
20–30 Minuten

Material:
ein Seil, eine Sammlung verschiedener Spielmaterialien

Einsatzmöglichkeiten:
Zielklärung und Zwischenbilanz

Mithilfe eines Seiles wird ein Kreis von ca. 6 m Umfang ausgelegt. Daneben werden zahlreiche größere und kleinere Spielmaterialien platziert. Alle TN haben nun die Aufgabe, sich einen Wunsch oder ein Ziel zu überlegen, das sie den anderen Gruppenmitgliedern mitteilen möchten und zu dessen Verwirklichung sie sich deren Unterstützung erhoffen.
Es kann sich sowohl um ein persönliches Ziel handeln, bei dessen Realisierung eine Unterstützung der Gruppe eher moralischer Natur sein kann, als auch um ein auf die Gruppe bezogenes Ziel, welches durch konkrete Handlungen anderer Gruppenmitglieder in Angriff genommen werden kann.
Symbolisch für das jeweilige Ziel suchen sich alle dann einen der Gegenstände aus. Nacheinander werden diese unter Nennung des jeweiligen Wunsches oder Ziels dann im Kreis platziert. Der Ort sollte dabei mit Bedacht gewählt werden: Das Zentrum des Kreises steht für sehr anspruchsvolle Ziele, die Peripherie für eher leicht zu realisierende Vorhaben.
Im Anschluss daran erfolgt die Bergung der symbolischen Wünsche. Dazu sollten die Personen angesprochen werden, von denen man sich in Bezug auf das tatsächliche Vorhaben Hilfe verspricht. Für zahlreiche Objekte wird eine solche Hilfe geradezu unumgänglich sein, denn der Kreis darf nun nicht mehr betreten und es dürfen auch keinerlei Hilfsmittel zur Bergung verwendet werden. Die geborgenen Objekte sollten anschließend an einem separaten Ort aufbewahrt werden. Angesichts einer späteren Reflexionsrunde können sie dann noch einmal zur Erinnerung an die Wünsche und Ziele verwendet werden.

Kommentar:
Mit dieser Übung lässt sich der häufig anzutreffenden Tendenz von TN entgegen wirken, die Dinge einfach nur auf sich zukommen zu lassen und keine Verantwortung für eigene Vorstellungen von einem gelungenen Gruppenprozess zu übernehmen. Andererseits bietet sie sich auch an, um in Anschluss an die Thematisierung von Konflikten oder Problemen eine positive Wendung zu mehr Dialog und Hilfestellung anzubahnen.

Momentaufnahme

Ort:
überall möglich

Dauer:
10–15 Minuten

Eignung:
für Gruppen von 10–30 Personen

Material: –

Einsatzmöglichkeiten:
Kurzreflexion

Unmittelbar im Anschluss an ein Spiel oder eine Aktion bzw. im Rahmen einer Unterbrechung, werden alle Mitspielerinnen gebeten, ihr augenblickliches Erleben körperlich darzustellen. Einfließen in dieses Standbild sollen sowohl persönliche Gefühle (z. B. begeistert, gespannt, enttäuscht, gelangweilt usw.), als auch das eigene Erleben in Bezug auf die Gruppe (z. B. geschätzt, integriert, unbeachtet, konfrontiert usw.). Ausgedrückt werden sollen diese Empfindungen durch Mimik, Gestik und Positionierung (z. B. aufrecht, am Boden, in Kontakt, weit entfernt usw.). Alle Mitspielerinnen stellen sich gleichzeitig und möglichst spontan auf. Es geht dabei zunächst nur um das *eigene* Erleben.
Aus diesem Standbild heraus haben dann alle die Möglichkeit, nacheinander kurz etwas zu ihrer Position und dem dahinter stehenden Empfinden zu erläutern.
Daran anschließen kann sich ein kurzes Gespräch über ein oder zwei wichtige Veränderungen, die unmittelbar vorgenommen werden sollten, um zu einer für alle Beteiligten erfreulicheren Situation zu gelangen. Auch dieser Austausch sollte möglichst noch aus der Momentaufnahme heraus erfolgen, wobei die Positionen zwecks Bequemlichkeit und leichterer Kommunikation etwas aufgelockert werden können.

Variante:
Möglich ist auch, im Anschluss an die Erläuterungen des ersten Standbildes bzw. nach einer Diskussion evtl. Konsequenzen eine zweite Momentaufnahme erstellen zu lassen, welche die augenblicklichen Veränderungswünsche bzw. -vorhaben widerspiegelt.

Kommentar:
Diese Übung erlaubt einen unmittelbaren nonverbalen und gelegentlich sehr eindrucksvollen Ausdruck aller Empfindungen, welche die TN in einem gegebenen Moment bewegen. Sie erfordert allerdings auch einen gewissen Mut zum theatralischen Selbstausdruck.

Keine langen Worte

Ort:
überall möglich

Eignung:
für Gruppen von 8–18 Personen

Dauer:
10–15 Minuten

Material: –

Einsatzmöglichkeiten:
Kurzreflexion

Alle Mitspielerinnen werden gebeten, drei Worte auszuwählen, die ihnen spontan in Bezug auf den augenblicklichen Gruppenprozess in den Sinn kommen.
In einer ersten Runde geht es dann darum, einen schnellen Eindruck möglichst vieler Fassetten des aktuellen Erlebens zu bekommen: Alle teilen sich nacheinander und unkommentiert ihre Worte mit.
In einer zweiten Runde haben alle die Aufgabe, dasjenige ihrer drei Wörter auszuwählen, zu dem sie am meisten eine weitere Auseinandersetzung in der Gruppe wünschen. Auch diese Worte werden wieder der Reihe nach genannt. Entsprechend der Themen, die unmittelbar zusammenzupassen scheinen, werden dann Kleingruppen gebildet, die sich genau 5 Minuten lang darüber auseinander setzen, wie als Nächstes in Bezug auf dieses Thema vorgegangen werden sollte.

Jede Gruppe bestimmt eine Sprecherin, die diese Überlegungen dann in einem max. einminütigen Statement im Plenum zusammenfasst. Für den Fall, dass aus diesen Statements nicht unmittelbar gegensätzliche Schlussfolgerungen hervorgehen, bittet die Spielleiterin abschließend die Gruppe das Gesagte mit in die nächste Aktion zu nehmen und möglichst adäquate Konsequenzen daraus zu ziehen.

Kommentar:
Diese Übung eröffnet vor allem die Möglichkeit, dass allen ein Stück bewusster wird, was im Augenblick in der Gruppe los ist. Die Leiterin muss daher vor allem dafür sorgen, dass alle, die sich äußern, dies laut und deutlich genug tun.
Im Falle deutlich werdender Interessengegensätze bietet sich folgende

Variante:
Zwei Bereiche werden abgesteckt, in denen sich die Vertreterinnen der unterschiedlichen Positionen gegenüberstehen. In unmittelbarer Nähe werden weitere Bereiche markiert, für die in der Folge Kompromisspositionen formuliert werden können. Wer eine Lösungsidee hat, stellt sich in einen solchen Bereich und teilt sie der Gruppe mit. Alle, die sich dieser Idee anschließen können, verlassen ihre ursprüngliche Position und gehen ebenfalls dorthin. Die Leiterin schlägt vor, es als nächstes mit der Idee zu versuchen, die am meisten Zustimmung erhalten hat.

Talk im Tandem

Ort:
überall möglich

Eignung:
für Gruppen von 10–30 Personen

Dauer:
10–20 Minuten

Material:
Blätter oder Karteikarten, Stifte

Einsatzmöglichkeiten:
Kurzreflexion

Auf Zetteln oder Karteikarten stehen verschiedene Stichwörter, die sich auf Aspekte des individuellen Erlebens bzw. des Gruppenprozesses beziehen. Diese werden unmittelbar im Anschluss an ein Spiel oder eine Aktion auf einer größeren und zugleich überschaubaren Fläche ausgelegt.
Jeweils 2 Minuten lang haben die Mitspielerinnen nun Gelegenheit, sich in wechselnden „Tandems" zu einigen dieser Themen zu unterhalten. Auf ein Signal der Leiterin hin wechseln alle TN ihre Gesprächspartnerinnen und die neuen Paare begeben sich spontan zu einem Stichwort, über das sie sich austauschen wollen und bei dem sich noch niemand befindet.

Kommentar:
Diese Übung ermöglicht einen lockeren Austausch über ein großes Spektrum von Themen in relativ kurzer Zeit. Die Leiterin sollte den größten Teil der Zettel aus einer vorbereiteten Anzahl von Standardstichwörtern (z. B. Spannung, Vertrauen, Zusammenarbeit, Absprachen usw.) auswählen. Auf zwei oder drei leeren Zetteln können spontan spezifischere Stichwörter nachgetragen werden, die angesichts des abgelaufenen Prozesses wichtig erscheinen.

Variante:
Zu einer abschließenden Runde werden die TN aufgefordert, sich zu dem Stichwort zu stellen, das ihnen im Augenblick am wichtigsten ist. Nur die drei Stichwörter, bei denen dann am meisten Mitspielerinnen stehen, bleiben im Spiel. Alle TN, deren Stichwort entfernt wurde, ordnen sich einer der dort bereits stehenden Gruppen zu. 5 Minuten lang besprechen diese Gruppen nun, wie es in Bezug auf ihr Thema weitergehen soll.

Gefühlskarten

Ort:
vorzugsweise in einem Raum

Dauer:
15–45 Minuten

Eignung:
für Gruppen von 8–18 Personen

Material:
vorbereitete DIN-A5-„Gefühlskarten"

Einsatzmöglichkeiten:
Kurz- und Zwischenreflexion

Auf DIN-A5-Karten sind einzelne Adjektive geschrieben, die ausdrücken, wie es den Spielerinnen zur Zeit gehen könnte (z. B. gespannt, müde, übermütig, verletzt usw.). Die Adjektive sind grafisch so gestaltet, dass die Art, wie sie geschrieben sind, auch gleichzeitig das Gefühl schon erkennbar werden lässt. Diese Karten werden im Raum verteilt. Alle Spielerinnen haben zunächst die Möglichkeit, sich die Karten in Ruhe anzuschauen. Jede TN sucht sich dann eine Karte die ihre momentane Gefühlslage ausdrückt.
Mit den ausgesuchten Karten kommen die Spielerinnen zusammen und tauschen sich über ihre momentanen Eindrücke, evtl. auch über ihre Befürchtungen und Hoffnungen aus.

Variante A:
Hört man genauer hin, entdeckt man meist mehr als nur ein aktuelles Gefühl bei sich selbst. Entsprechend kann zu einer etwas ausgiebigeren Reflexion auch die Gelegenheit gegeben werden, bis zu drei „Gefühlskarten" auszusuchen.

Variante B:
Nacheinander suchen die TN Karten für ihre Mitspielerinnen aus. Das kann verbal oder nonverbal erfolgen. Die Karten verbleiben dann am Platz der jeweiligen Mitspielerin. Am Ende tauschen sich alle in der Runde darüber aus, wie zutreffend oder unzutreffend ihre Gefühlslage von den anderen eingeschätzt worden ist. Diese Variante fördert die Entwicklung von Einfühlungsvermögen und gibt allen TN eine oder mehrere Vorlagen, auf die sie Bezug nehmen können.

Kommentar:
Der Aufforderungscharakter dieser Übung wird durch eine ansprechende grafische Gestaltung der Karten deutlich gesteigert. Die Karten sollten ein sehr breites Spektrum an möglichen Gefühlen abdecken und es sollten für alle TN mehrere Karten zur Auswahl stehen. Karten mit „vertrauteren" Gefühlen sollten am besten in mehrfacher Ausfertigung vorhanden sein, also ggf. kopiert werden.

Geheimnisbörse

Ort:
in einem Raum

Dauer:
30–45 Minuten

Eignung:
für Gruppen von 8–18 Personen

Material:
Zettel und Stifte

Einsatzmöglichkeiten:
Zwischenreflexion

Diese Übung gibt den TN die Gelegenheit, alles, was ihnen zu einer zurückliegenden Aufgabe oder Sequenz wichtig ist, loszuwerden und den anderen mitzuteilen, ohne sich mit der eigenen Rückmeldung vor der Gruppe exponieren zu müssen.
Zettel und Stifte liegen aus. Alle Teilnehmerinnen können darauf bis zu drei wichtige Eindrücke zu Papier bringen – jeweils eine Rückmeldung auf einen Zettel. Die Zettel werden dann eingesammelt, gründlich gemischt und verdeckt auf dem Boden ausgelegt.
Nacheinander nimmt nun jeweils eine Mitspielerin einen Zettel auf und liest ihn der Gruppe vor. Wer möchte, kann einen kurzen Kommentar dazu abgeben. Auch die Urheberin des Zettels kann das gegebenenfalls tun, allerdings *ohne* sich dabei zu erkennen zu geben. Die Kommentare werden nicht weiter diskutiert.

Kommentar:
Eine wichtiger Aspekt dieser Übung – neben der Anonymität der Absenderinnen – ist die Botschaft, dass viele Sichtweisen nebeneinander stehen können, ohne dass daraus immer ein gemeinsames Fazit gezogen werden muss. In der Tat stehen am Ende ja zahlreiche und unter Umständen zum Teil auch kontroverse Rückmeldungen und Meinungen relativ unverbunden im Raum. Angestrebt wird also ein offenes Ende. Natürlich besteht grundsätzlich auch die Möglichkeit, zentrale Themen, die bei dieser Übung angeklungen sind, im Anschluss gezielt aufzugreifen und auf eine Klärung oder Lösung hinzuarbeiten.

Standbilder

Ort:
überall möglich

Dauer:
30–45 Minuten

Eignung:
für Gruppen von 8–18 Personen

Material:
Seile, Kreide, Kreppband o. Ä. zur Markierung von Linien

Einsatzmöglichkeiten:
Feedback und Zwischenreflexion

In einer Diskussionsrunde werden zunächst alle möglichen Merkmale gesammelt, welche die TN zur Beschreibung der Gruppe und ihrer Mitglieder für nützlich und wichtig halten. Aus diesen Merkmalen werden dann max. drei ausgewählt, anhand derer die Gruppe sich selbst in Form spontaner Standbilder einschätzen will. Alle ausgewählten Merkmale sollten zwei Polaritäten aufweisen, z. B. aktiv – passiv, motiviert – demotiviert, entspannt – angestrengt, laut – leise, usw. Diese Merkmalskategorien werden dann als Linien im Raum visualisiert.
Auf diesen Linien positionieren sich die TN nun entsprechend ihrer Selbsteinschätzung, d. h. alle Mitspielerinnen nehmen gleichzeitig und nonverbal einen Platz auf der entsprechenden Linie ein, wobei sowohl die „absolute Position" – also die Entfernung zu den Extrempositionen der Skala – als auch die „relative Position" – also die Einschätzung der eigenen Ausprägung im Verhältnis zu den anderen TN – in Betracht gezogen werden sollten. Anschließend besteht die Gelegenheit, sich mit den Fremdeinschätzungen auseinander zu setzen. Dieser Prozess sollte so strukturiert werden, dass nacheinander zu den Positionen der einzelnen TN Rückmeldungen gegeben bzw. Fragen gestellt werden können und dass es dabei zu einer Klärung unterschiedlicher Einschätzungen und gegebenenfalls in der Folge auch zu konkreten Verschiebungen der Positionen kommen kann. Ausufernde Diskussionen sollten aber nicht zugelassen werden.

Kommentar:
Mit dieser Übung werden die TN ermutigt, sich unmittelbar persönliche Rückmeldungen zu geben. Das kann viel in Bewegung bringen, u. a. auch Betroffenheit und Verletzungen. Eine Möglichkeit, die TN in dieser Hinsicht zu schützen, besteht darin, nur Rückmeldungen zu Gruppenmitgliedern zuzulassen, die diese ausdrücklich hören wollen. In jedem Fall aber sollte die Leiterin mit vergleichbaren Übungen hinreichend vertraut sein, um der Übung den richtigen Grundton geben, unangemessener Kritik Grenzen setzen und betroffene TN unterstützen zu können.

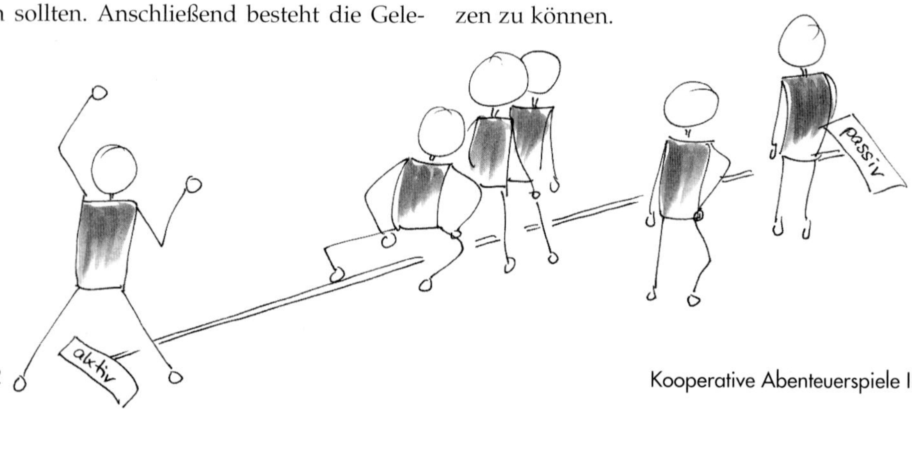

Einkaufskorb

Ort:
überall möglich

Dauer:
15–30 Minuten

Eignung:
für Gruppen von 8–18 Personen

Material:
„verfremdete" Verpackungen verschiedener Produkte

Einsatzmöglichkeiten:
Zwischenreflexion

In einem Einkaufskorb werden der Gruppe verschiedene Markenprodukte präsentiert. Diese Produkte, verpackt in Schachteln, Konservendosen, Flaschen usw., sind beschriftet mit Produktnamen wie Selbstvertrauen, Mut, Durchsetzungsvermögen, Kooperationsbereitschaft, Konfliktfähigkeit, Einfühlungsvermögen etc. und es stehen noch etliche No-Name-Produkte, die von den Teilnehmerinnen selbst beschriftet werden können, zur Verfügung.
Alle Mitspielerinnen werden aufgefordert, sich zwei dieser Produkte herauszunehmen, und zwar unter den Fragestellungen:

- Welche Stärke habe ich und welche davon kann ich hier in der Gruppe zum Einsatz bringen?
- Welche Qualität hätte ich gerne, was fehlt mir noch in meiner „Vorratskammer"? Bezugnehmend auf die zurückliegende Aktion und im Hinblick auf die nächsten Herausforderungen tauschen sich die Spielerinnen dann über ihren „Einkauf" aus.

Kommentar:
Diese Übung rückt die Potenziale der TN in den Vordergrund. Beim Austausch darüber kommt es entscheidend darauf an, diese Potenziale in Bezug zu den konkreten Aktionen und Interaktionen der Gruppenmitglieder zu stellen.

Der Turmbau zu Babel

Ort:
in einem Raum

Dauer:
30–45 Minuten

Eignung:
für Gruppen von 8–18 Personen

Material:
Bauklötze, Zettel, Stifte, Klebeband

Einsatzmöglichkeiten:
Zwischenreflexion

Aufgabe der TN ist es, aus einer größeren Auswahl zur Verfügung stehender Bauklötze einen Turm zu bauen, mit dessen Struktur und Bausteinen die Dynamik der Gruppe möglichst gut abgebildet werden soll. Jeder einzelne Baustein soll also einer Verhaltensweise, Stimmung, Kompetenz etc. entsprechen, welche die Gruppe bei sich selbst ausmacht. Je nach Gewichtung können einzelne Aspekte durch einen einzigen, einige wenige oder auch durch sehr viele Bausteine repräsentiert werden. Durch entsprechend beschriftete Zettel werden die Steine dann kenntlich gemacht. Innerhalb des Turmes sollte die Funktion einzelner Klötze – also der Beitrag, den sie aus Sicht der Erbauerinnen zur Stabilität bzw. Instabilität der Konstruktion leisten – den Bewertungen entsprechen, welche die TN den symbolisierten Aspekten zuweisen. Vor Baubeginn sollte die Spielleiterin das Spektrum möglicher Bauwerke – vom Trümmerhaufen bis zum Wolkenkratzer – andeuten. Im Anschluss kann der Turm auf Verbesserungsmöglichkeiten in der „Statik", also Gruppendynamik, untersucht werden.

Variante:
Statt das Bild eines Turmes vorzugeben, können die TN auch zunächst den Auftrag erhalten, selbst ein Bauwerk auszuwählen, welches ihrer Einschätzung nach der Gruppe am besten entspricht. Entsprechend kann die Analyse der Statik dann mit der Überlegung verbunden werden, ob evtl. auch ein ganz anderes Bauwerk angestrebt werden sollte. Gegenüber dem Turm hat diese Variante den Vorteil, dass Aspekte des Gruppengeschehens in einem differenzierteren Licht gesehen werden können.

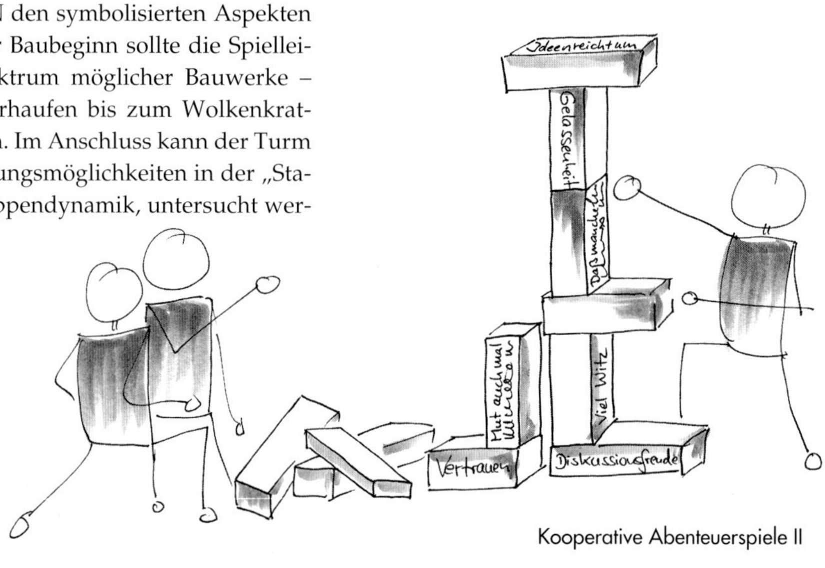

Trainingslager

Ort:
überall möglich

Eignung:
für Gruppen von 8–18 Personen

Dauer:
60–90 Minuten

Material: –

Einsatzmöglichkeiten:
Zwischenbilanz

Das Leitungsteam schlägt vor, regelmäßige Teambesprechungen durchzuführen, für die jeweils ein Teil der Gruppe verantwortlich ist. Je nach Gruppengröße finden sich entsprechend drei bis fünf Teams von zwei bis vier TN zusammen. In einer längeren Pause vor einer anstehenden Besprechung setzt sich immer eins dieser Teams zusammen und bereitet eine möglichst kompakte Rückmeldung über Stärken und Schwächen der Gruppe vor. Das Team stellt sich dabei vor, dass es in die Rolle einer Trainerin schlüpft, die ihre Mannschaft auf ein wichtiges Spiel vorbereiten will. Im Gegensatz zu öffentlichen Interviews kommt es hier darauf an, dass die Rückmeldungen und Tipps so konkret wie möglich sind. Auch auf eine ausgewogene Mischung aus Lob und Kritik ist zu achten. Das Leitungsteam nimmt an der „Trainerbesprechung" teil, hat aber nur beratenden Charakter und übernimmt auf keinen Fall den Hauptteil der Arbeit. An dem Vortrag des Statements selbst sollen alle Teammitglieder beteiligt sein.
Im Anschluss daran können alle Mitspielerinnen gezielte Fragen stellen, welche die „Trainerinnen" so gut wie möglich zu beantworten versuchen.

Kommentar:
Mit dieser Übung wird den TN frühzeitig und kontinuierlich ein Teil der Verantwortung für die Reflexion des Gruppenprozesses übertragen. Sie setzt voraus, dass im Zeitplan regelmäßig größere Intervalle zur Vorbereitung und Durchführung dieser Besprechungen gelassen werden.

All change

Ort:
überall möglich

Eignung:
für Gruppen von 10–30 Personen

Dauer:
30–45 Minuten

Material:
je nach Szenario

Einsatzmöglichkeiten:
Feedback und Zwischenreflexion

Bei dieser Übung haben alle mal die Möglichkeit, in die Haut eines anderen Gruppenmitglieds zu schlüpfen. Zunächst werden zwei gleich große Untergruppen gebildet. Alle schreiben ihren Namen auf einen Zettel und jede Gruppe erhält die Zettel der jeweils anderen Hälfte. Dann wird besprochen, welches konkrete Erlebnis oder welche Situation noch einmal nachgespielt werden soll.
Nun ziehen sich die beiden Untergruppen zurück und teilen die Rollen der anderen unter sich auf: Ziel ist es, dass jede Teilnehmerin eine Person aus der anderen Gruppe auswählt und versucht, sich hinsichtlich der zu spielenden Situation so weit wie möglich in deren Rolle zu versetzen. Auch die Spielleitung kann beauftragt werden, im Spiel als Leitung aufzutreten.

Dann erfolgt das eigentliche Spiel, das weitgehend spontan ablaufen soll. Aufgabe der spielenden TN ist es, aus der übernommenen Rolle heraus auf die sich entwickelnde Dynamik zu reagieren, ohne sich allzu sehr an bestimmten Verhaltensvorhaben oder gar den Verlauf des Originalszenarios zu klammern. Das Spiel sollte sich also in ganz unerwartete Richtungen entwickeln können. Nach Beendigung des Spiels geben zunächst die beobachtenden TN den Spielerinnen Rückmeldungen darüber, was sie in der Gruppe bzw. bei Einzelnen beobachtet haben. Dann berichten die Spielerinnen aus ihrer Rolle heraus, wobei der Schwerpunkt darauf liegen sollte, was sie in der Haut einer anderen tatsächlich erlebt haben, nicht so sehr darauf, wie sie die andere Person erleben. Schließlich erhalten die Beobachterinnen Gelegenheit etwas dazu zu sagen, wie sie die Darstellung der eigenen Person erlebt haben. Dann werden die Rollen getauscht und die zweite Gruppe beginnt mit dem Rollenspiel.

Kommentar:
Diese Übung verbindet die Möglichkeit eines lustigen Klamauks mit einer Chance zu tief gehenden Einsichten über sich selbst. Diese Gratwanderung wird dadurch erleichtert, dass alle Rückmeldungen in einer spielerischen ‚Als-ob'-Form erfolgen. Zudem inszenieren die jeweiligen Rollenträger ja lediglich *ihre* Sichtweise der jeweiligen Person und das sollte auch deutlich gemacht werden.

Das Ying-Yang-Bild

Ort:
in einem Raum

Eignung:
für Gruppen von 10–30 Personen

Dauer:
30–45 Minuten

Material:
Zeichenpapier (DIN A2), Malstifte und -farben

Einsatzmöglichkeiten:
Zwischenreflexion

Die Gruppe teilt sich in Paare auf und diese erhalten die Aufgabe, die Eindrücke einer zurückliegenden Aktion oder des zurückliegenden Tages in Form eines Bildes zu verarbeiten. Das dem Bild zugrunde liegende Motiv soll das Ying-Yang-Symbol sein, d. h. es gibt Platz für eine „helle" und eine „dunkle" Seite der gemeinsamen Erfahrung. Beide Partner sollen an der Erstellung beider Bildhälften beteiligt sein und während des Malens soll nicht miteinander gesprochen werden.
Anschließend tauschen sich die Partner über die Bedeutungen, die sie mit dem gemeinsam erstellten Bild verbinden und über den Prozess des Malens aus.
Dann werden alle Bilder in einer Galerie aufgehängt und der weitere Austausch über ihre Bedeutungen wird dem informellen Gruppengeschehen überlassen.

Kommentar:
Diese Übung trägt der Erkenntnis Rechnung, dass wir einen großen Teil unserer emotionalen Erfahrungen „rechtshemisphärisch" verarbeiten, d. h. wir tun uns schwer, den Kern des Erlebten zu verbalisieren, während wir durchaus ein Gefühl für symbolische, metaphorische und assoziative Ausdrucksmöglichkeiten haben.
Entsprechend bleibt der verbale Austausch über die erstellten Bilder hier auf das Paargespräch beschränkt und statt eines Versuches, Bedeutungen verbal einzufangen, vertraut die Übung auf die unausgesprochenen Wirkungen, welche die Galerie der Bilder entfalten kann.

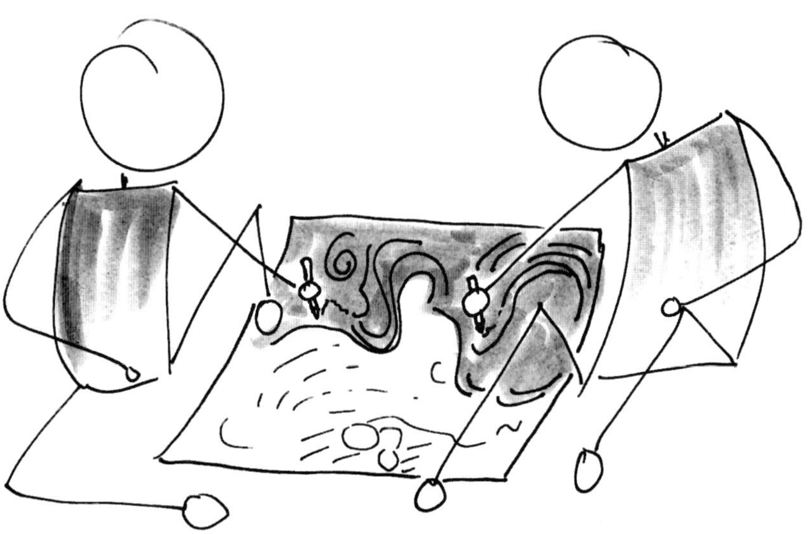

Galerie der Bilder

Ort:
in einem Raum

Dauer:
30–60 Minuten

Eignung:
für Gruppen von 8–18 Personen

Material:
eine größere Auswahl an Postkarten oder ausgeschnittenen und auf Karteikarten aufgeklebten Bildern, evtl. CD-Player und ruhige Instrumental-CD

Einsatzmöglichkeiten:
Zwischen- und Abschlussreflexion

Der Gruppenraum wird so vorbereitet, dass eine Galerie von Bildern entsteht, welche bequem beim Durchschlendern des Raumes betrachtet werden kann. Die TN erhalten dann die Aufgabe, die Bilder auf dem Hintergrund einer bestimmten Fragestellung zu betrachten und ein Bild auszuwählen, welches diese Frage für sie persönlich am besten beantwortet. Mögliche Fragestellungen sind z. B.:

- Wie fühle ich mich in dieser Gruppe?
- Was erhoffe ich mir für die kommenden Aktionen?
- Welches Bild stellt die zurückliegenden Erfahrungen für mich am besten dar?

Je nach Zeitrahmen und Situation stellen sich die TN anschließend ihre Bilder und die damit verbundenen Bedeutungen in Kleingruppen oder im Plenum vor.

Variante A:
Anlässlich einer Kursauswertung kann diese Übung atmosphärisch durch passende Musik, das stilgerechte Servieren eines Drinks und durch die Aufstellung eines Rednerpults für die abschließenden Worte aufgeladen werden. Diese können dann durch die Auswahl mehrerer Bilder, die für jedes Statement kurz abgehängt werden, unterstützt werden.

Variante B:
Falls man die Bilder leicht wieder besorgen kann bzw. nicht mehr benötigt, ist es auch möglich, allen TN das persönlich ausgewählte Bild zu überlassen. Die Rückseite kann dann dazu benutzt werden, um in prägnanter Form (z. B. Gedicht, Kurzgeschichte usw.) eine Antwort auf die vorgegebene Frage niederzuschreiben.

Kommentar:
Die Bilder sollten möglichst vielfältige Situationen und Stimmungen ausdrücken. Günstig ist eine Mischung aus reinen Landschaftsbildern und Bildern mit Menschen. Möglich ist aber auch die Variation eines einzigen Motives (z. B. Wege, Boote, Türen), passend zu einer entsprechenden Fragestellung.

Die Schlümpfe

Ort:
überall möglich

Dauer:
30–60 Minuten

Eignung:
für Gruppen von 8–18 Personen

Material:
Schlümpfe (mindestens 2x so viele wie TN)
Stifte und Papier, Natur- und sonstige Materialien zum Nachstellen der Spielsituation

Einsatzmöglichkeiten:
Zwischen- und Abschlussreflexion

An einem Ort, der wesentliche *äußerliche* Elemente der von der Gruppe durchlebten Herausforderung abbildet (z. B. Felsblock bei einer Kletteraktion) bzw. um einen Nachbau dieses Szenarios mit entsprechenden Materialien wird eine größere Auswahl von Schlümpfen aufgebaut. Mittels dieser Schlümpfe haben die TN nun die Gelegenheit, Aspekte ihres *inneren* Erlebens und der Gruppendynamik darzustellen. Dies geschieht in mehreren Schritten:

a) Nachdem sie Gelegenheit hatten, die Schlümpfe in Ruhe zu betrachten, wählen sich alle Mitspielerinnen einen Schlumpf aus, der ihnen am geeignetsten erscheint, den wichtigsten Aspekt ihres Erlebens während der zurückliegenden Aktion darzustellen.

b) Wenn alle TN ihren Schlumpf gefunden haben, werden die übrig gebliebenen Figuren weggepackt und jede Mitspielerin platziert ihren Schlumpf an dem Ort, an welchem sie ihr nachdrücklichstes Erlebnis während der Aktion hatte.

c) Nacheinander haben nun alle Mitspielerinnen Gelegenheit den anderen zu erläutern, was sie mit ihrem Schlumpf und mit dem ausgewählten Ort verbinden.

d) In einer anschließenden Austauschrunde können dann noch Fragen gestellt und wichtige Aspekte vertieft werden. Allerdings sollte hier darauf geachtet werden, dass das Erleben einzelner TN nicht infrage gestellt oder abgewertet wird.

Kommentar:
Eine Sammlung von Schlümpfen ist nicht ganz billig. Diese Figuren vereinen allerdings mehrere Qualitäten, die sie zu einem geradezu universell einsetzbaren Reflexionsmedium machen: Sie sind attraktiv, vielfältig und gleichzeitig offen genug für die unterschiedlichsten Interpretationen. Entsprechend sind zahlreiche Varianten der hier vorgestellten Übung möglich, z. B.:

Variante A (Ziele):
Alle wählen sich einen Schlumpf, der ein persönliches Ziel für das Seminar oder Projekt symbolisiert.

Variante B (Rollen):
Im Anschluss an eine Aktion platzieren die TN die Schlümpfe entsprechend der Rolle und Stellung in der Gruppe, in der sie sich erlebt haben.

Karneval der Tiere

Ort:
vorzugsweise in einem Raum

Dauer:
1–3 Stunden

Eignung:
für Gruppen von 8–18 Personen

Material:
eine Sammlung unterschiedlicher Tiere (mindestens 2x soviel Tiere wie TN, ideal sind Plastikfiguren von ähnlicher Größe)

Einsatzmöglichkeiten:
Feedback, Zwischen- und Abschlussreflexion

1. Teil (individuelles Feedback):
Die Gruppe erhält die Aufgabe, aus einer größeren Anzahl von zur Verfügung stehenden Tieren für jedes Mitglied ein passendes auszuwählen. Dabei wird der Reihe nach vorgegangen. Die Person, die gerade dran ist, darf zunächst keinen Einfluss auf die Auswahl nehmen. Die Mitspielerinnen unterhalten sich über ihre Entscheidungskriterien. Sobald sie sich für ein Tier entschieden haben, wird die betreffende Person gefragt, ob sie mit der Wahl einverstanden ist. Wenn das nicht der Fall ist, müssen die von ihr genannten Überlegungen berücksichtigt und ein anderes Tier von der Gruppe vorgeschlagen werden.

2. Teil (Soziogramm):
In einem weiteren Schritt sollen die tierischen Repräsentanten der TN so gruppiert werden, dass die Interaktionen und Rollen in der Gruppe dabei möglichst gut zum Ausdruck kommen. Wiederum gilt die Regel, dass niemand sein eigenes Tier selbst aufstellt, alle Mitspielerinnen aber ein Vetorecht bzgl. ihres Tieres haben, über das die Gruppe sich dann auseinander setzen muss. Die Aufgabe ist beendet, wenn niemand mehr Einwände gegen die Aufstellung hat.

3. Teil (Wunschbilder):
Schließlich kann eine dritte Runde folgen, in der nacheinander alle Mitspielerinnen die Möglichkeit haben, sowohl die Position ihres Tieres als auch das Tier selbst entsprechend ihren Wünschen und Hoffnungen für den weiteren Verlauf der Gruppe zu verändern bzw. auszutauschen. Auch diese symbolische Aktion sollte kurz erläutert, aber nicht mehr diskutiert werden. Die anderen Gruppenmitglieder haben lediglich die Möglichkeit, Nachfragen zum besseren Verständnis zu stellen.

Kommentar:
Diese Übung gibt den TN die Möglichkeit, sich intensiv mit den Bildern, die sie voneinander und von der Gruppe haben, auseinander zu setzen. Die Verfremdung mittels der Tiere eignet sich dazu gut, weil sie Raum für kreative Deutungsmöglichkeiten lässt und dadurch rigiden Festlegungen entgegenwirkt: Kein Tier ist objektiv „besser“ oder „schlechter“ als ein anderes.

Land-Art

Ort:
in einer ansprechenden Landschaft

Dauer:
2–3 Stunden

Eignung:
für Gruppen von 8–18 Personen

Material:
Schnüre, Nadeln, Messer usw. (als Bearbeitungsutensilien) sowie evtl. Farben, Farbpigmente, Federn usw. (als zusätzliche Gestaltungselemente)

Einsatzmöglichkeiten:
Zwischen- oder Abschlussreflexion

Land-Art ist eine ästhetische Gestaltungsform, bei der natürliche Elemente – wie etwa Blätter, Steine, Holz usw. – künstlich vor einem bestimmten landschaftlichen Hintergrund arrangiert und gegebenenfalls auch verfremdet werden.
Dieses Medium lässt sich auch mit einem Reflexionsprozess verbinden. Die TN teilen sich dazu in drei Gruppen auf, die sich für unterschiedliche Gestaltungselemente entscheiden. Jede Gruppe hat dann die Aufgabe, mit ihren Elementen ein symbolisches Bild des zurückliegenden Gruppenprozesses zu gestalten. In diesem Bild sollte sich jedes Gruppenmitglied am Ende wieder finden. Die Herausforderung besteht also darin, zu einer gemeinsamen Konzeption zu finden, in der auch unterschiedliche Sichtweisen bzw. ganz persönliche Akzente ausgedrückt werden können.
Im Anschluss an die Gestaltungsphase wandert die Gesamtgruppe von Kunstwerk zu Kunstwerk. Dabei lassen die Betrachterinnen zunächst ihrer Fantasie freien Lauf, welche Bedeutungen wohl in dem jeweiligen Produkt stecken könnten. Anschließend stellen die Künstlerinnen vor, was sie selbst damit verbinden.

Variante A:
Möglich ist es auch, ganz individuelle Skulpturen erstellen zu lassen. Insbesondere für die Phase des gegenseitigen Vorstellens muss dazu allerdings noch mehr Zeit eingeplant werden, so dass die Übung insgesamt über mehrere Arbeitsphasen verteilt werden sollte.

Variante B:
Die gesamte Gruppe erhält zu verschiedenen Zeitpunkten die Gelegenheit, ihre eigene Dynamik in Form einer Land-Art zu symbolisieren. Am Ende der gemeinsamen Zeit werden dann all diese Orte und Kunstwerke noch einmal zu einem Rückblick aufgesucht. Diese Variante kommt natürlich in erster Linie bei zeitlich ausgedehnteren Seminaren in Frage.

Kommentar:
Bevor der Gruppe eine Gestaltungsaufgabe gestellt wird, sollte in jedem Falle eine anschauliche Einführung in die Idee der Land-Art erfolgen. Dazu eignen sich z. B. die Bildbände von Andy Goldsworthy oder auch eigene Fotos.

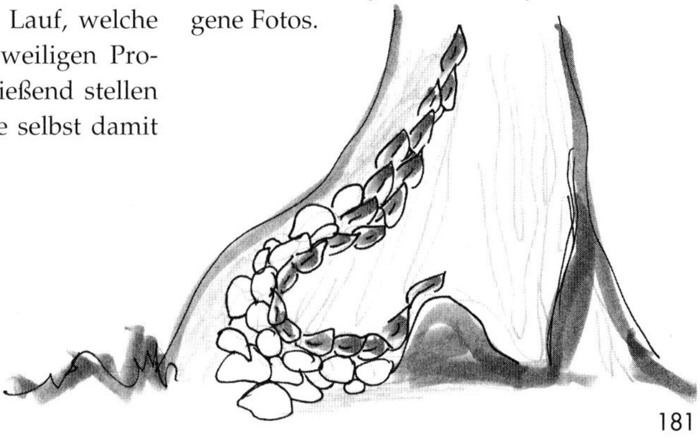

Das Fotoalbum

Ort:
an einem ruhigen und ungestörten Ort

Dauer:
60–90 Minuten

Eignung:
für Gruppen von 8–18 Personen

Material:
evtl. Papier und verschiedene Malstifte

Einsatzmöglichkeiten:
Abschlussreflexion

Der erste – und störungsanfälligste – Teil dieser Übung ist eine geleitete Fantasie, mittels derer die TN die Gelegenheit erhalten, sich gedanklich noch einmal die wichtigsten Stationen des zurückliegenden Seminars zu vergegenwärtigen. Dazu gilt es zunächst eine entspannte Atmosphäre herzustellen. Die Spielleiterin ruft dann in chronologischer Reihenfolge einige „Meilensteine" des gemeinsamen Prozesses in Erinnerung und lädt die TN ein, ihre ganz persönlichen Erinnerungsbilder dazu aufkommen und auf diese Art und Weise ein inneres Fotoalbum entstehen zu lassen. Am Ende dieser Fantasiereise haben alle dann die Gelegenheit, gedanklich in Ruhe durch ihr soeben entstandenes Album zu blättern und drei besonders wichtige Bilder zum Vergrößern auszuwählen.
In einer anschließenden Runde können alle ihre drei Momentaufnahmen der Gruppe vorstellen. Es bleibt dabei jeder einzelnen überlassen, wie weit sie in der Schilderung der Erlebnisse und Gefühle, die hinter den Bildern stecken, gehen will. Allein das Ausmalen der gemeinsam und doch oft sehr unterschiedlich erlebten Situationen kann bereits eine eindrucksvolle Erfahrung für alle Beteiligten sein. Als eine Art ritueller Abschluss können die TN aufgefordert werden, ihre Alben aufzubewahren und sich einen Platz zu überlegen, an dem sie die vergrößerten Bilder aufhängen oder aufbewahren wollen.

Variante A:
Zeitaufwändiger, dafür aber u. U. noch anschaulicher ist die Möglichkeit, die ausgewählten inneren Bilder zunächst zeichnerisch oder malerisch in ganz konkrete Bilder umzusetzen. Dabei sollte zu einer großen Bandbreite von Darstellungsformen ermutigt werden, von der möglichst realistischen Wiedergabe bis zum abstrakten Symbol. Diese Bilder dienen dann als Grundlage des anschließenden Austauschs.

Variante B: Das Video
Statt eines Fotoalbums werden die TN aufgefordert, während der Rückbesinnungsphase ihr eigenes Video zu erstellen. Die drei wichtigsten Sequenzen können dann z. B. zusammengeschnitten und mit Untertiteln bearbeitet werden.

Das Netz der Verbundenheit

Ort:
überall möglich

Eignung:
für Gruppen von 10–30 Personen

Dauer:
45–60 Minuten

Material:
Kordel (100–150 m), Scheren

Einsatzmöglichkeiten:

Abschlussreflexion und ritueller Abschied

Schulter an Schulter, mit etwas verbleibendem Bewegungsspielraum, bilden die TN einen Kreis. In der Mitte liegt die Kordel, das Symbol für die Erfahrungen, welche die Einzelnen miteinander verbindet. Eine Spielerin beginnt die Übung damit, dass sie die Kordel aufnimmt und einer anderen Person mit der Erinnerung an ein gemeinsames Erlebnis zuwirft. Es kann sich dabei um etwas sehr Bedeutungsvolles ebenso wie um etwas ganz Banales handeln. Auf diese Art und Weise wandert die Kordel immer weiter und es entsteht ein Netz, in das am Ende alle Gruppenmitglieder einbezogen sein sollen. Es ist durchaus möglich, einer Person die Kordel zuzuwerfen, die diese bereits einmal von jemand anders erhalten hat. Wichtig ist, dass die Verbindungen zwischen zwei Personen immer straff gespannt werden.

Nachdem unter Verwendung der gesamten Kordel ein Netz gesponnen worden ist, haben alle die Gelegenheit, sich ein letztes Mal von der Gruppe tragen zu lassen, indem sie ihre Seilverbindungen vorübergehend ihren Nachbarinnen übergeben und sich mit dem Rücken auf das straff gespannte Netz legen. Wer möchte, kann dabei der Gruppe auch noch etwas mitteilen.

Dann ist der Augenblick des Abschieds gekommen. Mehrere Scheren werden verteilt und von allen Seiten beginnen die TN, sich aus dem Netz herauszuschneiden. Jedem verbleiben dabei ein paar Seilenden, die als Erinnerung mit nach Hause genommen werden können. Der Rest der Kordel muss, ebenso wie die gemeinsame Zeit, los- und zurückgelassen werden.

Die gefährliche Fracht

Diese vier- bis fünfstündige Sequenz ist ein Beispiel dafür, wie mehrere Spiele ohne allzu großen Aufwand in ein spannendes Szenario gebracht werden können. Die Spielerinnen schlüpfen in die Haut von Agentinnen, die zusammen einen gefährlichen Auftrag zu bewältigen haben. Zum Einstieg in dieses Szenario sind gewisse dramaturgische Qualitäten der Spielleiterin wie auch ein paar Verkleidungsutensilien (z. B. Trenchcoat, Hut, Sonnenbrille, Handy, Spielzeugpistole) hilfreich.

Mit der gezielten Nutzung einiger englischer Ausdrücke knüpft man an einen gemeinsamen Erfahrungshintergrund aus Film und Fernsehen an. In der Folge gilt es eine Balance zwischen fantasievoller Animation und inhaltlichem Tiefgang herzustellen, insbesondere auch bei den Reflexionseinheiten, die ebenfalls im Stil der Geschichte gehalten sind. Eine knappe, sachliche Sprache, die sowohl zum Szenario passt als auch eine gewisse Ernsthaftigkeit vermittelt, kann dabei als Brücke dienen.

Einstieg

Während die Gruppe im Arbeitsraum versammelt ist, tritt die Spielleiterin unvermittelt als Agentin in Erscheinung und erläutert in entsprechender Sprache die Situation: Eine Geheimwaffe des Gegners namens „red poison" ist unserer Seite in die Hände gefallen. Die Gruppe wird von der „Zentrale" mit der Vernichtung dieser Waffe beauftragt. Die einzelnen Schritte dahin werden aus Sicherheitsgründen erst nach und nach bekannt gegeben. Vor allem aber darf die Gegenseite auf keinen Fall wissen, wer die Geheimwaffe bei sich trägt.

Die Tarnbehälter

Entsprechend der Mitgliederzahl der Aktionsgruppe wurden von der Zentrale originalgetreue Kopien des Behälters (undurch-

sichtige Filmdöschen) angefertigt, in dem sich „red poison" befindet. Erkennbar ist der Originalbehälter nur noch an seinem einzigartigen Geräusch (alle anderen Geräusche können mehrfach erzeugt werden). Jede Agentin erhält einen Behälter. Erster Auftrag: Herausfinden, wer „red poison" (ein mit rötlich gefärbtem Wasser gefülltes Döschen) hat. Alle müssen am Ende darüber informiert sein. Aber:

- Die Behälter dürfen auf gar keinen Fall geöffnet werden (Explosionsgefahr).

- Es darf auf keinen Fall über die Behälter gesprochen werden (Abhörung durch Wanzen).
- Die Behälter dürfen nicht offen gezeigt werden (Gefahr der Beobachtung).

In der Folge müssen alle Agentinnen ihre Behälter heimlich mit sich führen, ein Tausch ist nicht möglich.

Spielidee: „Agenten mit Mikrofilm", Band 1

Die Flucht aus dem verminten Gebäude

Die Gegenseite hat Wind von der Aktion bekommen. In einer Blitzaktion hat sie das Haus vermint. Vorausschauend hat die Zentrale „security pads" bereitgestellt. Auf ihnen ist Bodenkontakt ohne Explosionsgefahr möglich. Leider sind nicht ganz so viele „pads" vorhanden wie Gruppenmitglieder. Ein weiteres Manko: Die „security pads" verlieren im Gelände ihre Wirkung, wenn sie nicht in Kontakt sind, d. h. eine ständige Berührung muss sicher gestellt werden. Der Auftrag: Verlassen des Hauses und Erreichen eines sicheren Zielortes mithilfe der „pads". Die Gruppe erhält eine Planungszeit.

Spielidee: „Auf schwankenden Pfaden", Variante A, Band 2

Erster Zwischencheck

Das Agententeam muss sich klar werden, ob es „on track" ist. Was ist wichtig, was muss laufen, damit der Auftrag erfolgreich erfüllt werden kann? Ein kritischer Blick zurück auf den Ablauf und die Qualität der ersten Aufgabe sowie vorausgehender Gruppenerfahrungen wird angeregt. Jede Mitspielerin erhält dann eine Karteikarte, auf die sie einen wichtigen Vorsatz für die weitere Teamarbeit aufschreibt. Die Karten werden verdeckt in die Mitte gelegt. Alle erhalten nun die Gelegenheit, einen Blick auf andere Karten zu werfen. Wer eine findet, die sie besonders wichtig findet, nimmt sie an sich. Das darf nicht die eigene Karte sein, am Ende müssen alle eine Karte haben. Achtung! Eine Karte an sich zu nehmen, bedeutet für deren Inhalt gegenüber der „Zentrale" Verantwortung zu übernehmen.

Spielidee: Variante von „Wegbegleiter", Band 2

Die Eliminierung der Doppelagentinnen

Es ist aufgeflogen, dass eine Reihe von Agentinnen gleichzeitig für die Gegenseite arbeiten. Diese Doppelagen-

tinnen müssen so schnell wie möglich „umgedreht" werden. Die Gruppe wird dazu in den Lügendetektor geführt (ein mit einem Seil abgegrenztes Feld, das eine begrenzte Laufmöglichkeit bietet). Die Zentrale hat zwei „special agents" (Spielleitung) mehrere „loyality reinforcers" (Softbälle) an die Hand gegeben. Wer im Lügendetektor von einem „loyality reinforcer" getroffen wird, ist sofort umgedreht und beteiligt sich an der Jagd auf die restlichen Doppelagentinnen (zu Beginn sind alle Gruppenmitglieder Doppelagentinnen). Wer Kontakt zu einem „loyality reinforcer" hat, kann allerdings nicht laufen! Die Agentinnen können jederzeit einen „loyality check" machen: Auf diesen Ruf hin müssen alle Doppelagentinnen die Arme durch die Luft kreisen lassen. Das Spiel endet, wenn die letzte Doppelagentin umgedreht worden ist.

Spielidee: „Monarchisten und Anarchisten", Band 2

Das Knacken des Geheimcodes

Der weitere Weg ist durch eine Geheimtür versperrt. Der aus einer Reihe von Elementen (Fliesen) zusammengesetzte Code dieser Tür muss vom Agententeam geknackt werden. Dabei ist Folgendes zu beachten:

- Jenseits der Eingangsschranke (Hindernis) darf nicht gesprochen werden (Verwanzung).
- In der „Sicherheitszone" darf sich immer nur eine Person aufhalten.
- Die Geheimtür kann zu Beginn einmal inspiziert werden. Jede Agentin kann dabei drei Code-Elemente ansehen.
- Anschließend muss der Code gemeinsam wie folgt geknackt werden: Überwinden des Hindernisses, Aktivierung des Öffnungsmechanismus durch Betreten und Umdrehen der Code-Elemente in der zahlenmäßigen Reihenfolge.
- Für jede Operation stehen maximal 3 Minuten zur Verfügung. Beginn der Zeitmes-

sung mit Überwindung des Hindernisses durch die erste Person. Zeitmessung durch die Gruppe.

- Es gibt jeweils 10 Strafsekunden, wenn sich zwei Agentinnen gleichzeitig in der Sicherheitszone aufhalten bzw. wenn ein Code-Element außerhalb der Reihenfolge aufgedeckt wird.
- Abbruch der Operation nach genau 3 Minuten (inkl. Strafsekunden).
- Sofortiger Abbruch einer Operation bei Aufdeckung eines Sprengsatzes (roter Blitz).
- Jenseits der Eingangsschranke hat die Gruppe unbegrenzte Planungszeit. Bei Scheitern einer Operation ist Wiederholung möglich (alle Fliesen werden wieder herumgedreht).

Spielidee: „Der geheime Code", Variante A, Band 2. In ca. 20–30 m Abstand zur „Sicherheitszone" wird darüber hinaus ein Hindernis ausgewählt oder platziert, welches es zu überwinden gilt.

Zweiter Zwischencheck

Die Zentrale verlangt einen Zwischenbericht über die Erfüllung der verteilten Aufgaben (Karteikarten). Auf die Frage, wieweit die

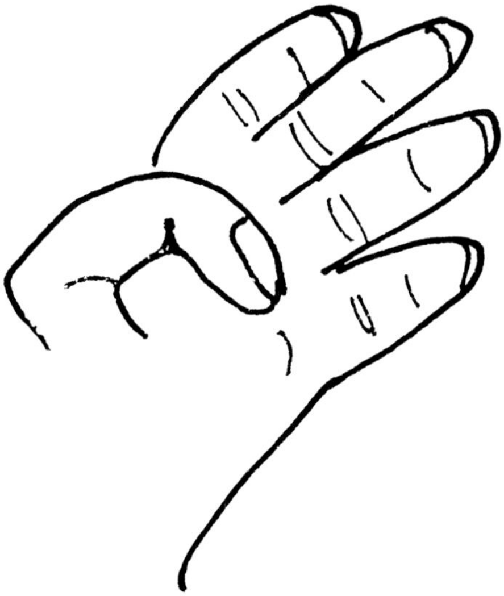

Aufgabe auf der eigenen Karte bislang realisiert werden konnte, geben alle Agentinnen ihre Einschätzung simultan per FPP („finger power pointer") bekannt: 10 Finger = optimal, 0 Finger = überhaupt nicht. Kurzer Austausch über die beiden höchsten und die beiden niedrigsten Einschätzungen. Bei letzteren: Sammlung von Verbesserungsmöglichkeiten.
Spielidee: „Punkteblitzlicht", Band 1

Der Weg durch das Tunnellabyrinth

Es gilt, einen unterirdischen Gang zu durchqueren. Im Tunnelsystem gibt es viele Irrwege und nur einen einzigen Ausgang, den alle erreichen sollen. Jedoch:

- Im Tunnel ist es absolut finster (Augenbinden).
- Die Gänge sind so eng, dass keine verbale Verständigung möglich ist.
- Der Eingang wird geschlossen, sobald die letzte Agentin das Tunnelsystem betreten hat.
- Wer den Ausgang erreicht hat, hat die Möglichkeit, dort sehend zu verweilen oder auch blind wieder in den Tunnel zurückzukehren.

Die Gruppe erhält Zeit für die Strategieplanung. Im Labyrinth erfolgt die Fortbewegung barfuß (Seilkontakt). Die Seile dürfen nicht mit den Händen berührt werden.
Spielidee: „Barfußlabyrinth", Variante B, Band 2. Ein- und Ausgang sind zudem so platziert, dass das Seillabyrinth von dort noch nicht bzw. nicht mehr einzusehen ist.

Die Neutralisierung des Sprengsatzes

Die Gruppe erreicht das Terrain, in dem „red poison" neutralisiert werden kann. In einem abgesperrten und abgesicherten Gelände (Tisch inmitten eines durch ein Seil markierten Kreises) steht eine Neutralisierungssubstanz dazu bereit (blaue Flüssigkeit in einem Becher). In einem ebenfalls bereitstehenden Spezialcontainer (Flasche) muss „red poison"

nun in die Sicherheitszone transportiert und dort durch Vermischung mit der Neutralisierungssubstanz entschäft werden (Flascheninhalt in Becher gießen). Anschließend müssen alle Spuren dieser Operation verwischt werden: Außerhalb der Sicherheitszone steht ein Entsorgungscontainer (Eimer mit Wasser) bereit, mit dem die entschärfte Substanz beseitigt werden kann.
Das Problem: Keiner der bei dieser Transaktion benutzten Container darf zu irgendeinem Zeitpunkt direkt berührt werden. Als Hilfsmittel für den Transport stehen lediglich eine Reihe von Isolationskabeln (Kordelstücke) zur Verfügung. Ein Betreten der Sicherheitszone ist natürlich ebenfalls völlig ausgeschlossen.
Wiederum erhält die Gruppe zunächst eine Planungszeit, in der auch Tests durchgeführt werden können. „Red poison" selbst und die Neutralisierungssubstanz sind von diesen Tests allerdings ausgeschlossen, denn Fehler, die bei der Manipulation mit diesen Flüssigkeiten gemacht werden, sind nicht mehr korrigierbar ...
Spielidee: Variante von „Wasserbecher und Wasserflasche", Band 2

Die Auswertung der Operation

Teil 1: Die Zentrale verlangt Rechenschaft von jeder einzelnen Agentin. Als Symbol für die Zentrale wird ein auffälliges Verkleidungsstück des „special agent" (Spielleitung) in die Mitte des Raumes gelegt. Alle platzieren dann ihre „Aufgabenkarten" entsprechend der Einschätzung, wieweit sie erfüllt werden konnten, um die „Zentrale" und geben dazu kurze Statements ab.
Teil 2: Mit zunehmender „Berufserfahrung" ergeben sich neue Bewerbungsmöglichkeiten für andere Geheimdienste. Entscheidend ist, dass man überzeugend darlegen kann, was man aus den bisherigen Operationen gelernt hat. Alle erhalten die Möglichkeit zu einem Statement, in dem sie ihre wichtigste Lernerfahrung aus der gerade zurückliegenden Operation zusammenfassen können. Der Schwerpunkt liegt dabei auf der Erweiterung des eigenen Potenzials bzw. Horizonts.
Spielideen: Kombination aus „Wegbegleiter", „Standogramm" und „Stärken erkennen", Band 1

Weltreise im Ballon

In dieser drei- bis vierstündigen Spielkette unternehmen die Mitspielerinnen eine fantasievolle Reise in verschiedene Länder und Kulturen der Erde. Zu diesem Szenario passend zieht sich ein Medium als roter Faden durch die gesamte Sequenz: Alle Spiele sind Ballonspiele. Die Stationen der Reise werden bereits im Vorfeld aufgebaut, so dass in der Turnhalle mithilfe der Ballons innerlich wie äußerlich schnell die entsprechenden Landschaften entstehen. Ein weiteres Charakteristikum dieser Sequenz ist die Einrahmung der Spiele: Zur Einstimmung und zum Ausklang kommen zwei Fantasiereisen zum Einsatz und auch das einleitende Spiel wird am Ende wieder aufgegriffen.

Einstimmung: Musikalische Weltreise

Mithilfe von Matten und Decken ist eine Ecke vorbereitet worden, in der sich zunächst alle Mitspielerinnen einen möglichst bequemen Platz suchen sollen. Mit ruhiger Stimme lädt die Spielleiterin die Teilnehmerinnen ein, sich zu entspannen (bequeme Haltung einnehmen, Augen schließen, Aufmerksamkeit nach innen lenken, Atmung vertiefen, loslassen ...). Dann wird die vorbereitete Musik eingespielt, die aus dem mehrfachen Wechsel zwischen einem „Ballonmotiv" (z. B. Bach – „Air") und verschiedenen „Ländermotiven" (z. B. Deuter – „Echo of the east": orientalische Stimmung, Amampondo – „Nomabongo": afrikanischer Rhytmus, Tara Bir Singh – „Raga Yaman": indische Musik, Quilapayun – „Susurro": sanfte Andenklänge usw.) besteht (10 bis max. 15 Minuten, alle Titel müssen langsam ein- und ausgeblendet werden). Die Musik sollte weitgehend für sich sprechen und lediglich verbal begleitet werden durch eine Einleitung („Stell dir vor, du kannst eine Reise im Ballon unternehmen ... mit ihm schwebst du sicher durch die Lüfte, erreichst weit entfernte Länder, die du nie zuvor gesehen hast ... usw."), kurze Hinweise auf die jeweiligen Landungen („Du erreichst ein fremdes Land und lässt dessen Eindrücke auf dich wirken ...") und Weiterflüge („Du hebst mit deinem Ballon wieder ab in die Lüfte und fliegst ruhig und entspannt weiter ..."). Zum Abschluss klingt das Ballonmotiv ein letztes Mal ruhig aus und die Spielleiterin führt die Teilnehmerinnen mit ruhiger, aber fester Stimme wieder zurück in die „äußere Realität". Wer möchte, kann in der Runde kurz berichten, wie es ihr bei der Fantasiereise gegangen ist.

Reisevorbereitungen

Von der Fantasiereise, die alle ganz individuell unternommen haben, geht es jetzt zu einer wirklichen Reise bei der einige kleinere und größere Abenteuer, die gemeinsam bestanden werden sollen, auf die Gruppe warten. Nicht ganz unwichtig ist, was man auf ei-

ne Reise mitnimmt. Neben möglichst nützlichen Ausrüstungsgegenständen im Gepäck, kommt es auch auf die innere Einstellung an, mit der man sich aufmacht:
Alle Mitspielerinnen erhalten zwei Ballons zum Aufblasen. Dazu überlegen sie sich zwei Dinge, die sie in die Arbeit mit der Gruppe einbringen wollen. Die Ballons werden zunächst außerhalb eines vorbereiteten Kreises (6–8 m Durchmesser) gelagert. Dann betreten alle nacheinander mit jeweils einem Ballon den Kreis und stellen der Gruppe mit kurzen und deutlichen Worten vor, welches Vorhaben sie mit auf die kommende Reise nehmen. Alle Ballons, die so ins Spiel gekommen sind, müssen fortan in der Luft balanciert werden. Dabei spielt es keine Rolle, wer welchen Ballon in der Luft hält. Wichtig ist, dass die Ballons weder festgehalten werden noch den Boden berühren dürfen. Geschieht dies doch einmal, so sollte der entsprechende Ballon möglichst schnell wieder in die Luft geschlagen werden. Ziel ist es, auf diese Art und Weise die beiden Ballons aller Mitspielerinnen ins Spiel zu bringen und eine Weile in der Luft zu halten.

Taschendiebe in New York

Der Wind hat uns über den Atlantik geblasen und wir landen mitten in einer der hektischsten Metropolen der Welt: New York. Natürlich sind wir sofort als europäische Touristen zu erkennen und ziehen die Aufmerksamkeit der Unterwelt auf uns, insbesondere der Taschendiebe, die es hier zu einer außergewöhnlichen Geschicklichkeit gebracht haben. Es ist daher sinnvoll, uns immer zu zweit zusammenzutun und dicht am Ballon aufzuhalten. Indes, die Diebe sind manchmal schneller ...:
Alle betreten das „New York-Terrain“, welches genügend Platz zum Herumlaufen bieten sollte. Jeweils zwei Mitspielerinnen tun sich zu einem Paar zusammen und klemmen einen Ballon zwischen sich ein. Ein Paar erhält zwei Kappen, das Zeichen für die Taschendiebe, und die Jagd beginnt. Ein Paar, das abgeschlagen wird oder seinen Ballon verliert, wird automatisch selbst zu Taschendieben und nimmt nun seinerseits die Verfolgung auf.
Spielidee: „Partnerfangen“, Variante B, weitere Varianten möglich, Band 2

Treibjagd in der Pampa

Nach diesem Tumult haben wir fürs Erste genug von der Großstadt. Der Wind hat sich gewendet und treibt Richtung Süden. Wir reisen entlang der Küste Nordamerikas, überqueren die Karibik, den Äquator und landen schließlich in der argentinischen Pampa. Dort wartet ein nicht weniger anstrengendes Abenteuer auf uns – wir werden eingeladen, beim Einfangen einer Herde wilder Stiere mitzuwirken. Mehrere Familien sind an dieser Jagd beteiligt, aber die Tradition verbietet es, wilde Stiere für sich selbst einzufangen – alle versuchen vielmehr, ihren Nachbarn möglichst viele Tiere zuzutreiben:

Vier Teams werden gebildet. Sie begeben sich auf die vier Seiten der mit Seilen und Turnbänken vorbereiteten Spielfläche (ein Quadrat mit vier Feldern). Mit Softbällen gilt es, die Luftballons in der Mitte in ein gegnerisches Lager zu treiben und so weit wie möglich zu vermeiden, dass Ballons im eigenen Lager landen.

Spielidee: „Ballontreibjagd", Variante A, Band 2

Fest im Dschungel

Wieder hat der Wind gewechselt. Ostwärts treibt er uns nun dem gewaltigen afrikanischen Kontinent entgegen. Dort landen wir schließlich mitten im Urwald. Von den Bewohnerinnen eines Dorfes werden wir zu einem Fest eingeladen, bei dem wir mit unseren Ballons einen eigenartigen Tanz aufführen sollen. Das ist eine willkommene Gelegenheit, nach dem spielerischen Wett-

kampf bei der Treibjagd wieder etwas zur Ruhe zu kommen und unsere Energie auf gemeinsame Vorhaben zu lenken:

Die Mitspielerinnen teilen sich in Teams von jeweils vier bis sechs Personen auf. Alle Mitglieder einer Gruppe fassen sich an der Hand und versuchen so, möglichst lange einen Ballon in der Luft zu halten. Wichtig ist, dass die Kette nie auseinander bricht. Nach einer Weile gibt die Spielleiterin in gewissen Abständen ein Zeichen zum Wechsel: Jeweils eine Spielerin jeder Gruppe muss dann möglichst schnell im Uhrzeigersinn zur nächstliegenden Gruppe wechseln. Die anderen Mitspielerinnen setzen die Ballonjonglage unterdessen fort und nehmen die neue Spielerin ohne Unterbrechung in die Gruppe auf. So mündet der Tanz verschiedener Gruppen schließlich in eine Aktion, in der alle mit allen verbunden sind und zusammenarbeiten.

Spielidee: Ballonjongleure, Band 1

Turmbau im Zweistromland

Weiter geht die Reise und führt uns von der Wiege der Menschheit in die Heimat einer der ersten Hochkulturen: das Zweistromland zwischen Euphrat und Tigris. Einst entstand hier der berühmte Turm von Babylon. Von der Bevölkerung der kleinen Stadt, in der wir landen, werden wir mit großer Freundlichkeit in verschiedenen Familien aufgenommen. Bald tritt man auch mit einer Bitte an uns heran. Natürlich hält man uns Europäer heute für Experten für moderne Technik und Architektur, sie selbst sind beim Bau eines modernen Turmes ins Stocken geraten. An-

gesichts der zur Verfügung stehenden Materialien erscheint uns das auch nicht weiter verwunderlich. Aber natürlich versuchen wir zu helfen:
Es werden mehrere Untergruppen gebildet, die jeweils eine der folgenden Materialien erhalten: eine große Anzahl Ballons, Zeitungspapier, einige Gymnastikstäbe, einige Springseile, Klebeband. Aus diesen Materialien soll ein möglichst hoher und halbwegs stabiler Turm gebaut werden. Eine zusätzliche Schwierigkeit entsteht durch die lokalen Sitten. Die Tradition gebietet es, dass alle Familien (Untergruppen) ihr Material zum Bau des Turmes einbringen, jedoch keine Familie die Besitztümer anderer Familien selbst in die Hand nimmt. Als höfliche Gäste halten wir uns daran und versuchen unser Bestes.
Spielidee: „Der Ballonturm", Variante C, Band 2

Konferenz der Architekten

Nach einer derart anspruchsvollen Aufgabe ist eine kurze Auswertung angesagt. Dazu können wir zum Glück wieder auf zuverlässigere Baumaterialien zurückgreifen: Eine größere Anzahl von Holzklötzen, Zetteln und Stiften liegt bereit. Alle Mitspielerinnen können auf die Zettel Beobachtungen schreiben, die sie beim Bau des Turmes gemacht haben. Jeweils ein Zettel wird dann auf einen Klotz geklebt. Dann wird folgendermaßen ein zweiter, symbolischer Turm gebaut: Nacheinander stellen alle Teilnehmerinnen ihre Beobachtungen vor und platzieren den Klotz dazu in einer Weise, die dem damit zusammenhängenden Sachverhalt entspricht: als stabilen Turmbaustein (hoch oder flach), als wackeligen Baustein, als Seitengebäude, als nutzloses Element, als Trümmerhaufen usw. Nach Fertigstellung dieses symbolischen Bauwerkes besteht die Gelegenheit, über Konsequenzen für künftige Aktionen nachzudenken.
Spielidee: „Der Turmbau zu Babel", Band 2

Fahrt mit der Transsibirischen Eisenbahn

Der Wind hat uns eine Weile weiter ins Zentrum Asiens getrieben. Dann ist eine große Flaute eingetreten. Kein Lüftchen regt sich mehr und wir sitzen plötzlich in den unendlichen Weiten Russlands fest. Doch wir haben Glück im Unglück. Ganz in der Nähe verläuft die Bahnlinie der berühmten Transsibirischen Eisenbahn. Diese Chance lassen wir uns nicht entgehen – wir packen die Ballons zusammen und besteigen den nächsten Zug in Richtung ferner Osten. Wir rollen vorbei an atemberaubenden Landschaften. Vor allem aber können wir vom Zug aus Tiere beobachten, die wir bislang bestenfalls einmal im Zoo gesehen haben. Natürlich versuchen wir möglichst viele davon auf Fotos einzufangen …

Die Gruppe bildet eine Schlange, bei der zwei Personen jeweils einen Luftballon zwischen sich einklemmen. Die Ballons dürfen allerdings nicht mit den Händen festgehalten werden. Auf dem Boden bzw. auf verschiedenen Geräten ist eine größere Zahl von (Stoff- oder Plastik-)Tieren ausgebreitet worden. Ziel ist es, alle diese Tiere einzusammeln, ohne dabei je die Kette abreißen zu lassen. Jede Mitspielerin sollte dabei am Ende ein Tier in der Hand halten, das sie gerne mag.
Spielidee: Variante von „Balloon Trolleys" (Rohnke & Butler 1995)

Schwierige Grenzformalitäten

Mitten in der Nacht erreichen wir die russisch-chinesische Grenze, eine Art eisernen Vorhang. Unter strengen Grenzformalitäten müssen wir in den Zug auf der chinesischen Seite umsteigen, während uns die Reisenden in umgekehrter Richtung bereits entgegen kommen. Zu allem Überfluss haben wir natürlich auch noch unser sperriges Gepäck in der Hand:

Zwei umgedrehte Turnbänke werden aneinander gereiht und die Gruppe verteilt sich darauf. Alle Teilnehmerinnen halten einen Luftballon in der Hand. Nun müssen alle auf die jeweils andere Bank überwechseln, ohne dabei den Boden zu berühren bzw. die Luftballons abzulegen. Allerdings ist es möglich, sich gegenseitig mit den Ballons auszuhelfen. Kommt eine Teilnehmerin jedoch mit dem Boden in Kontakt, muss sie sich zu ihrer Ausgangsposition zurückbegeben.
Spielidee: Variante von „Platzwechsel", Band 1

Japanische Tempelzeremonie

Vom Reich der Mitte aus setzen wir unsere Reise wieder im Ballon fort und landen so schließlich in einem abgelegenen Tempel in den japanischen Bergen. Hier wird uns die Ehre zuteil, einer Zeremonie beiwohnen zu dürfen, bei der wir ein Gefühl für die Ruhe, die Ausgeglichenheit und das Gemeinschaftsgefühl der fernöstlichen Lebensweise bekommen können:
Die Ballons sollen über eine ca. 15 m lange Strecke transportiert werden. Als Hilfsmitttel stehen dazu eine Reihe bunter Tücher bereit. Allerdings dürfen die Ballons jetzt nur noch von den Tüchern berührt werden und sobald ein Ballon ein Tuch berührt, dürfen die Tuchträgerinnen sich nicht von der Stelle bewegen. Schließlich dürfen Tuchträgerinnen, deren Tuch schon einmal mit dem Ballon in Kontakt war, erst dann wieder in den Transport eingreifen, wenn alle Mitspielerinnen eine aktive Rolle dabei gespielt haben.
Spielidee: Variante von „Balltransport", Band 2

Flug über das Dach der Welt

Es wird Zeit, die Rückreise anzutreten. Das Schicksal beschert uns dabei ein weiteres besonderes Erlebnis, das gleichzeitig die bislang vielleicht schwierigste und gefährlichste Herausforderung darstellt: Der Wind treibt uns direkt auf den Himalaya zu und zwischen den Gipfeln der 8000er hindurch überqueren wir das Dach der Welt. Hier müssen wir alle unsere Künste aufbringen, um die Ballons sicher zu steuern und weder zusammenzustoßen, noch vom Wind in eine Schlucht oder gegen einen Berg getrieben zu werden. Obendrein möchten wir natürlich alle einmal ganz nah an den berühmten Gip-

feln des Mount Everest, Annapurna und K2 vorbeifliegen:
Mithilfe von Seilen ist ein komplexes Netz von Wegen aufgebaut worden. Dazwischen stehen einige Kästen (Berge), drei Kreuzungspunkte in unterschiedlichen Ecken sind mit den Namen der drei berühmten Gipfel markiert. Die Mitspielerinnen teilen sich in vier Untergruppen auf und starten ihre Reise in das Labyrinth der Berge von vier Seiten. Ohne die Ballons, die unterwegs jongliert werden müssen, zu verlieren, sollen alle die entsprechenden Punkte passieren und das Labyrinth auf der gegenüberliegenden Seite wieder verlassen. Das Problem: Alle befinden sich gleichzeitig auf dem Dach der Welt und müssen entsprechend Strategien entwickeln, einander zu passieren.
Spielidee: „Die Ballonexpedition", Band 2

Diaabend

Teil 1:
Nach der glücklichen Rückkehr in die Heimat haben wir natürlich das Bedürfnis, die Höhepunkte der Reise noch einmal Revue passieren zu lassen. Zu diesem Zweck veranstalten wir einen Diaabend:
Die Gruppe kehrt zu der bequemen Ecke zurück, an der alles mit der Fantasiereise begonnen hatte. Wieder suchen sich alle einen bequemen Platz, die Spielleiterin lädt zur Entspannung ein und ruft dabei in kurzen Stichworten die Stationen der Reise in Erinnerung. Die Teilnehmerinnen werden aufgefordert, dazu ihre eigenen Bilder in Erscheinung treten zu lassen, geradezu so, als könnten sie eine eigene Auswahl an Dias zusammenstellen. Nach jeder Station regt die Spielleiterin an, das wichtigste Dia in ein besonderes Magazin einzusortieren.
Spielidee: „Das Fotoalbum", Band 2

Teil 2:
Natürlich möchten wir unsere schönsten oder wichtigsten Bilder gerne auch anderen zeigen. Da es in diesem Fall ja innere Bilder sind, müssen wir allerdings etwas dazu sagen. Dem Charakter der Reise entsprechend kommen wir dazu noch einmal mit unseren Ballons zusammen:
Die Gruppe begibt sich zu dem Platz, an dem sie die Reisevorbereitungen getroffen hat. Wieder werden pro Mitspielerin zwei Ballons bereitgelegt. Nacheinander können dann alle den Kreis mit einem Ballon betreten und etwas zu einem wichtigen Bild sagen. Wie bereits zu Beginn müssen alle Ballons dann fortlaufend balanciert werden, bis auch der letzte Ballon auf diese Art und Weise ins Spiel gekommen ist. Und vielleicht auch noch ein wenig darüber hinaus ...

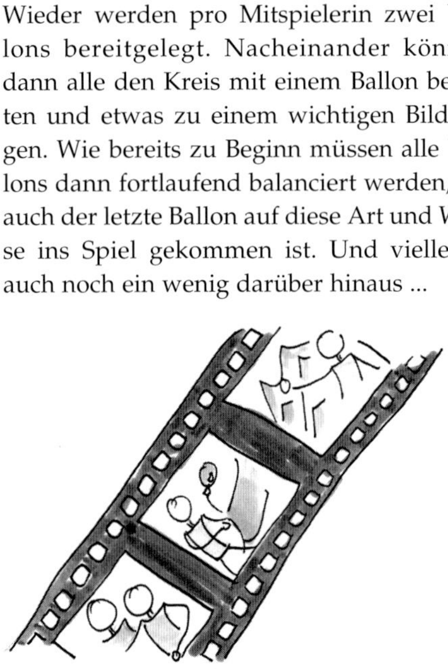

Wege des Lernens

Spiele, so wie sie hier verstanden werden, ermöglichen vielfältige Lernerfahrungen. Grundsätzlich handelt es sich dabei um einen offenen Lernprozess, der nur begrenzt gesteuert werden kann. Nichtsdestotrotz können in der Präsentation der Spiele bestimmte Inhalte und Themen explizit hervorgehoben und ins Zentrum der Aufmerksamkeit gerückt werden. Bei der folgenden, drei- bis vierstündigen Spielsequenz, geht es in diesem Sinne um das Lernen selbst. Wie lernen wir? Was macht Lernen leichter oder schwerer? Welche Erfolg versprechenden Lernstrategien lassen sich beschreiben? Und überhaupt: Was ist eigentlich Lernen?
Die Spielsequenz gibt auf diese Fragen natürlich keine fertigen Antworten. Ihre Intention ist vielmehr, die Teilnehmerinnen für Aspekte ihrer eigenen Lerngewohnheiten zu sensibilisieren und starre Klischees von Lernen aufzuweichen. Viele Menschen assoziieren zum Thema Lernen vor allem fremde Anforderungen, die auf sie zugetragen werden, und lassen sich dadurch den Blick auf die spannenden Seiten des entdeckenden und selbstbestimmten Lernens verstellen. Wir haben daher einen provokativen Einstieg für diese Sequenz gewählt. In Anlehnung an das Motto „Erziehung ist nicht, einen Eimer zu füllen, sondern ein Feuer zu entfachen" karikieren die ersten beiden Spiele zwei gegensätzliche Lernparadigmen, die in der Theorie und Praxis der Pädagogik immer wieder aufeinander stoßen: Lernen als passives Aufnehmen von Informationen, so wie es vielen noch aus der Schule vertraut ist bzw. Lernen als lustvolle und erfahrungsorientierte Auseinandersetzung mit neuen Herausforderungen, ein Lernverständnis also, das auch dem erlebnispädagogischen Ansatz zugrunde liegt. Es folgen vier weitere Spiele, mit denen Thesen zu einem erfolgreichen Lernen in den Raum gestellt werden. Lernen ist eine sehr komplexe Angelegenheit, daher erheben diese Thesen nicht den Anspruch, das Thema vollständig abzudecken – und sollten auch mit einer entsprechenden Offenheit vorgetragen werden. Es ist sicher bereits viel gewonnen, wenn die Teilnehmerinnen angeregt werden, über ihr eigenes Lernen ins Nachdenken und ins Gespräch zu kommen.

Das Wasser der Weisheit

Betrachten wir zunächst einmal eine Form des Lernens, die uns allen mehr oder weniger gut vertraut ist. Wir haben es hier mit einem Weltbild zu tun, das davon ausgeht, dass Wissen ein kostbarer Besitz ist, über den einige wenige in großem Umfang verfügen und der allen anderen in mühsamer Arbeit beigebracht werden muss. Leider erkennen

die Lernenden allzu oft nicht, welch wertvoller Besitz ihnen da angeboten wird und entziehen sich manchmal geradezu böswillig der Unterrichtung.
Zunächst werden also drei Personen gesucht, welche die Lehrenden darstellen, alle anderen sind Lernende. Alle Lernenden erhalten einen einfachen Plastikbecher (Gefäß zum Einfüllen des Wissens). Die Lehrenden erhalten:

- einen Eimer mit Wasser (das kostbare Wissen)

- bunte Becher (die motivierende Verpackung zur Vermittlung des Wissens)
- Softbälle (Medien zur persönlichen Ansprache der Lernenden)

Dann beginnt das eigentliche Spiel. Die Lehrenden haben eine (Schul-)Stunde (im Spiel 4,5 Minuten) Zeit, so viel Wissen (Wasser) wie möglich an die Lernenden zu vermitteln (in die Plastikbecher einzufüllen). Die Lernenden wiederum haben die Freiheit, sich innerhalb der Grenzen der Schule (Rasenfläche) so gut es geht, den Lehrenden zu entziehen. Werden sie jedoch unmittelbar persönlich angesprochen (von einem Ball abgeworfen), müssen sie so lange an dem jeweiligen Ort verharren, bis ihnen von einem Lehrenden etwas Wissen vermittelt worden ist. Dann können sie sich wieder frei bewegen. Wurde auf diese Art und Weise einmal Wissen erworben, kann man es nicht absichtlich wieder verlieren (ausschütten). Die Lehrenden können Wissen immer nur über die motivierenden Verpackungen (bunte Becher), keinesfalls direkt aus dem Eimer vermitteln. Nach Abschluss dieser „Schulstunde" wird eine objektive Leistungsmessung vorgenommen. Zunächst werden die Lernenden ordnungsgemäß miteinander verglichen, indem alle sich entsprechend der Füllmenge ihrer Becher in einer Reihe aufstellen. Im Sinne einer Qualitätssicherung des Unterrichts wird anschließend auch die Leistung der Lehrenden bewertet: Alle Becher werden in einen zweiten Eimer gekippt und die Höhe des Wasserstandes wird mit einem Zollstock gemessen. Der gewonnene Wert dient als Grundlage für Vergleiche mit anderen Schulen, Regionen und Ländern.

Das Feuer der Begeisterung

Ein anderes Lernverständnis geht davon aus, dass wir wie von selbst lernen, wenn wir vor spannende Aufgaben gestellt werden. Solche Aufgaben haben noch keine fertige Lösung

und meist gibt es mehr als einen richtigen Weg zu ihrer Lösung. Auch erfahrene Lehrende sind nicht in der Lage, diese Aufgaben alleine zu bewältigen. Sie brauchen die Hilfe der Lernenden und alles was sie tun können, ist für diese ein Feuer zu entfachen.

Wieder werden drei Lehrende gesucht und alle anderen Teilnehmerinnen sind Lernende.

Die Lehrenden haben die Aufgabe zehn Wunderkerzen nacheinander und gut sichtbar für die Gruppe anzuzünden. Die Dauer des Abbrennens markiert die zur Verfügung stehende Spielzeit. Die Lernenden stehen vor folgender Herausforderung:

Ein Projekt steht im Raum (ein an einem Ast hängender Eimer soll mit Wasser gefüllt werden). Jede Menge Probleme zeichnen sich bereits ab (der Eimer hat viele Löcher). Die Gruppe kann aber auch auf vielfältige Ressourcen zurückgreifen (an den vier Ecken des Spielfeldes stehen mit Wasser gefüllte Eimer). Verschiedene Wege führen von diesen Ressourcen zum Ziel – der Realisierung des Projekts (Auffüllung des am Ast hängenden Eimers). Die Lernenden müssen dabei wahlweise:

- über einen Balken balancieren,
- über ein Hindernis klettern,
- durch einen Tunnel aus Reifen kriechen oder
- eine Strecke auf bereitliegenden Holzklötzen zurücklegen.

Nur auf diesen Wegen kann Wasser in den Projekteimer transportiert werden. Als alleiniges Hilfsmittel stehen den Lernenden dafür wieder ihre Plastikbecher zur Verfügung. Zusätzlich ist natürlich das Problem zu lösen, einmal eingefülltes Wasser auch in dem Eimer zu halten.

Bevor die Lernenden sich an die Lösung dieser Aufgabe machen, werden sie ausdrücklich gefragt, ob Sie diese Herausforderung annehmen wollen. Am Ende einer dann zur Verfügung stehenden kurzen Planungszeit werden sie gebeten, sich auf ein Anspruchsniveau festzulegen (angestrebten Wasserpegel im Projekteimer mit Stift markieren). Auf ein Zeichen der Lehrenden hin wird dann die erste Wunderkerze entzündet und das eigentliche Spiel beginnt.

Nach dem Abschluss des Projekts (Abbrennen der zehn Wunderkerzen) findet eine kurze Selbstevaluation des Ergebnisses und des Prozesses statt: Wie zufrieden sind die Lernenden mit dem Verlauf und Ergebnis ihrer Anstrengungen? War das Ziel realistisch? Was könnte beim nächsten Mal verbessert werden?

Spielidee: Komplexe Variante von „Ein Loch ist im Eimer" (Reiners 1992)

Lernkartei (Teil 1)

In einer Auswertungsrunde besteht nun die Gelegenheit, die bei den beiden Spielen gemachten Erfahrungen im Hinblick auf das Thema „Lernen" miteinander zu vergleichen. Dazu liegen zunächst Karteikarten aus, auf welche die Teilnehmerinnen einzelne Sätze schreiben können, die sich auf die Spiele bzw. auf ihre Gedanken zu den Spielen beziehen. In einer anschließenden Runde werden die Karten dann kurz vorgestellt, gesammelt und nach Themen sortiert. Auf dieses Material kommt die Gruppe dann am Ende der Sequenz noch einmal zurück.

Erfolgreiches Lernen scheint von einer Reihe von äußeren Bedingungen und inneren Einstellungen abzuhängen. Die folgenden Spiele sollen Gelegenheit geben, sich mit einigen der zentralen Thesen, die hinter dem Konzept erfahrungsorientierten Lernens stehen, in diesem Sinne auseinander zu setzen. Das ist folgendermaßen gedacht: Zunächst wird eine These in den Raum gestellt. Dann besteht die Gelegenheit, ein Spiel zu spielen, bei dem das, worum es in dieser These geht, möglicherweise plastisch erfahrbar wird. Verschiedene Teilnehmerinnen werden zugleich unterschiedliche Erfahrungen machen. All diese Erfahrungen sollen uns anschließend als Grundlage zu einem Austausch über die jeweilige These dienen.

Natürlich können wir hier wie in jeder anderen zwischenmenschlichen Situation davon ausgehen, dass die Beziehungsebene der Kommunikation die Inhaltsebene dessen, was wir tun, mitbestimmt. Mit anderen Worten: Lernen findet immer in konkreten Situationen mit konkreten Menschen statt und erfolgreiches Lernen hängt immer auch von der Qualität der Interaktion der Beteiligten ab. Deshalb soll eine zweite Auswertungsrunde jeweils Raum geben für einen Austausch darüber, wie in der Gruppe miteinander agiert und umgegangen worden ist.

Safari

These: Lernen funktioniert, wenn das zu Lernende einerseits anschaulich ist und an bereits vorhandene Erfahrungen anknüpft, andererseits interessant und eher außergewöhnlich erscheint.

Die Teilnehmerinnen stellen sich im Kreis auf und es werden verschiedene Tiere eingeführt, die auf ein Zeichen der Person in der Mitte von der betroffenen Spielerin und ihren Nachbarinnen pantomimisch dargestellt werden müssen. Macht jemand dabei einen Fehler, so kommt diese Person in die Mitte und kann nun ihrerseits Tiere aufrufen. Mit der Zeit können sowohl das Tempo gesteigert, als auch neue Tiere eingeführt werden.

Zentimeterarbeit

These: Lernen funktioniert, wenn die Lernenden aus der Aufgabe einen Sinn ableiten können.

An verschiedenen Stellen einer ausgedehnteren Spielfläche werden Lebensmittel (Kekse und Obst) und Getränke (Mineralwasser in Plastikbechern) verteilt, insgesamt in größerer Anzahl als Mitspielerinnen beteiligt sind. Zwei Zollstöcke sind ausgezogen und zu einem langen Gebilde miteinander verbunden worden, welches schmalere und dickere Stellen aufweist. Mit diesem Zollstocktablett sollen nun die Lebensmittel und Getränke eingesammelt und zu einem vorbereiteten Picknickplatz gebracht werden, an dem sie dann gemeinsam verspeist und getrunken werden können. Die Form des Tabletts darf nicht mehr verändert werden. Während des Transports müssen bis auf eine Mitspielerin, die jeweils etwas aufladen kann, alle anderen Kontakt zum Tablett haben. Heruntergefallene Lebensmittel sind verloren. Die Gruppe entscheidet selbst, wie viele Lebensmittel sie zum Picknickplatz bringen will.

Der Tennisballberg

These: Lernen funktioniert, wenn viele Möglichkeiten offen stehen und Kreativität und Flexibilität ins Spiel kommen.

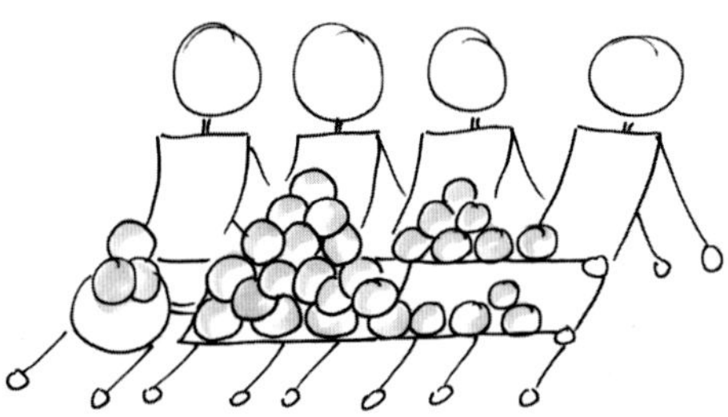

Eine möglichst große Menge Tennisbälle sollen auf einem Berg platziert werden. Als Berg fungiert eine Spielerin, welche die Bälle halten, balancieren, einklemmen usw. darf, allerdings ohne dabei Kleidungsstücke zu Hilfe zu nehmen. Außerdem darf sie höchstens mit ihren Füßen auf dem Boden stehen ...

Die wachsenden Hürden

These: Lernen funktioniert, wenn sich damit Handlungsmöglichkeiten eröffnen, die als anspruchsvoll erlebt werden und die mit den aktuellen Fähigkeiten der Lernenden noch bewältigt werden können.

Mittels Seilen sind eine Reihe von Hürden von zunehmender Höhe errichtet worden. Die erste Hürde ist gerade mal 30 cm hoch, in 10 cm Intervallen geht es dann bis zu 1,50 m. Die Herausforderung an die Gruppe ist es, diese Hürden nacheinander zu überqueren und dabei stets so miteinander in Kontakt zu bleiben, dass alle mit allen – entweder direkt oder mittels anderer Personen – körperlich in Verbindung stehen. Die Hürden dürfen nicht berührt werden und niemand darf von der Höhe einer Hürde aus abspringen. Wird eine dieser Regeln verletzt, so muss die Gruppe vor die zuletzt von allen überquerte Hürde zurückkehren. Während der Überquerungsversuche darf nicht gesprochen werden, wohl aber haben die Teilnehmerinnen die Möglichkeit, sich nach einer gescheiterten Überquerung verbal über das weitere Vorgehen zu verständigen. Die Gruppe entscheidet selbst, wann sie das Spiel beenden will.

Lernkartei (Teil 2)

Abschließend kommen alle noch einmal auf die nach den ersten beiden Spielen auf Karteikarten festgehaltenen Sätze zurück. Alle Mitspielerinnen haben zunächst die Möglichkeit, diese Sammlung um weitere Sätze, die sich auf neue Erfahrungen oder Reflexionen beziehen, zu ergänzen. Dann werden alle aufgefordert, drei Sätze auszuwählen, die sie zur Basis ihrer persönlichen Lernkartei machen würden. Mehrfach gewünschte Karten werden einfach kopiert. In einer letzten Runde haben dann alle die Gelegenheit, den anderen kurz ein paar Gedanken zu ihrer persönlichen Lernkartei mitzuteilen.

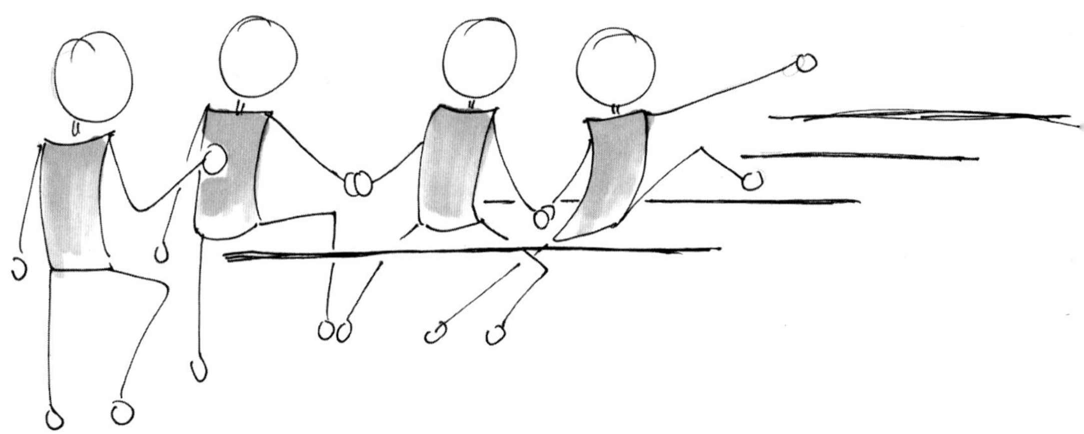

Weiterführende Literatur

(1) Spiele- und Methodensammlungen

Ulrich Baer — *666 Spiele - für jede Gruppe, für alle Situationen*
Kallmeyersche Verlagsbuchhandlung 1998

Diese Spielesammlung deckt ein weites Spektrum von Spielen ab, die vielseitig verwendbar sind und sich als praktische Ergänzung für spezifischere Sammlungen eignen.

Jim Cain
Barry Jolliff — *Teamwork & Teamplay*
Kendall/Hunt 1998

Teamwork & Teamplay ist eine sehr sorgfältig bearbeitete Sammlung erlebnispädagogischer Spiele mit zahlreichen neuen Erfindungen. Alle Spielanleitungen enthalten ausführliche Beschreibungen zum Charakter der Aufgabenstellung, möglichen Präsentationen, Variationen und Auswertungsgesichtspunkten. Materialien und Bauanleitungen werden zudem in einem eigenen Abschnitt behandelt.

Chris Cavert
Sam Sikes — *50 ways to use your noodle*
Learning Unlimited Corporation 1997

In dieser Sammlung finden sich sowohl interessante Variationen erlebnispädagogischer „Klassiker" als auch verschiedene neue Ideen. Das Besondere an ihr ist, dass alle Spiele mit den gleichen Materialien gespielt werden: bunten Schaumstoffschlägern und -scheiben.

Joseph Cornell — *Mit Kindern die Natur erleben*
Ahorn Verlag 1979

Cornell ist einer der Pioniere auf dem Gebiet der Naturerfahrungsspiele. In diesem Band finden sich wilde, beschauliche und die Aufmerksamkeit schulende Spiele, die größtenteils auch für die Arbeit mit jüngeren Kindern geeignet sind.

Wendy Ellmo
Jill Graser — *Adapted adventure activities*
A rehabilitation model for adventure programming and -group initiatives
Kendall/Hunt 1994

Die Autorinnen stellen ein Konzept vor, wie Abenteuerspiele erfolgreich in therapeutische Programme, insbesondere auch in die Arbeit mit Behinderten, integriert werden können. Der Hauptteil des Buches besteht aus einer größeren Sammlung von entsprechend variierten bzw. neu erfundenen Spielen, die auch für andere Gruppen unter dem Aspekt der Realisierbarkeit mit relativ beschränktem Aufwand interessant sind.

Andrew Flügelmann
Shoshana Tembeck — *New Games – Die neuen Spiele*
Ahorn Verlag 1979

Andrew Flügelmann — *Die neuen Spiele Band 2*
Ahorn Verlag 1982

Der Akzent der überwiegend bewegungsintensiven „New Games" liegt darauf, miteinander Spaß zu haben. Die Spiele werden in einem lockeren und amüsanten Stil präsentiert. Nichtsdestotrotz haben viele von ihnen einen vertrauensbildenden und kooperativen Charakter und gehören inzwischen zu den „Klassikern“ erlebnisorientierter Gruppenarbeit.

Jürgen Fritz — *Mainzer Spielkartei*
Matthias Grünewald Verlag o. J.
In der Kartei finden sich zahlreiche neue Spielideen, darunter viele mit kooperativem Charakter.

Rüdiger Gilsdorf
Günter Kistner — *Kooperative Abenteuerspiele*
Praxishilfe für Schule, Jugendarbeit und Erwachsenenbildung
Kallmeyersche Verlagsbuchhandlung 1995
Das ist der erste Band dieser Spielesammlung. Er ist genauso aufgebaut wie das vorliegende Buch und enthält neben zahlreichen erlebnispädagogischen „Klassikern“ auch eine Reihe weniger bekannter Spiele, Übungen und Aktionen.

Roger Greenaway — *Playback*
A guide to reviewing activities
The duke of Edinburgh's award 1993
„Playback“ ist die bislang einzige Sammlung von Reflexionsmethoden speziell für die erlebnispädagogische Arbeit. Die reichhaltigen Ideen sind übersichtlich nach methodischen Zugängen geordnet und so dargestellt, dass die Leserin immer gleich auch zum Nachdenken über weitere Variationsmöglichkeiten angeregt wird. Ein kurzer, aber prägnanter Theorieteil rundet das Buch ab.

Herbert Gudjons — *Spielbuch Interaktionserziehung*
Verlag Julius Klinkhardt 1987
Das Spielbuch enthält neben einer großen Zahl von Spielen und Übungen ein Einführungskapitel zur Interaktionspädagogik und zahlreiche Querverweise auf verwandte oder ergänzende Arbeitsformen wie Planspiel, Rollenspiel und Themenzentrierte Interaktion.

Udo von Hagen — *Sportabenteuer – Abenteuersport*
Sportjugend Nordrhein-Westfalen 1991
Dieses Heft enthält zahlreiche Praxisanregungen vor allem für den Einsatz von Abenteuerspielen in der Turnhalle. Außerdem finden sich hier interessante Ideen, wie Abenteueraktionen in spannende Geschichten verpackt werden können.

Bernd Heckmair — *Konstruktiv lernen – Projekte und Szenarien für erlebnisintensive Seminare und Workshops*
Beltz Verlag 2000
Schwerpunkt dieses Buches ist die ausführliche und fassettenreiche Darstellung von 15 überwiegend recht komplexen Aufgabenstellungen. Im Unterschied zu anderen Spielesammlungen macht Heckmair zahlreiche Leitungsüberlegungen und -erfahrungen transparent, so dass auch erfahrene PraktikerInnen in scheinbar Vertrautem noch Neues entdecken können. Ein

knapper Theorieteil setzt sich mit dem in Aus- und Weiterbildung verbreiteten instruktionistischen Arbeitsverständnis auseinander und stellt ihm die Implikationen einer konstruktivistischen Perspektive gegenüber.

Reinhold Rabenstein *Das Methoden Set, Band 1– 5: Anfangen – Themen*
René Reichel *bearbeiten – Gruppe erleben – Reflektieren – Konflikte*
Michael Thanhoffer *Ökotopia-Verlag 1985*

Das Methoden Set enthält ein umfangreiches Repertoire insbesondere von Reflexions- und Auswertungsmethoden. Es wendet sich in besonderem Maße an Referenten in der Erwachsenenbildung. Zahlreiche Übungen lassen sich aber auch mit Jugendlichen durchführen.

Annette Reiners *Praktische Erlebnispädagogik – Neue Sammlung motivierender Interaktionsspiele*
Ziel Verlag 1992

Dies ist das erste deutschsprachige Buch, in dem erlebnispädagogische Methoden einem größeren Fachpublikum zugänglich gemacht wurden. Annette Reiners dokumentiert hier zahlreiche Spiele, Aufgaben und Reflexionsmethoden aus der Praxis von Outward Bound. Im Theorieteil geht es um die Verknüpfung von Interaktionsspielen und Erlebnispädagogik.

Andreas Robra *Zauberstein und Riesenstab*
Abenteuer-Rallyes für Kinder, Jugendliche und Erwachsene
Kallmeyersche Verlagsbuchhandlung 2001 (Neuauflage)

Wenn man plant, Abenteuerspiele unter Einbezug von Elementen aus dem Bereich der Geländespiele zu spannenden Sequenzen zusammenzustellen, ist dieses Buch eine interessante Quelle. Aus dem originellen Gesamtkonzept lassen sich auch einzelne Ideen für kürzere Spieleinheiten herausziehen.

Karl Rohnke *Silver Bullets – A guide to initiative problems, adventure games and trust activities*
Kendall/Hunt 1984

Karl Rohnke *Cowstails and Cobras II – A guide to games, initiatives, ropes courses and adventure curriculum*
Kendall/Hunt 1989

Karl Rohnke *The Bottomless Bag Again*
Kendall/Hunt 1994

Karl Rohnke *Quicksilver – Adventure games, initiative problems, trust*
Steve Butler *activities and a guide to effective leadership*
Kendall/Hunt 1995

Karl Rohnkes Bücher stellen zusammengenommen die wohl umfassendste Sammlung erlebnispädagogischer Aufgaben und Spiele dar. Er dokumentiert darin den Fundus an Übungen,

die seit langem zu dem Repertoire von Outward Bound gehören, dazu viele Neuerfindungen und Variationen, die aus der Arbeit von Project Adventure hervorgegangen sind.
Silver Bullets ist eine reine Spielesammlung mit vielen „Klassikern".
In Cowstails and Cobras II findet sich außerdem ein prägnantes Einführungskapitel über den Aufbau der Arbeit mit Abenteueraktivitäten und einige beispielhafte Spielecurricula aus verschiedenen Praxisfeldern.
The Bottomless Bag Again ist die größte Sammlung und enthält insbesondere neuere Spielideen sowie einen Abschnitt über die Konstruktion von ropes-course-Elementen.
In „Quicksilver" legen Karl Rohnke und Steve Butler in anschaulicher Weise die grundlegende Philosophie ihrer Arbeit mit Spielen dar und geben eine Vielzahl praktischer Hinweise für Teamer. Neben neuen Spielideen finden sich hier außerdem zahlreiche interessante Variationen bekannter Abenteuerspiele.

Tom Senninger — *Abenteuer leiten – in Abenteuern lernen*
Methodenset zur Planung und Leitung kooperativer Lerngemeinschaften für Training und Teamentwicklung in Schule, Jugendarbeit und Betrieb
Ökotopia Verlag 2000

Die Mappe präsentiert in sehr kompakter und an den Phasen des erlebnispädagogischen Prozesses angelehnter Form zahlreiche theoretische Bausteine der Abenteuer- und Erlebnispädagogik. Die Darstellung lehnt sich eng an die meist amerikanischen Originalpublikationen an und ist sehr pragmatisch. Zahlreiche Unterlagen können unmittelbar als Kopiervorlage verwendet werden. Der Übungsteil enthält ein Spektrum von Spielen und Übungen unterschiedlichster Komplexität.

Christoph Sonntag — *Abenteuer Spiel – Handbuch zur Anleitung kooperativer Abenteuerspiele*
Ziel Verlag 2001

Abenteuer Spiel ist ein unterhaltsam geschriebener Leitfaden zur praktischen Arbeit mit kooperativen Abenteuerspielen. Verschiedene theoretische Modelle werden mit Bezug auf ihre Relevanz für Leitungsaufgaben in den verschiedenen Phasen dargestellt und diskutiert. Zahlreiche Beispiele und praktische Hinweise veranschaulichen Möglichkeiten der Umsetzung und regen an, selbst Neues auszuprobieren und dabei einen eigenen abenteurpädagogischen Stil zu entwickeln.

Gerhard Trommer (Hrsg.) — *Natur wahrnehmen mit der Rucksackschule*
Westermann Verlag 1991

Das Buch ist aus der Arbeit der am Vorbild der amerikanischen environmental education orientierten Rucksackschule im Harz entstanden. Neben zahlreichen Übungen enthält es ein Einführungskapitel zur Arbeit mit Naturerfahrungsspielen und zur Gestaltung von Touren.

(2) Theorie und Praxis der Abenteuer- und Erlebnispädagogik

Günter Amesberger — *Persönlichkeitsentwicklung durch Outdoor-Aktivitäten? Untersuchung zur Persönlichkeitsentwicklung und Realitätsbewältigung bei sozial Benachteiligten*
Afra-Verlag 1992

Grundlage dieses Buches ist ein erlebnispädagogisches Projekt in der Bewährungshilfe. Es zeichnet sich durch eine detaillierte Darstellung der theoretischen Grundannahmen, des Projektdesigns, des Sicherheitskonzepts und der Wirkungsanalyse aus. Abschließend werden die Konsequenzen dieses durch seine Verzahnung von Wissenschaft und Praxis exemplarischen Projekts anschaulich in Form von Thesen zusammengefasst.

Dani Burg — *quer durch – Erlebnispädagogik in Schule und Freizeit*
Rex-Verlag 1998

Ein Buch quer durch den Erfahrungsschatz eines Pädagogen, dem es offensichtlich gelingt, Jugendliche immer wieder für durchaus anstrengende Abenteuer ohne allzu großen technischen Aufwand zu begeistern, geschrieben für Praktiker, die Ähnliches anpacken wollen. Die z. T. sehr originellen Projektideen sind allerdings leider nur relativ knapp geschildert. Ein ausführliches Kapitel widmet sich organisatorischen Planungshilfen.

Walter Fürst — *Die Erlebnisgruppe. Ein heilpädagogisches Konzept für soziales Lernen*
Lambertus Verlag 1992

Dieses Buch ist aus der Arbeit mit Jugendlichen in der „Erlebnisgruppe" einer Beratungsstelle entstanden. Rahmenbedingungen, Leitungsanforderungen und therapeutische Aspekte dieses langzeitpädagogischen Projekts werden anschaulich diskutiert. Ein etwas unübersichtliches Buch, das aber einige „Essentials" erlebnispädagogischer Arbeit schlüssig auf den Punkt bringt.

Rüdiger Gilsdorf, Kathi Volkert (Hrsg.) — *Abenteuer Schule*
Ziel Verlag 1999

Schwerpunkt von „Abenteuer Schule" ist die Dokumentation von 18 erlebnispädagogischen Projekten, die LehrerInnen an verschiedenen Schularten durchgeführt haben. Die Berichte gliedern sich zu gleichen Teilen in Kurzzeitprojekte, Klassenfahrten und Langzeitprojekte. Ein theoretischer Teil setzt sich mit dem Begründungszusammenhang einer solchen Arbeit auseinander und zeichnet die Grundzüge eines erlebnispädagogischen Konzepts.

Bernd Heckmair, Werner Michl — *Erleben und Lernen. Einstieg in die Erlebnispädagogik*
Luchterhand 1993

In Erleben und Lernen geben Bernd Heckmair und Werner Michl einen umfassenden Überblick über den aktuellen Stand der Erlebnispädagogik. Schwerpunkte sind: Geschichte, Anwendungsfelder, erlebnispädagogische Aktivitäten, vernachlässigte Themen und Ausblicke. Nicht zuletzt zeichnet sich das Buch durch die vielfältigen Querverbindungen aus, welche die Autoren zu anderen Disziplinen und Denkgebäuden knüpfen.

Hans Günther Homfeldt (Hrsg.) — *Erlebnispädagogik. Geschichtliches. Räume. Facetten. Kritisches* *Schneider Verlag 1993*

Der Reader setzt sich mit Grundlagen und Anwendungsfeldern der Erlebnispädagogik auseinander. Distanziert kritische Beiträge stehen bewusst neben engagiert positiven Artikeln in dem Bemühen, ein möglichst umfassendes Bild der vielfältigen Erlebnispädagogik zu zeichnen.

Jugendstiftung Baden-Württemberg (Hrsg.) — *Erlebnispädagogik. Theorie und Praxis in Aktion* *Ökotopia Verlag 1993*

Die grafisch sehr ansprechend aufgemachte Sammlung von Beiträgen zu verschiedenen Aspekten der Erlebnispädagogik erlaubt einen ersten Eindruck von dem Themenfeld zu bekommen. Hervorzuheben ist die anschauliche und gleichzeitig selbstkritische Beschreibung einer erlebnispädagogischen Seminarwoche.

Hubert Kölsch, Franz-Josef Wagner — *Erlebnispädagogik in Aktion – Lernen im Handlungsfeld Natur* *Luchterhand 1998*

„Erlebnispädagogik in Aktion" gibt einen Überblick über die praktische Vielfalt des erlebnispädagogischen Handlungsfeldes. Der Schwerpunkt liegt auf einer Darstellung der Möglichkeiten und Rahmenbedingungen verschiedener Outdoor-Aktivitäten. Exemplarisch werden einige Initiativ- und Problemlösespiele vorgestellt. Ein einleitendes Kapitel beschäftigt sich mit finanziellen, rechtlichen und ökologischen Fragen. Sicherheitsüberlegungen ziehen sich als roter Faden durch alle Kapitel.

Lydia Kraus, Martin Schwiersch — *Die Sprache der Berge. Handbuch der alpinen Erlebnispädagogik* *Ziel Verlag 1996*

Dieses Handbuch – ein umfassender Ratgeber für praktisch alle erlebnispädagogischen Aktivitäten im Gebirge – behandelt auch zahlreiche Abenteueraktionen jenseits der klassischen Outdoor-Sportarten und ist daher eine ideale Ergänzung zu diversen Spielebüchern. Neben detaillierten technischen Hinweisen werden in jedem Kapitel auch pädagogische Aspekte besprochen und zwei kürzere Kapitel zur Einstimmung und zur Reflexion geben dem Buch einen stimmigen Rahmen.

John Luckner, Reldan Nadler — *Processing the Experience. Strategies to enhance and generalize learning.* *Kendall/Hunt 1997*[2]

Die zweite und beträchtlich erweiterte Fassung dieses Buchs widmet sich umfassend zahlreichen Fragen der Moderation und Reflexion: metaphorischer Ansatz, Auswertungsmethoden, Ebenen der Reflexion. Kernstück ist ein Konzept des erlebnispädagogischen Prozesses, das die Bedeutung des unmittelbaren Aufgreifens von Grenzsituationen in den Vordergrund stellt und somit ein neues Licht auf das klassische Verständnis von Aktion und Reflexion wirft.

John Miles — *Adventure Education.*
Simon Priest (Hrsg.) — *Venture Publishing Inc. 1990*
Dieses Buch enthält zahlreiche interessante Artikel zu erlebnispädagogischen Themenfeldern wie Ethik, Lerntheorie, Qualifikation, Programmgestaltung, Handlungsfelder und Ökologie. Es eignet sich um einen Überblick über die Entwicklung und die Bandbreite der Abenteuer- und Erlebnispädagogik im nordamerikanischen Raum zu gewinnen.

Simon Priest — *Effective leadership in adventure programming*
Michael Gass — *Human Kinetics 1997*
Die beiden führenden amerikanischen Autoren unternehmen mit diesem Buch den Versuch, ein umfassendes Bild vom Stand der Theorie im erlebnispädagogischen Feld zu zeichnen. Der Fokus ist auf das Leitungsverhalten und die dafür erforderlichen Kompetenzen gerichtet. Umfangreiche Literatur zu diesen Themen wurde eingehend verarbeitet, so dass der Band den Charakter eines Lehrbuches hat.

Jim Schoel — *Islands of healing.*
Dick Prouty — *A guide to Adventure Based Counseling*
Paul Radcliffe — *Project Adventure 1988*
„Island of healing“ zeichnet sich durch die Verzahnung von Theorie und Praxis aus. Einführend wird ein theoretisches Gerüst der Abenteuer- und Erlebnispädagogik skizziert. Für die einzelnen Arbeitsphasen Konzeptentwicklung, Programmplanung, Präsentation, Aktion und Reflexion wird dann die Umsetzung der theoretischen Konzepte in die Praxis ausführlich und versehen mit vielen Beispielen diskutiert. Abschließend werden exemplarische Projekte aus den Feldern Schule, Jugendhilfe und Psychiatrie geschildert.

Autoren und Autorin

Rüdiger Gilsdorf

geb. 1958, ist Diplom-Psychologe und Mitarbeiter des Instituts für Schulische Fortbildung und Schulpsychologische Beratung (IFB) in der Beratungsstelle Bad Kreuznach. Er hat eine Zusatzqualifikation in Gestalttherapie und sammelte erlebnispädagogische Erfahrungen u. a. bei Outward Bound in Frankreich und Wales, sowie Project Adventure in Massachusetts.

Günter Kistner

geb. 1957, ist Diplom-Sozialpädagoge und Leiter des Jugendreferats des evangelischen Kirchenkreises „An Nahe und Glan". Er hat die Qualifizierung zum Spielpädagogen an der Akademie Remscheid erworben und verfügt durch seine berufliche Tätigkeit über eine breite Erfahrung in kommunaler und kirchlicher Jugendarbeit.

Katharina Becker

geb. 1963, ist Diplom-Pädagogin und Referentin für Mädchenarbeit im Jugendamt der Stadt Bad Kreuznach. Sie hat eine Ausbildung in personenzentrierter Gesprächsführung (GWG). Daneben ist sie künstlerisch tätig und besuchte zahlreiche Weiterbildungen zur pädagogisch-therapeutischen Arbeit mit künstlerischen Medien.

Alle drei Autoren sind außerdem Mitglieder des Netzwerks erlebnispädagogischer Projekte und abenteuerlichen Lernens (NEPAL) und leiten in diesem Zusammenhang eine Fortbildungsreihe sowie zahlreiche andere erlebnispädagogische Projekte, Seminare und Trainings.